INK

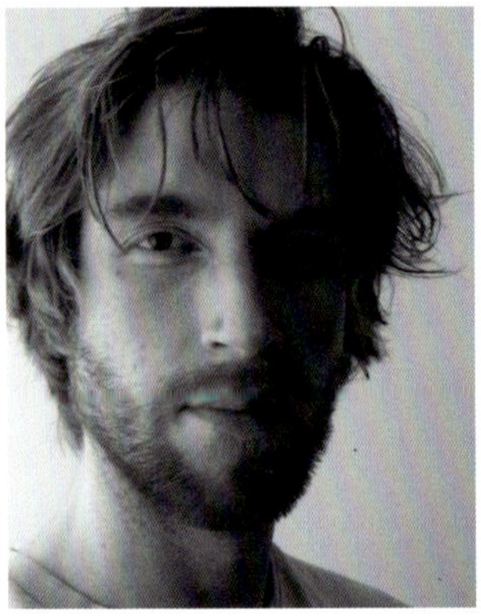

**Florian Frick** ist freischaffender Künstler aus Berlin mit den beruflichen Schwerpunkten Illustration, Design und Modellieren. Er hat sich der Schöpfung realer, fantastischer, komischer oder auch verrückter Bildwelten und deren Bewohnern verschrieben. Besonders die vielfältigen Ausdrucksmöglichkeiten, Stile und Methoden faszinieren ihn an seinem künstlerischen Beruf. Heute kombiniert er sämtliche Medien miteinander – von traditionellen Techniken mit Stift und Papier bis hin zu digitalen Bildbearbeitungs- und Layoutprogrammen. 2018 ist das von ihm mit Vögeln illustrierte Buch »Federnlesen« erschienen, 2019 seine Zeichenschule »Buntstiftvögel«.

Florian Frick

# INK

Zeichnen mit Tinte & Tusche

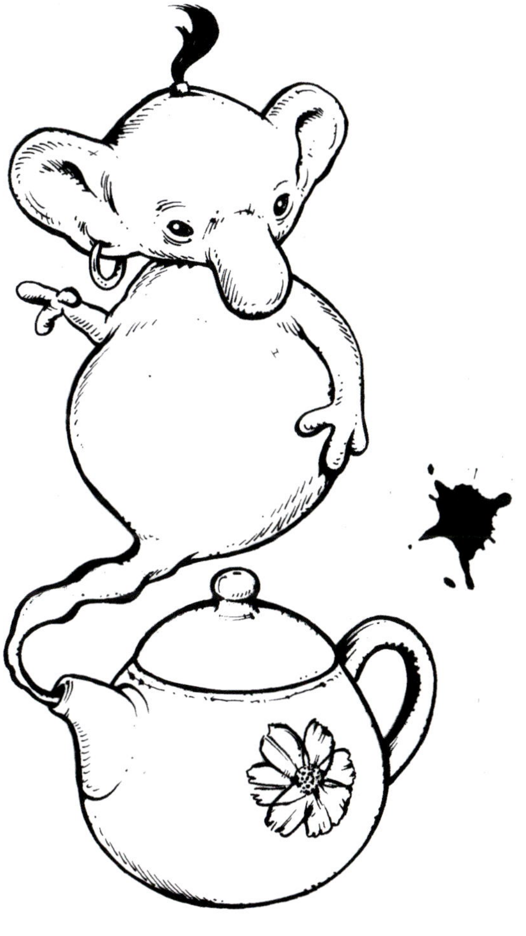

dpunkt.verlag

Florian Frick
*www.monstershome.com*

Lektorat: Barbara Lauer
Lektoratsassistenz: Anja Weimer
Copy-Editing: Friederike Daenecke, Zülpich
Satz: Florian Frick
Herstellung: Stefanie Weidner, Frank Heidt
Umschlaggestaltung: Janine May
Druckerei: Grafisches Centrum Cuno GmbH & Co. KG, 39240 Calbe (Saale)

Bibliografische Information der Deutschen Nationalbibliothek
Die Deutsche Nationalbibliothek verzeichnet diese Publikation in der Deutschen Nationalbibliografie; detaillierte bibliografische Daten sind im Internet über *http://dnb.d-nb.de* abrufbar.

ISBN:
Print 978-3-86490-732-6
PDF 978-3-96910-124-7

1. Auflage 2021

Wieblinger Weg 17
69123 Heidelberg

*Hinweis:*
Der Umwelt zuliebe verzichten wir auf die Einschweißfolie.

*Schreiben Sie uns:*
Falls Sie Anregungen, Wünsche und Kommentare haben, lassen Sie es uns wissen: hallo@dpunkt.de.



5 4 3 2 1 0

# Inhaltsverzeichnis



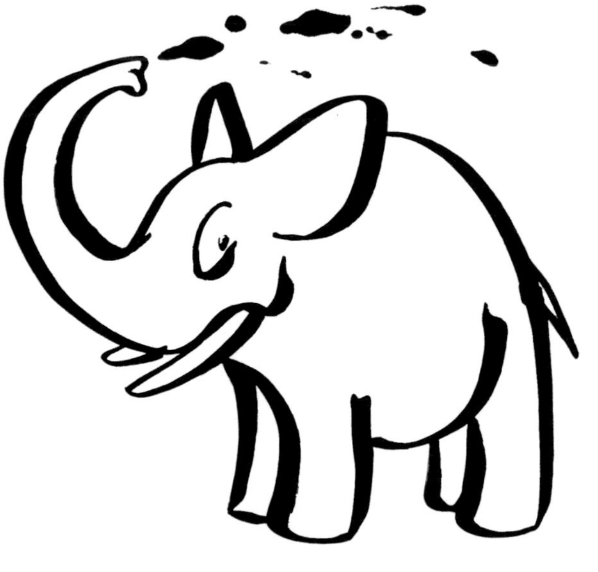

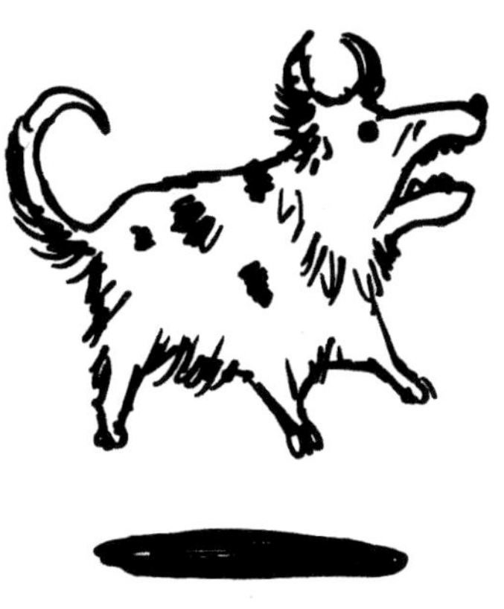

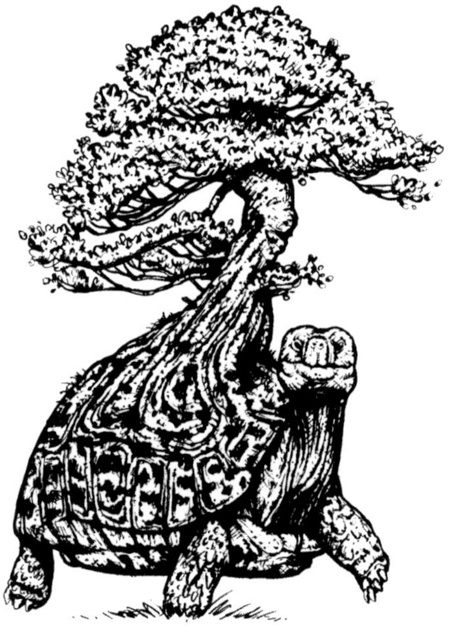

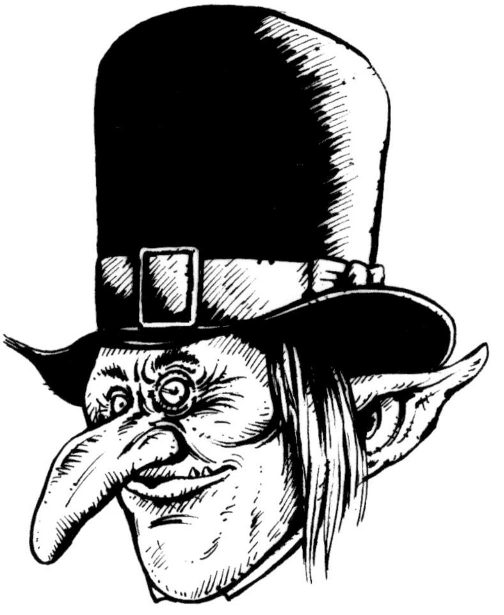

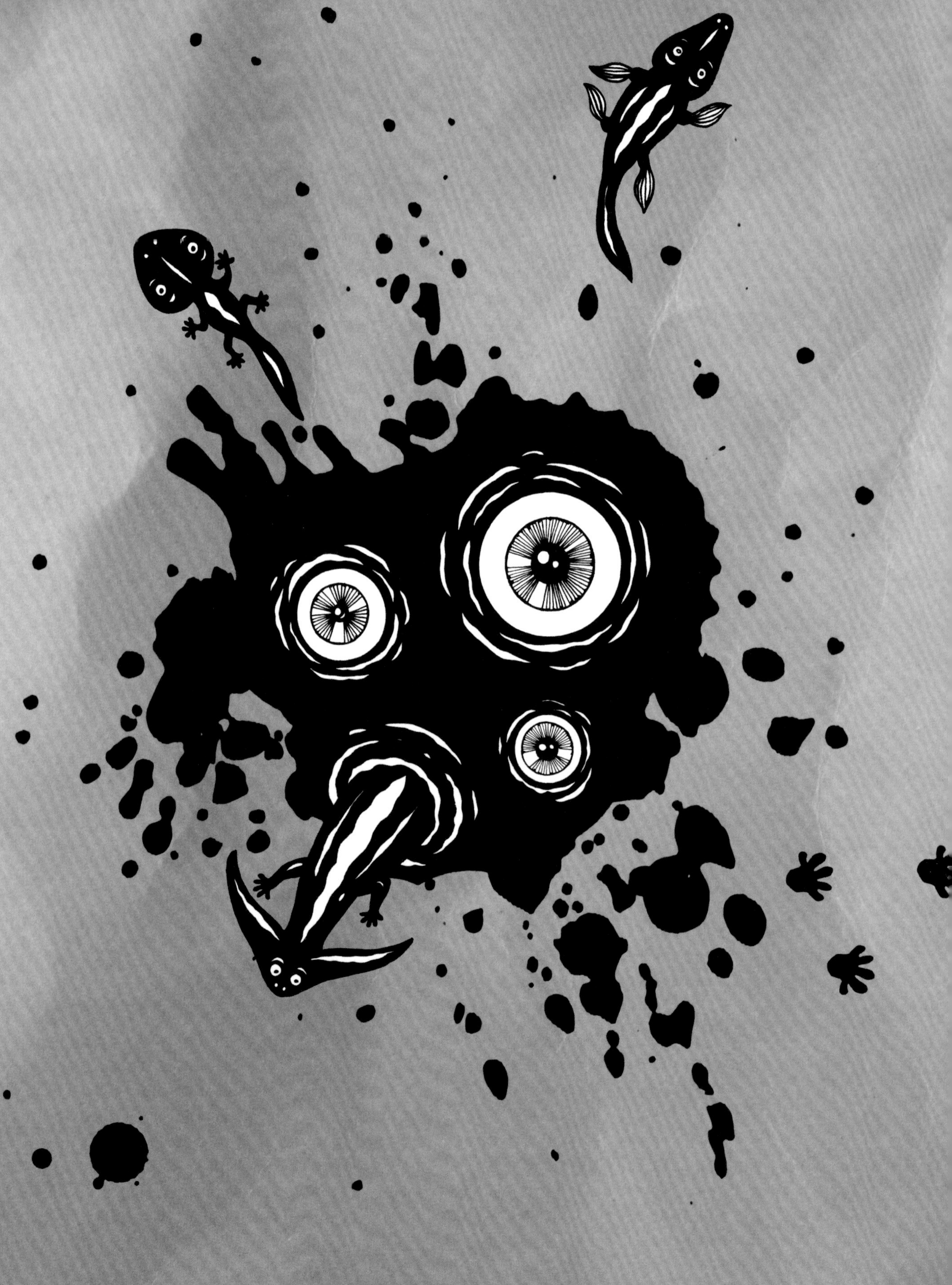

# Einleitung

Tinte. Was ist das überhaupt? Das Wort leitet sich von dem lateinischen Begriff tinctea ab, was erst mal nicht viel mehr bedeutet als »gefärbtes Wasser«. Tatsächlich handelt es sich um ein recht einfaches Medium, das bereits vor Jahrtausenden erfunden und von den unterschiedlichsten Kulturen verwendet worden ist. Und das nicht ohne Grund. Denn die kreativen Möglichkeiten und Anwendungsbereiche von Tinte sind nahezu unerschöpflich und eröffnen dir einen ganzen Kosmos für die Umsetzung deiner Ideen.

Ich habe Tinte und Tusche vor einigen Jahren für meine künstlerischen Arbeiten entdeckt und stoße auch heute noch regelmäßig auf neue Techniken sowie auf interessante und ausdrucksstarke Kombinationen, von denen ich dir in diesem Buch einige vorstellen werde. Nach einem Überblick über Materialien und Zeichenwerkzeuge, mit denen du die Tinte verwenden und zu Papier bringen kannst, folgen eine Einführung in unterschiedliche Stile sowie Zeichenübungen in Form abwechslungsreicher Challenges. Das zweite Kapitel beinhaltet ein exklusives Ticket für eine künstlerische Expedition quer durch die Welt, zu fremden Kulturen und in längst vergangene Zeiten. Diese Reise soll nur der Auftakt zur Entwicklung deiner eigenen Projekte sein: In Kapitel drei erwarten dich viele nützliche Tipps, Methoden und Denkanstöße.

Stürzen wir uns also in ein schwarz-weißes Abenteuer, von dem du nie wissen kannst, zu welchen fantastisch-verrückten Ideen es dich führen wird. Viel Spaß!

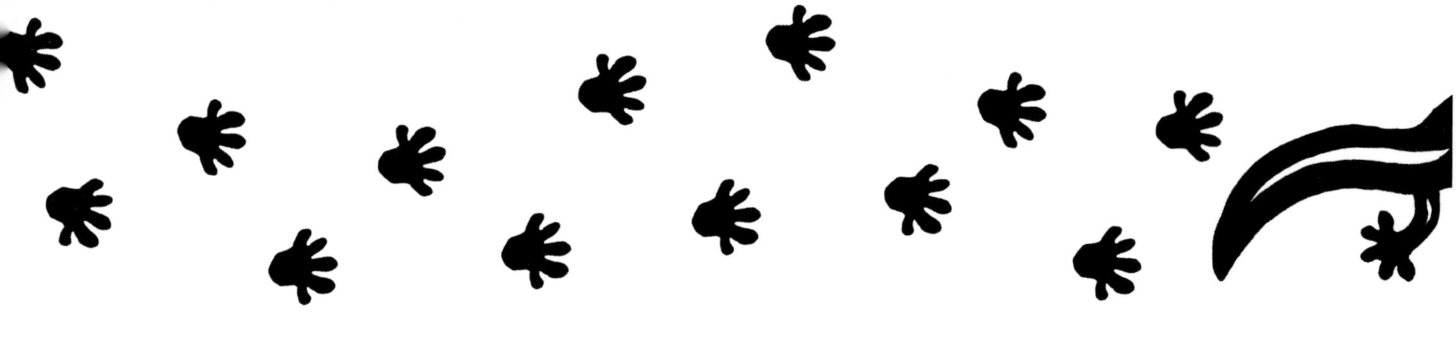

# Ink-Historie

## Prominente Anwendungsbereiche

Wann genau die Menschheit die Tinte und ihre zeichnerischen Ausdrucks- und Gestaltungsmöglichkeiten entdeckt hat, lässt sich heute nur schwer erahnen. Man geht davon aus, dass sie bereits im alten China und Ägypten vor ungefähr 3000 Jahren v. Chr. verwendet wurde. Sie bestand für gewöhnlich aus Ruß und verschiedenen Bindemitteln, z.B. Gummi arabicum, weshalb man sie auch als »Rußtinte« bezeichnet. Erst 2000 Jahre später wurde sie von der sogenannten indischen Tinte abgelöst, die wir heute unter dem Begriff Tusche kennen. Tusche ist eine Mischung aus dem Ruß verbrannter Nadelholzkohle, Lampenöl und Gelatine. Dieses Gemisch wurde in Stangen gepresst und getrocknet. Die so entstandenen Tuschestangen konnten anschließend mit Wasser verrieben werden, wobei die zugegebene Menge Wasser Einfluss auf die Intensität und Deckkraft der Tusche hat. Dieses Prinzip findet sich auch heute noch in der modernen Kalligrafie.

Im Laufe der Zeit entstanden immer neue Arten von Tinte, in deren Herstellungsprozess auch stetig neue Bestandteile einflossen. So wurde um 300 v. Chr. die Eisengallustinte erfunden, die als besonders beständig gilt. Ein weiteres Beispiel ist die Sepiatinte, für die das Pulver aus den getrockneten Tintenbeuteln von Tintenfischen farb- und namensprägend ist. Um 1800 ermöglichte die moderne Chemie noch eine Vielzahl anderer Farbstoffe, deren Lichtechtheit jedoch sehr unterschiedlich ist. Vor allem die Tinten auf Wasserbasis neigten dazu, rasch an Intensität zu verlieren und auswaschbar zu sein. Dieses Problem konnte schlussendlich durch Richtlinien und eine festgelegte Rezeptur gelöst und überwunden werden.

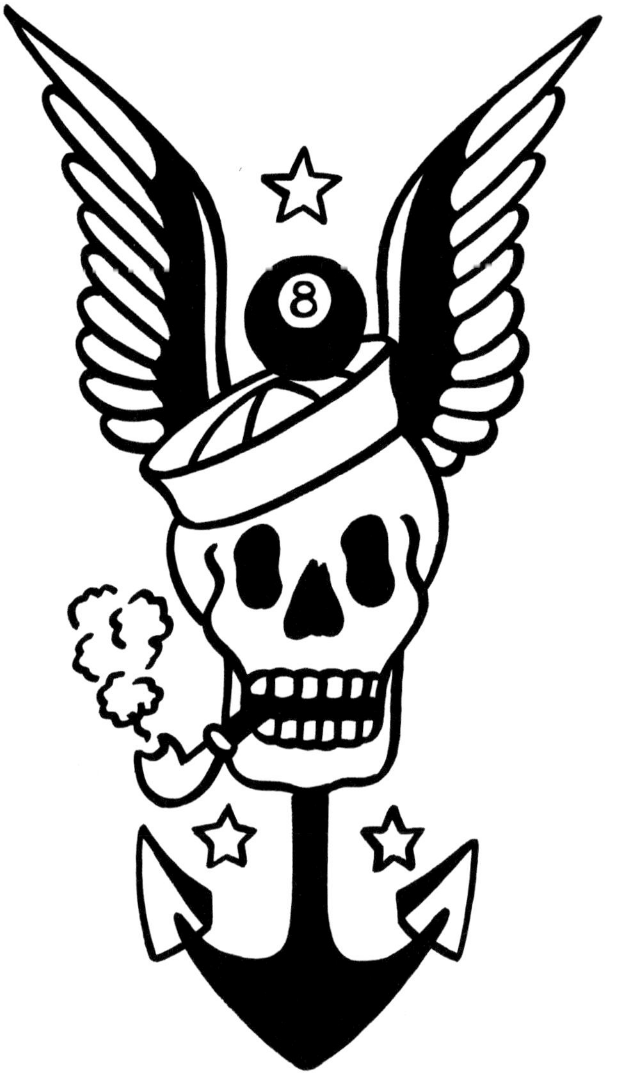

Heute findet sich für fast jeden Anwendungsbereich das passende Produkt. Tintenstrahldrucker verwenden beispielsweise Tinten, die in einem bestimmten Mischverhältnis alle erdenklichen Farben erzeugen können. Obendrein trocknen sie auch schnell.

Die Einsatzmöglichkeiten für Tinte und Tusche sind ebenso komplex und vielgestaltig wie ihre Entstehungsgeschichte. Eine der bekanntesten Anwendungen ist das Tätowieren. Hierbei werden Pigmente mit einer Nadel unter die Haut gestochen. Die Tradition des Tattoos hat sich bei den meisten Völkern der Erde unabhängig voneinander entwickelt und reicht weit in die Vergangenheit zurück. Sogar der Steinzeitmensch Ötzi hatte Tattoos, gleich 61 Stück. Dabei handelte es sich allerdings nicht um figürliche Motive, sondern überwiegend um geometrische Formen, Linien und Punkte.

Das Comic-Genre ist ebenfalls ein etabliertes Feld, in dem oft mit Tinte gearbeitet wird und das noch gar nicht so alt ist. Comics stellen eine Geschichte als Abfolge von Bildern dar und sind somit, ähnlich wie der Film, eine Vereinigung von Literatur und bildender Kunst. Die japanische Form des Comics ist der Manga, dessen Wurzeln bis ins Mittelalter zurückreichen. Seine heutigen Versionen folgen nicht nur alten Traditionen, sondern auch westlichen Einflüssen und gehören zu den erfolgreichsten Exportgütern Japans.

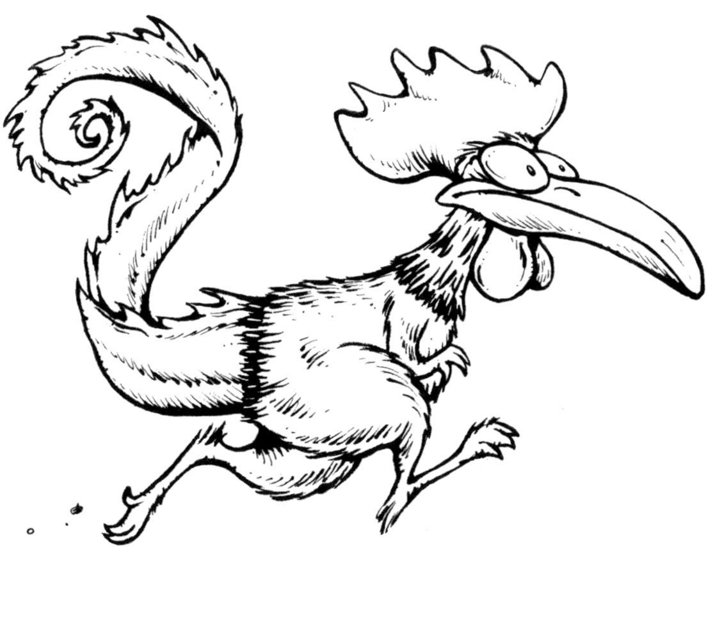

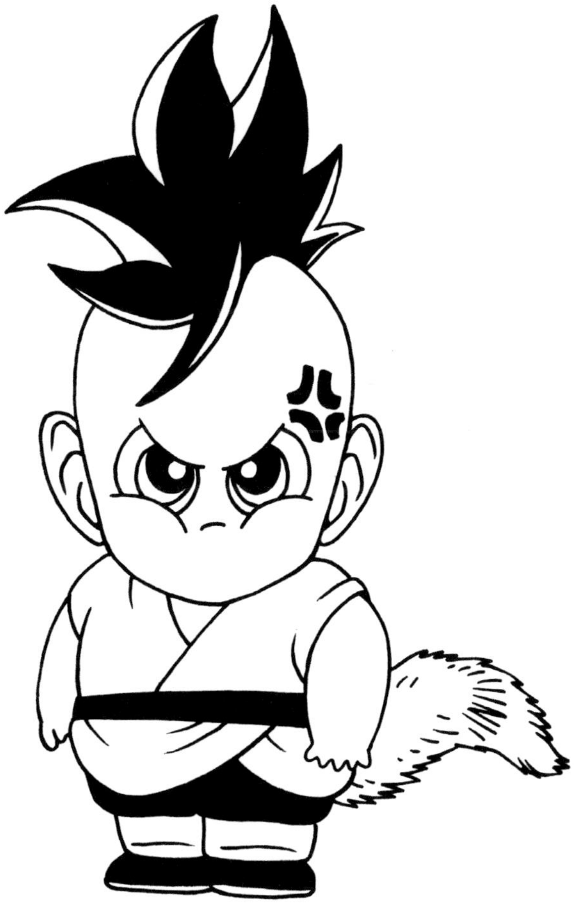

# Materialien

## Die Wahl des richtigen Zeichengeräts

Genau wie bei der Öl- und Aquarellmalerei, dem Zeichnen mit Buntstiften oder Grafit gibt es auch im Umgang mit Tinte und Tusche kein fest definiertes Werkzeug für ultimative Ergebnisse. Es gibt sehr viele unterschiedliche Hilfsmittel, die spezifische Eigenschaften haben.

Falls du die Tinte in ihrer flüssigen Form direkt aus dem Glas nutzen möchtest, bietet sich die Verwendung einer Kalligrafiefeder oder eines Pinsels an. Du kannst hier zwischen hochwertigen Echthaar- und synthetischen Kunsthaarpinseln wählen. Erstere bestehen aus den Haaren des Rotmarders, Dachses oder der Ziege und sind in Sachen Qualität, Elastizität, Farbaufnahme und -abgabe besonders hochwertig. Sie werden für anspruchsvolle Malereien, Retuschier- und Schriftarbeiten verwendet und haben bei guter Pflege eine sehr lange Lebensdauer. Ihr Preis ist allerdings entsprechend hoch.

Meiner Einschätzung nach ist es nicht das Werkzeug, das über die künstlerische Qualität deiner Bilder entscheidet, sondern deine Fähigkeiten. Vor allem Ungeübten und Experimentierfreudigen empfehle ich, für den Anfang auf günstigere Synthetikvarianten zurückzugreifen, von denen es ebenfalls diverse Größen und Formen gib. Für das absolute Oldschool-Feeling beim Zeichnen kannst du auch echte Gänse- oder Truthahn-Federkiele verwenden, so wie es die Menschen schon vor vielen hundert Jahren getan haben.

Achte immer darauf, deine Pinsel nach jeder Anwendung sorgfältig zu reinigen. Ansonsten könnten Ablagerungen entstehen, die sich nachteilig auf die Farbabgabe auswirken.

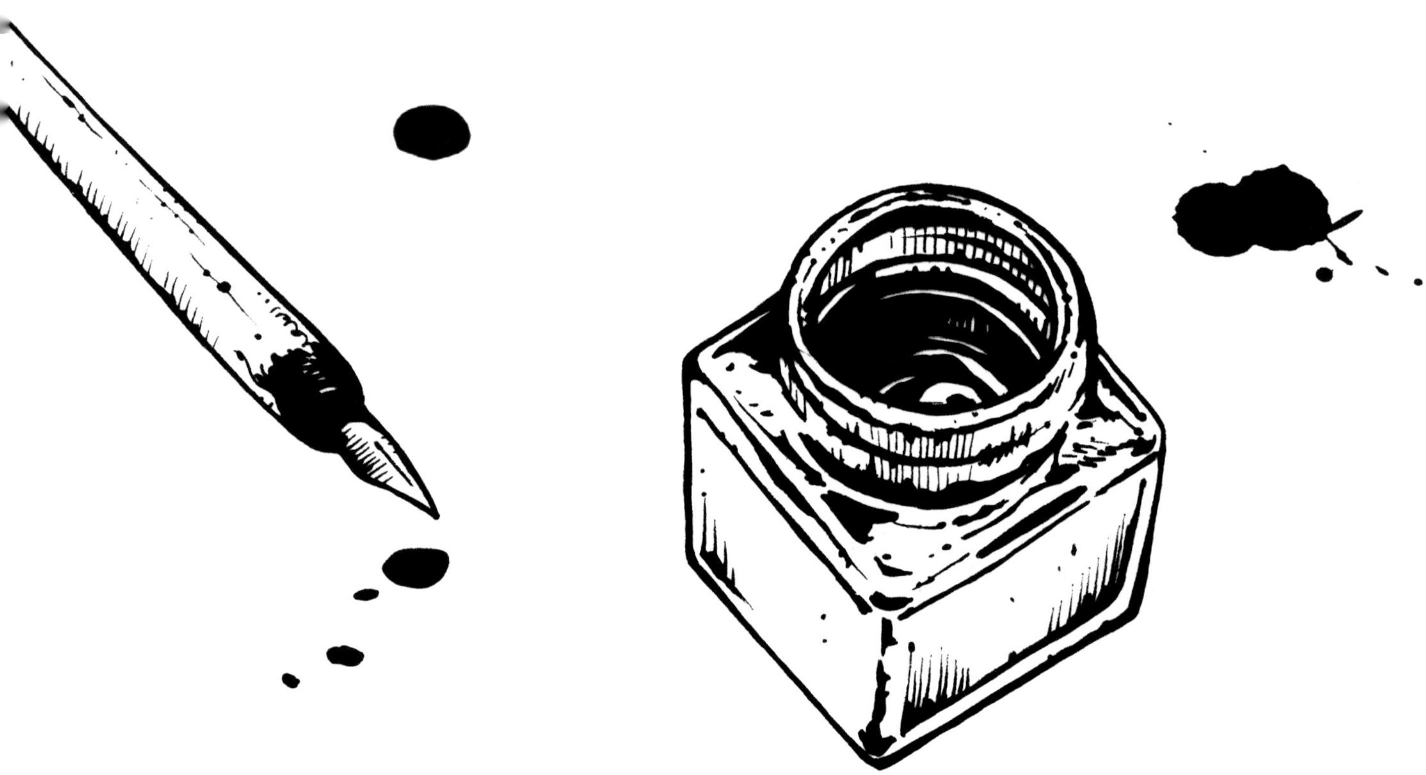

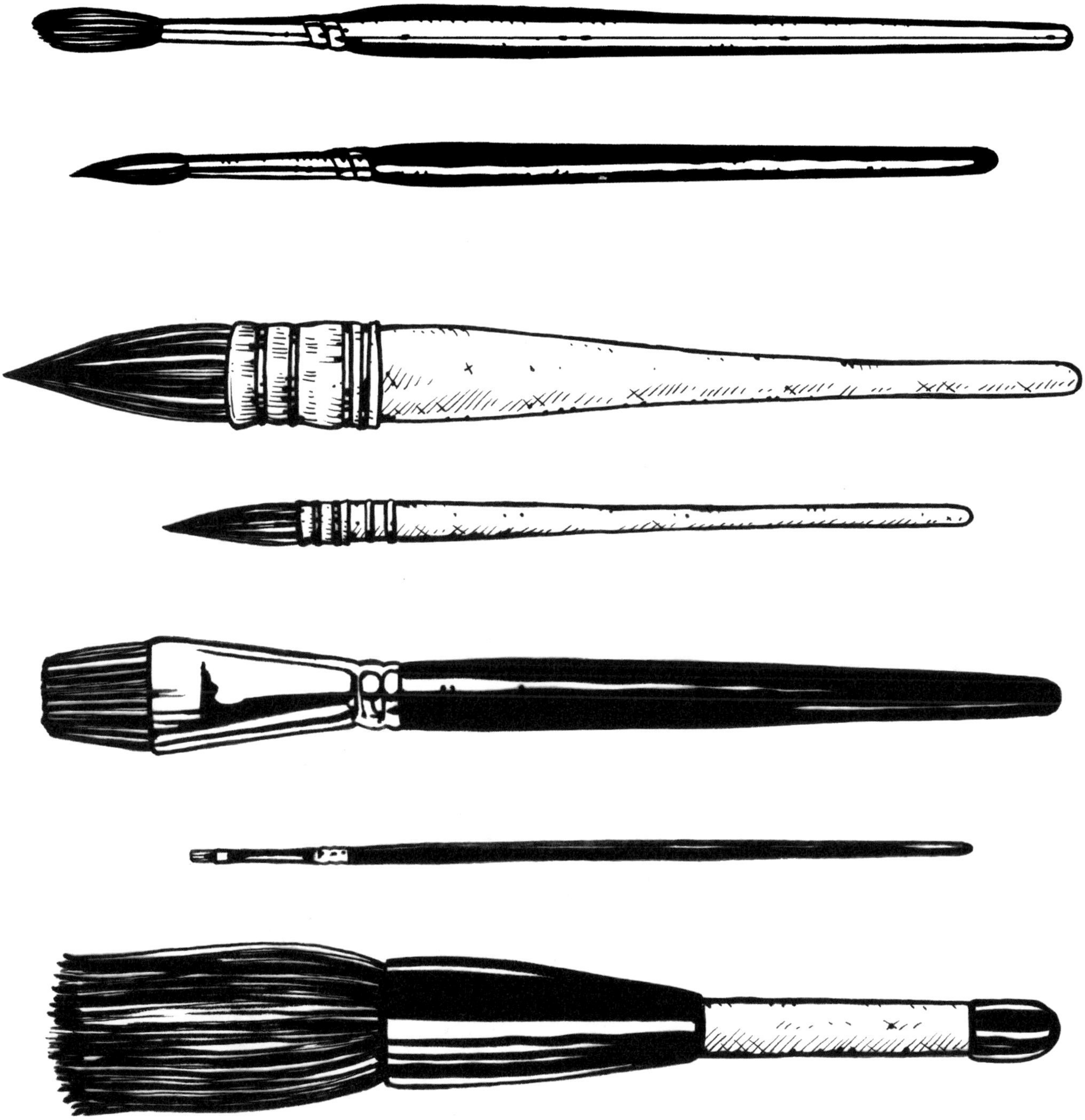

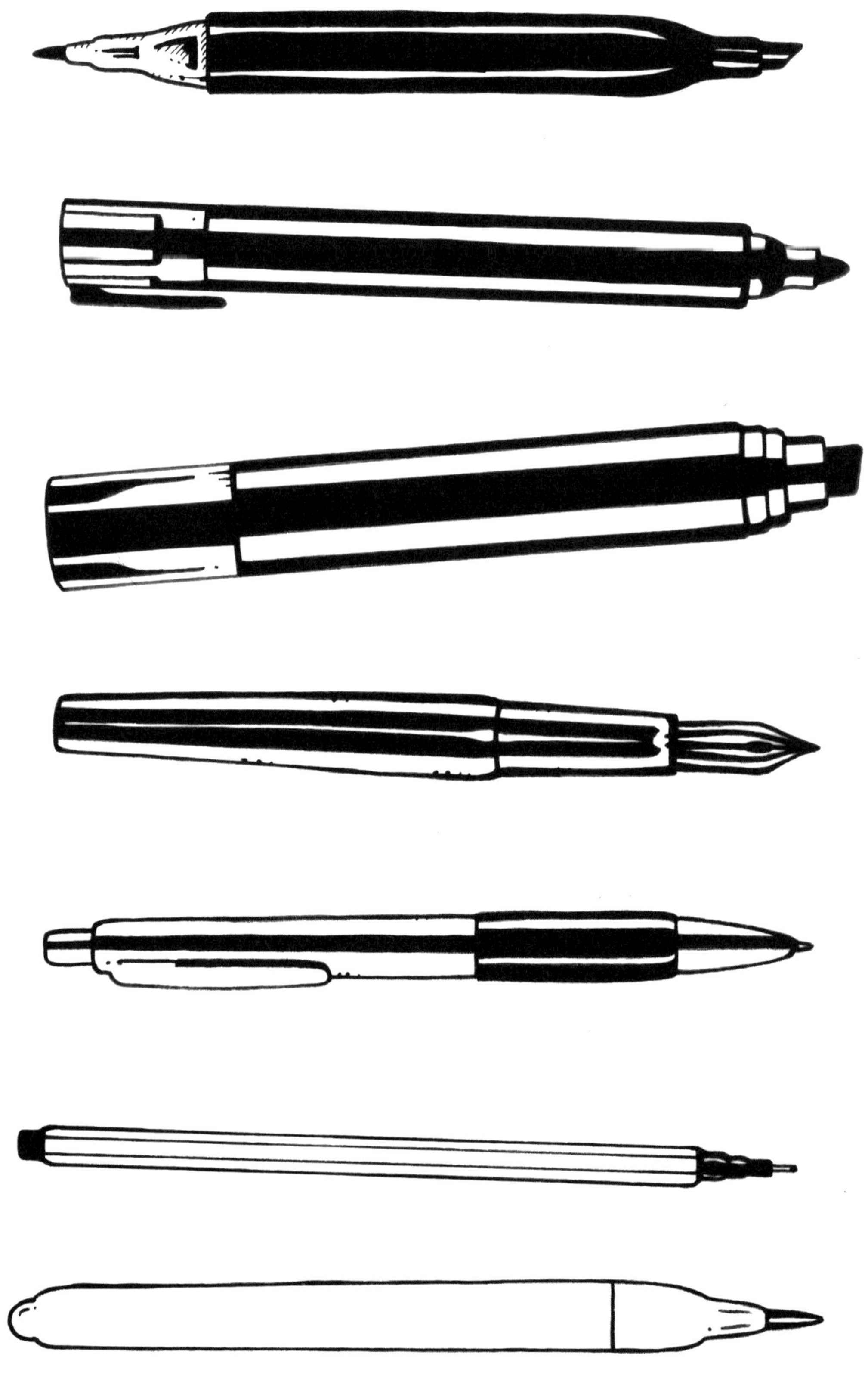

Neben Pinseln steht dir noch eine Unmenge weiterer Werkzeuge zur Verfügung. Du kannst auch einen Federhalter mit variierenden Federaufsätzen oder eine hölzerne Bambusfeder benutzen. Besonders in der Kalligrafie sind diese Materialien sehr beliebt.

Bei vielen Schreibgeräten ist die Tinte für den praktischen Gebrauch bereits in Patronen abgefüllt. Auch hier erwartet dich eine gewaltige Produktpalette: Markerstifte von Faber-Castell, Staedtler oder Edding mit Keilspitzen bis zu 15 mm. Die klassischen Fineliner von Stabilo, Tintenfüller, Wassertankstifte und Kugelschreiber sind ebenfalls eine Option.

Wie du siehst, kannst du eine ganze Armada von Werkzeugen nutzen, um deine Tinte aufs Papier zu bringen. Dasselbe gilt im Übrigen auch für die Zeichentusche selbst. Die Produkte unterscheiden sich u.a. im Farbton, der Deckkraft und in ihrer Zusammensetzung. So gibt es auch völlig abgedrehte Varianten wie Leuchttinte, Geheimtinte, Dufttinte und Gel-Tinte. Bei den »normalen« handelsüblichen Ausführungen solltest du darauf achten, dass deine Tinte wasserfest und lichtecht ist. Des Weiteren kannst du zwischen schnell und langsam trocknenden, korrigierbaren und endgültigen Tinten sowie Varianten auf Wasser- und Acryl- bzw. Schellackbasis wählen. Die lösungsmittelbasierten Tuschen benötigen in der Regel einen entsprechenden Verdünner, um ihre Farbintensität zu steuern und deine Werkzeuge sauber zu halten. Rohrer & Klingner, Pelikan, Sennelier oder Winsor & Newton sind eine Auswahl von Herstellern.

Selbstverständlich musst du dich nicht für ein einziges Zeichengerät entscheiden, sondern kannst gleich mehrere von ihnen miteinander kombinieren. Auf diese Weise lassen sich interessante Mischtechniken verwenden, von denen ich dir im Verlauf dieses Buches einige vorstellen möchte. Zum Skizzieren deiner Motive empfehle ich dir einen mittelstarken HB-Bleistift (nicht zu stark anspitzen und nur mit leichtem Druck arbeiten) sowie einen knetbaren Radiergummi, mit dem du die Skizzenlinien nach der Umsetzung mit Tusche einfach und sauber entfernen kannst.

Bei der Wahl des Papieres solltest du unbedingt die verwendete Menge an Tinte und Tusche berücksichtigen und im Zweifelsfall lieber auf eine Sorte mit höherer Grammatur (ab 150 g) zurückgreifen. Andernfalls kann die Tinte das Papier durchdringen, es verformen und Wellen bilden.

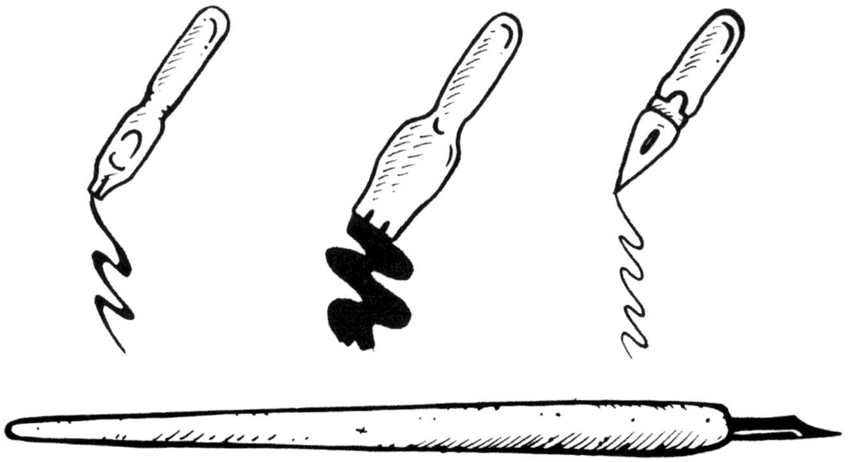

# 1

# Stile und Techniken

## Ein ganzes Universum aus Tinte

Nachdem wir die Materialliste geklärt haben, kann es endlich losgehen. Tauche deinen Pinsel in die Tinte oder schnapp dir einen Markerstift – und nichts wie ran an den Zeichenspaß!

In diesem ersten Kapitel erwartet dich eine Vielzahl unterschiedlicher Herangehensweisen und Methoden, mit deren Hilfe du verschiedene Zeichenstile entwickeln kannst. Von einfachen Formen und intuitiven Grundübungen bis zu komplexen Bildinhalten ist bestimmt auch für deinen Geschmack etwas dabei. Dazu werde ich auch noch einige persönliche Erfahrungswerte, Tipps, Tricks und Anregungen geben. Diese haben oft die Form von Challenges, in denen du verschiedene Herausforderungen meistern kannst. Die Reduktion auf schwarze Linien und Flächen steht beim Medium Tusche selbstverständlich im Fokus, was nicht bedeutet, dass Farbe keine Rolle spielen wird. Auch zu diesem Thema zeige ich dir einige mögliche Techniken.

Vor allem in Verbindung mit meiner beruflichen Tätigkeit als Illustrator habe ich die schwarzen Stifte und den Umgang mit Tinte schätzen und lieben gelernt. Besonders, weil sich mit ihnen ein breites Spektrum an Figuren- und Zeichenstilen erschaffen lässt. Die Beschränkung auf Schwarz und Weiß birgt etwas Ursprüngliches und Elementares: Wir werden geradezu gezwungen, Unwichtigkeiten auszublenden und zum Kern des Motivs vorzudringen.

Doch genug des Vorgeplänkels und hinein ins kreative Vergnügen! Oder sollte ich besser sagen: Ab ins Tintenfass?

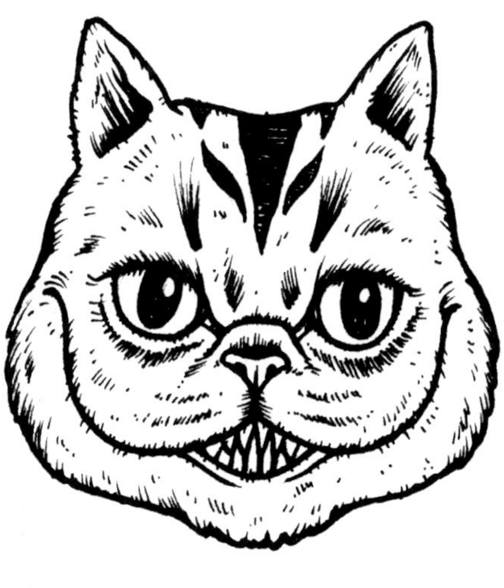

# Wenige Materialien
## Unerschöpfliche Ausdrucksformen

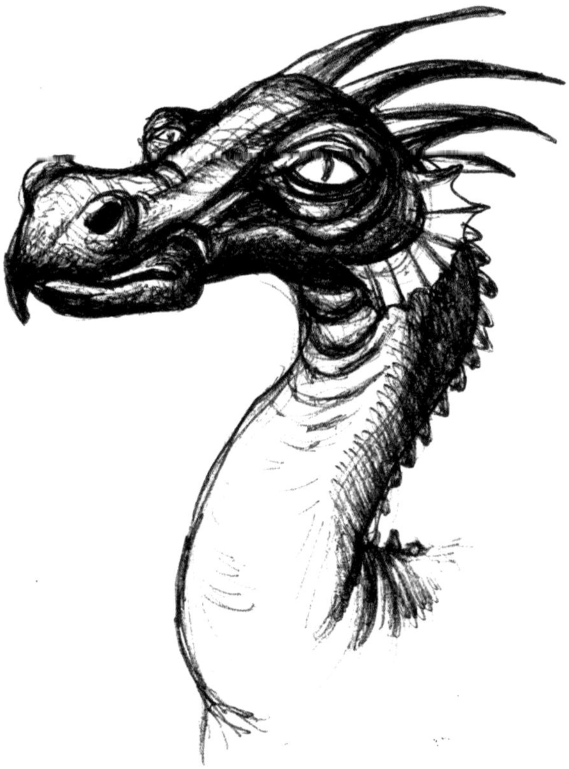

Viele Einsteiger fürchten sich vor dem Zeichnen mit Tinte und Tusche, weil sie den einmal gesetzten Strich nicht rückgängig machen können. Zumindest nicht so, dass man es später nicht mehr sieht. Einige Tintensorten, beispielsweise die blaue Füllertinte, lassen sich ja recht einfach mit einem Tintenkiller entfernen. Auch Deckweiß und Tipp-Ex sind bewährte Korrekturmittel. Die Spuren der Ausbesserungen werden jedoch sichtbar bleiben.

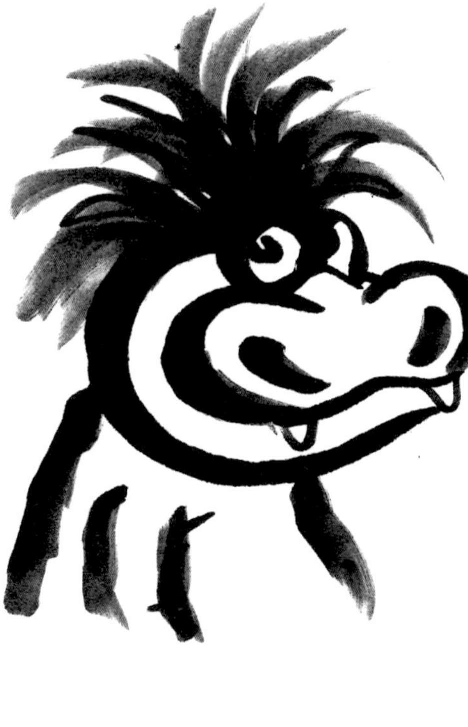

Die Endgültigkeit von Tinte zwingt dich in gewisser Weise dazu, mit Bedacht vorzugehen, die nächsten Schritte zu planen und deine Möglichkeiten abzuwägen. Und das ist meiner Erfahrung nach eine sehr gute Eigenschaft! So lernst du rasch, kompositorisch und inhaltlich gut durchkonzipierte Bilder zu erschaffen, das große Ganze im Blick zu behalten und bleibst mit etwas Übung und einer Auswahl unterchiedlicher Techniken trotzdem spontan und flexibel. Falls doch mal etwas schiefgeht: Nutze den Zufall, statt dich zu ärgern, und lass dich davon inspirieren.

Schon die drei Bildbeispiele auf dieser Doppelseite zeigen, wie vielfältig Tinte verwendbar ist und wie sich die zeichnerischen Ergebnisse voneinander unterscheiden, obwohl sie alle die gleiche schwarz-weiße Ästhetik teilen.

Der erste Drache links unten ist mit einem Pinsel gezeichnet und in seiner Machart recht einfach und cartoonig gehalten. Für den zweiten habe ich einen Kugelschreiber verwendet. Das Zusammenspiel vieler dünner Linien erzeugt die Illusion von Graustufen und einer angedeuteten Dreidimensionalität. Drache Nummer drei wirkt durch die Ausarbeitung von Details und den anatomisch detaillierten Aufbau schon wesentlich realistischer als die beiden anderen und erinnert vom Stil her an die altertümlichen Darstellungen von Fabelwesen in historischen Büchern.

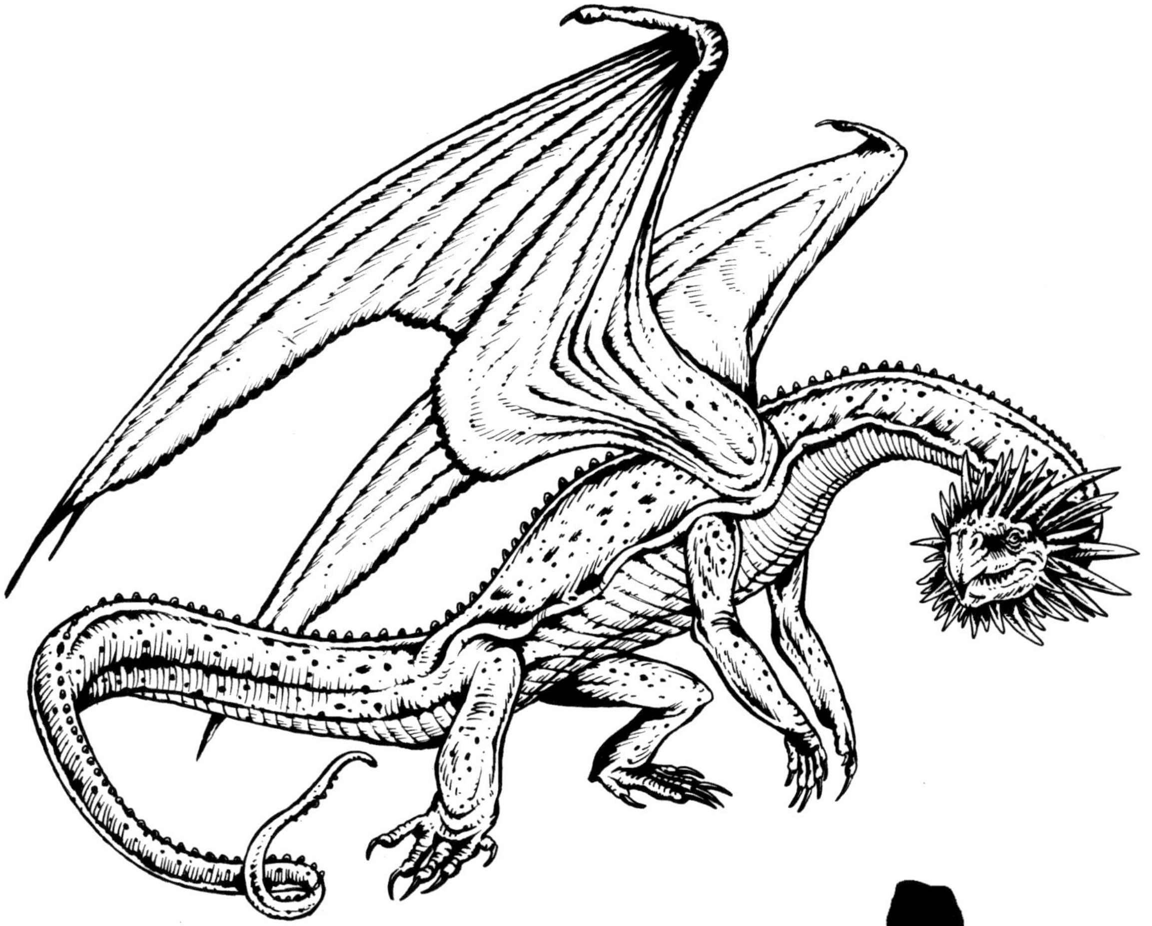

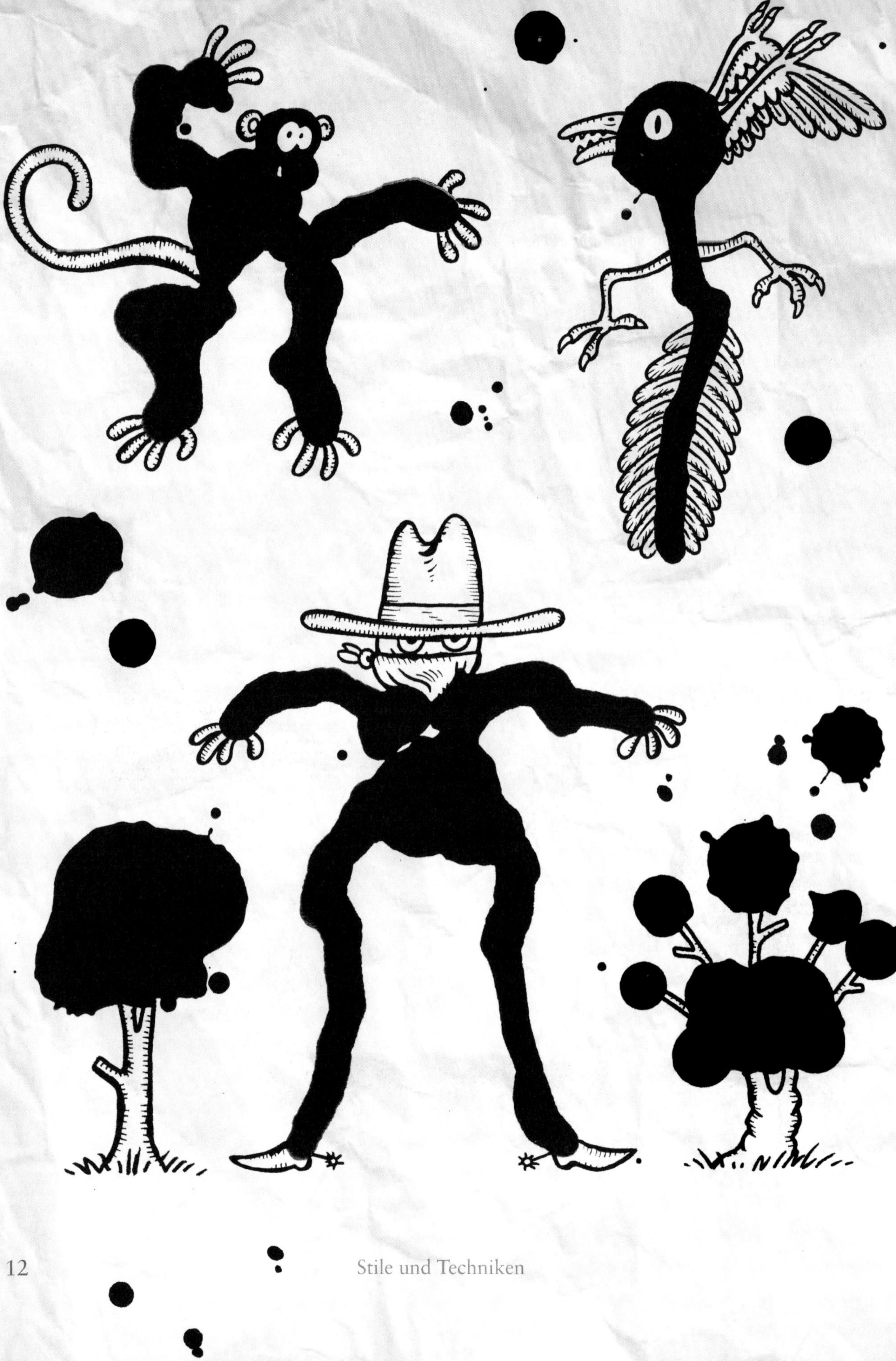

# Challenge: Klecks-Kunst

## Vom Zufall zur Figur

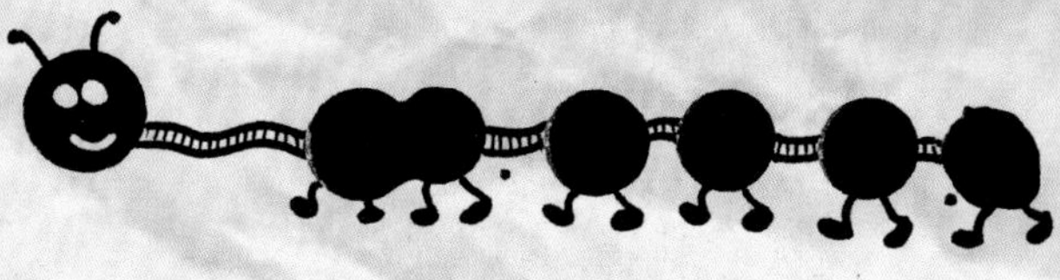

Diese Challenge ist für alle, die sich vielleicht schwer damit tun, eigene Ideen für Figuren zu entwickeln, und für jene, die sich einfach nur überraschen lassen wollen. Die Vorgehensweise ist simpel: Kleckse einfach mehrere Tintenflecken auf einen Bogen Papier. Du kannst die flüssige Tinte auch mit einem Strohhalm vorsichtig verpusten oder sie durch Neigen des Papieres verteilen. Lass das Ganze anschließend gut durchtrocknen. Dann geht der Spaß erst richtig los. Schau dir die Flecken ganz genau an und versuch etwas in ihnen zu erkennen: ein Tier, einen Außerirdischen, ein Monster. Anschließend lässt du deine Visionen sichtbar werden, indem du den Flecken zeichnerische Details mit einem Marker oder Füller hinzufügst. Es steht dir völlig frei, nur ein paar Beinchen oder den gesamten Körper zu zeichnen. Bei meinen Figuren habe ich teilweise auch noch ein paar Augen aus einem separaten Blatt Papier ausgeschnitten und in den Tintenflecken platziert.

Diese spielerische Kreativitätstechnik ist sehr hilfreich, um völlig unbefangen an den Zeichenprozess heranzugehen. Nutze den Zufall und profitiere von ihm!

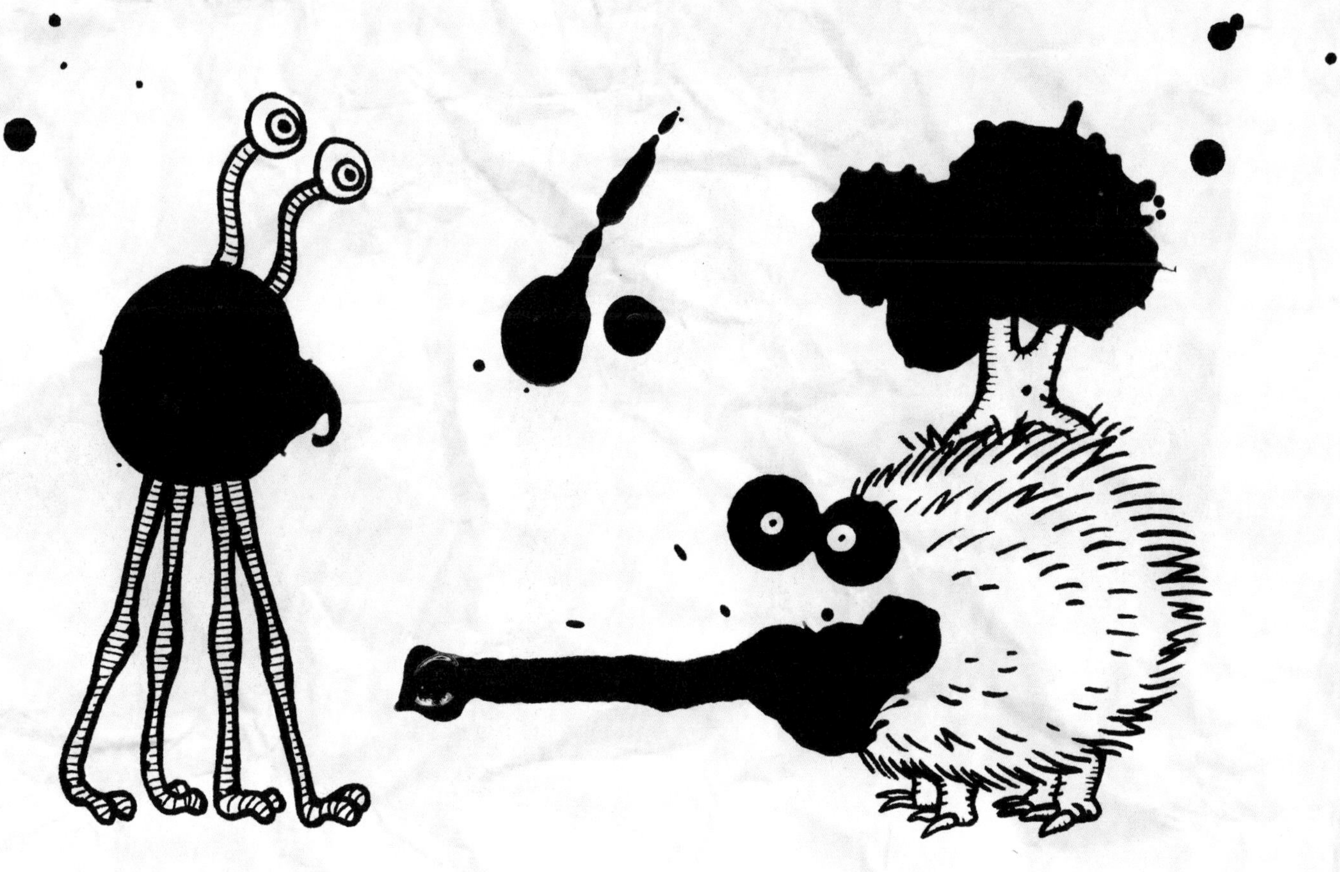

## Stiftstärken ausprobieren

### Unterschiedliche Wirkungen erhalten

Dick oder dünn? Fein oder grob? Gerade oder fransig? Das perfekte Werkzeug gibt es nicht. Stattdessen helfen dir Experimentierfreude und Ausprobieren, ganz gleich ob du mit einer Zeichenfeder, Pinseln oder Stiften arbeiten willst. Die meisten Hersteller wie Faber-Castell, Edding oder Staedtler bieten eine breite Produktpalette an. Neben den Stiftstärken von zarten 0,01 mm bis zu 16 mm breiten Ungetümen variieren auch die Arten des Kopfes. So gibt es z. B. Pinselköpfe, mit denen man je nach Druck und Zeichenwinkel direkt unterschiedliche Strichdicken erzeugen kann. Wenn du bereits eine konkrete Vision für ein Werk und einen bestimmten Stil hast, solltest du die entsprechenden Anforderungen, die deine Werkzeuge erfüllen müssen, natürlich vor dem Kauf berücksichtigen. Wie stark sollen die Linien werden? Gibt es viele feinteilige Details oder eher größere Flächen? Um für alle Eventualitäten gewappnet zu sein, empfehle ich eine Auswahl unterschiedlicher Stifte.

Die beiden Hunde auf dieser Seite sind beispielsweise mit dem Pinselkopf-Marker von Faber-Castell entstanden. Mit diesem Stift lassen sich sowohl dickere als auch dünnere Linien in einem Strich zeichnen. Für feine Haarlinien sind sie dagegen weniger geeignet.

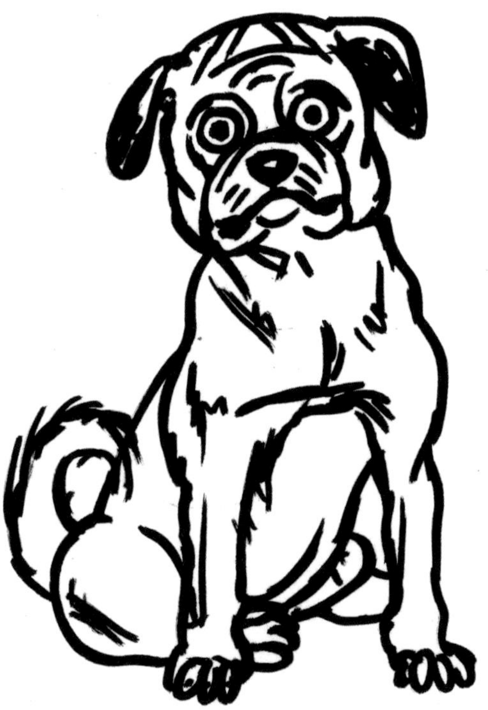

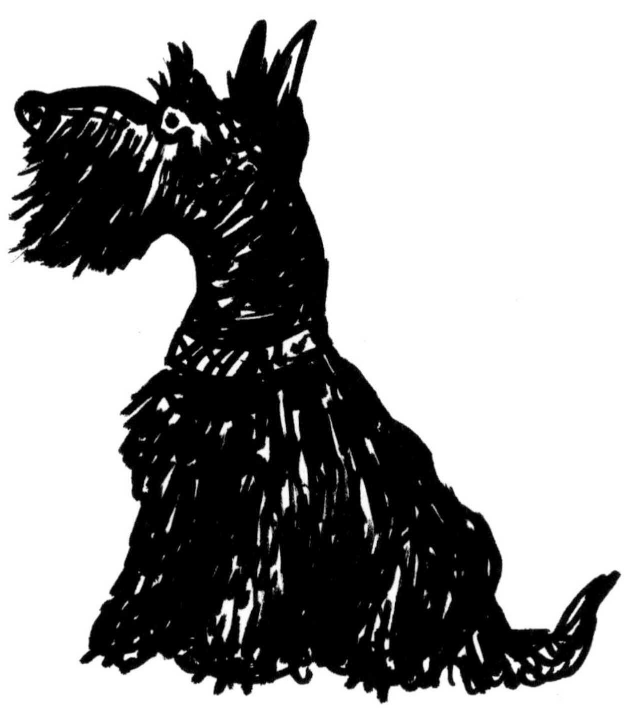

## Challenge: Eine Zeichnung pro Tag

### Vielfalt durch Geduld

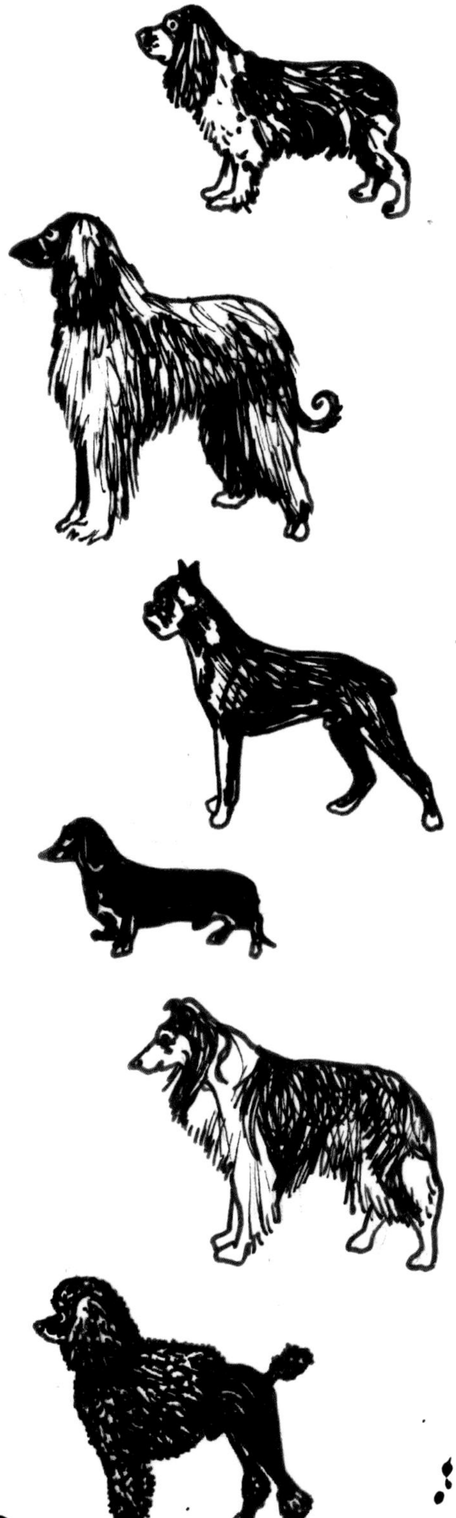

Nur Übung macht den Meister. Der stete Tropfen höhlt den Stein. Gut Ding will Weile haben …

Ja, ja, wir haben es verstanden. Es gibt kein Geheimrezept, mit dessen Hilfe du über Nacht kreative Quantensprünge machen kannst. Aber wie wäre es mit einem System, das dir mit jedem einzelnen Tag hilft, besser zu werden? Das Ziel: eine Zeichnung pro Tag. Dabei spielt es gar keine Rolle, wie aufwendig sie ist, ob es sich um eine Serie zu einem bestimmten Thema handelt oder ob abwechselnde Stile behandelt werden. Ich habe z. B. eine Woche lang jeden Tag einen der nebenstehenden Hunde gezeichnet, ohne allzu viel Arbeitszeit zu investieren. Das Wichtigste bei dieser Challenge ist Disziplin und vor allem Spaß. Für den Einstieg kannst du das Ganze zunächst auf fünf oder sieben Tage ansetzen und dann versuchen, die Routine beizubehalten.

Ein Highlight ist der alljährliche »Inktober«, bei dem Künstler aus der ganzen Welt im Verlauf des Oktobers täglich neue Werke präsentieren und miteinander teilen. Grundlage ist eine Liste von insgesamt 31 Stichwörtern, die frei interpretiert und visualisiert werden. Ein Wort für jeden Tag. Der Austausch erfolgt in der Regel über die sozialen Netzwerke. Aber auch wenn du deine Arbeiten nicht nach außen tragen möchtest, ist der Inktober ein fantastischer Anlass zum Mitmachen und Lernen. Das Gefühl, Teil einer großen Gruppe zu sein, kann einen enormen Motivationsschub bringen.

Also los, ran an die Challenge! Ganz gleich, ob in der U-Bahn auf dem Weg zur Arbeit, in der Mittagspause oder als Abschalthilfe vor dem Schlafengehen: Eine Zeichnung pro Tag! Just DO it!

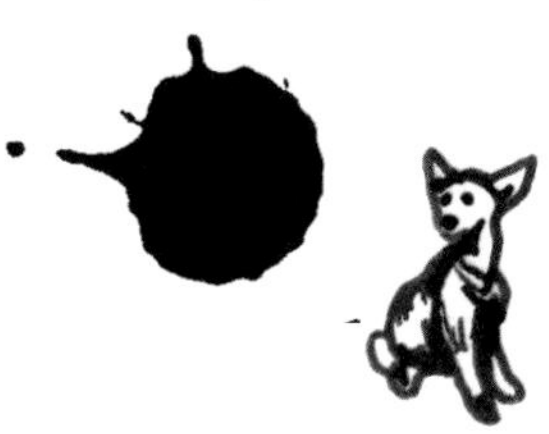

# Zeichnen mit nur einem Stift

## Meditativer Schraffur-Wahnsinn

Du hast nur einen einzelnen Markerstift zur Hand? Kein Problem! Das Tolle am Zeichnen mit Tinte ist, dass du anders als bei anderen Medien (wie Aquarell, Ölmalerei oder dem Arbeiten mit Buntstiften) wirklich nur sehr wenige Materialien brauchst.

Schon mit einem einzigen Stift kannst du viele unterschiedliche Stile umsetzen und deiner Kreativität freien Lauf lassen. Auch ein dünner Zeichenkopf kann breite Linien erzeugen: Du musst einfach nur ein paarmal über dieselbe Stelle fahren. Indem du Schraffuren einsetzt, lässt sich außerdem die Illusion von Licht und Schatten kreieren – und das, obwohl du ausschließlich mit schwarzer Tinte arbeitest. Je feiner das Zeichengerät ist, desto mehr Abstufungen lassen sich damit zeichnen. Auch die Bewegungsrichtung des Stifts hat einen maßgeblichen Einfluss auf das Ergebnis, was besonders für das Schaffen von Strukturen eine wichtige Rolle spielt. So kannst du u.a. die einzelnen Linien alle in derselben Ausrichtung zeichnen (Abb. 1), sie sich in unterschiedlichen Winkeln kreuzen lassen (Abb. 2 und 3) oder aber den Stift in kreisenden Bewegungen über das Papier führen (Abb. 4). Jedes Mal wird der Look ein anderer sein, und du kannst in deinem Werk viele Variationen einsetzen – mit nur einem Stift.

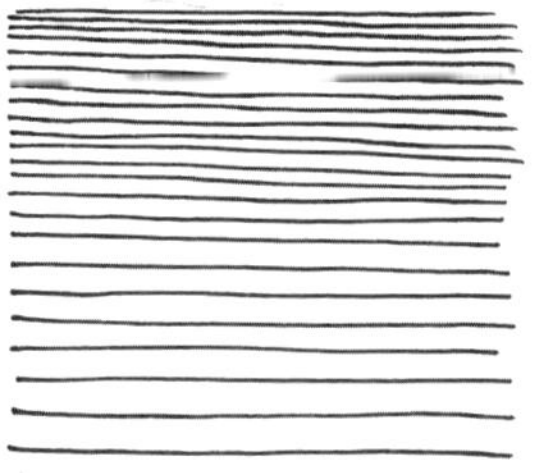

Abb. 1

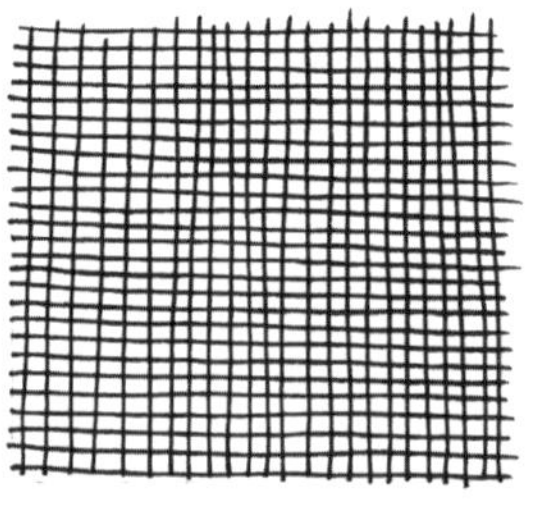

Abb. 2

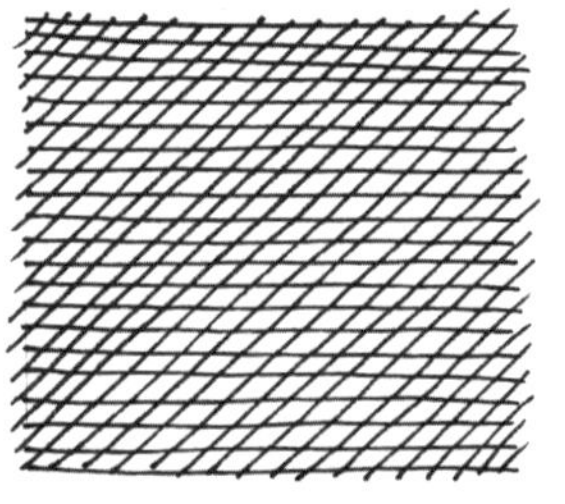

Abb. 3

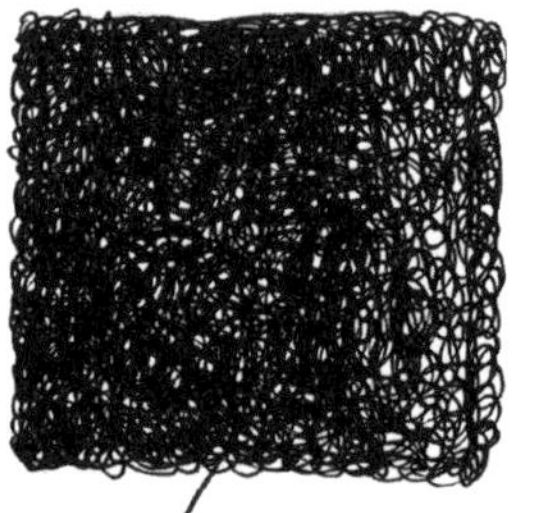

Abb. 4

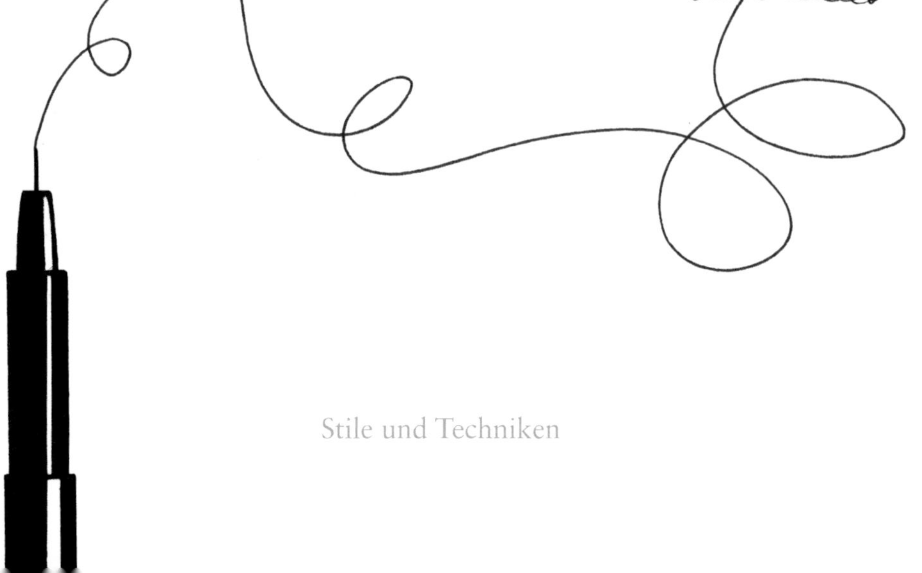

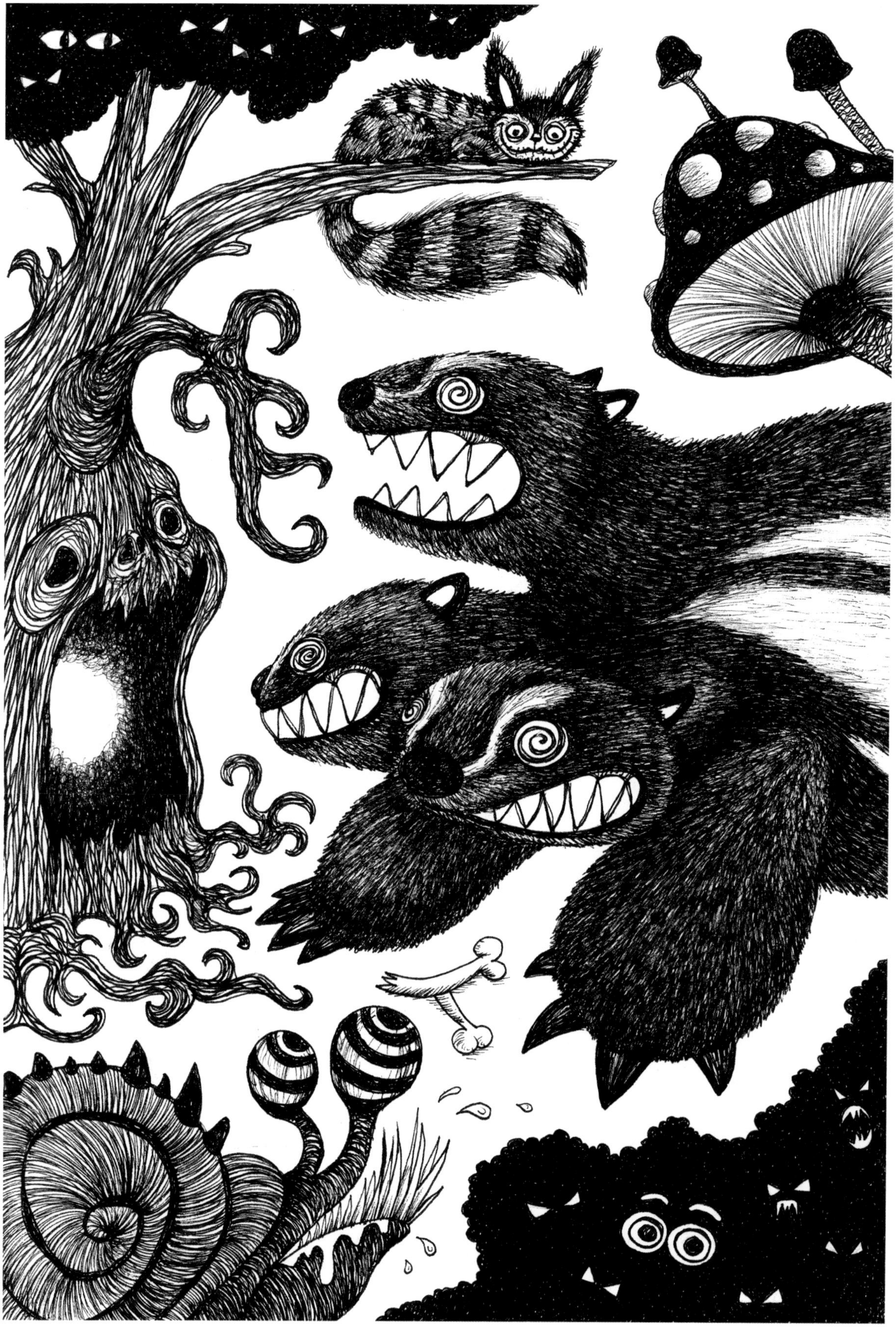

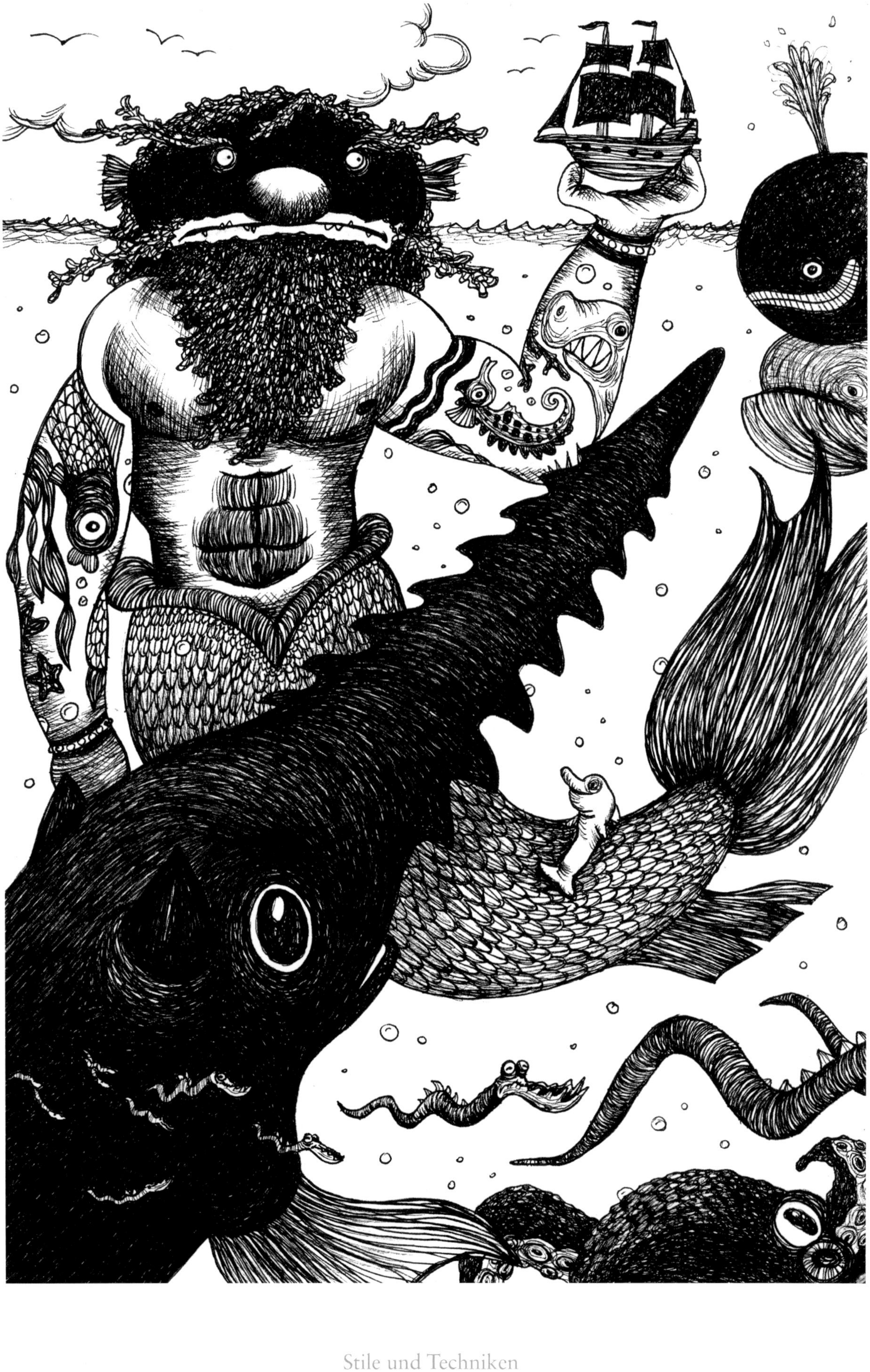

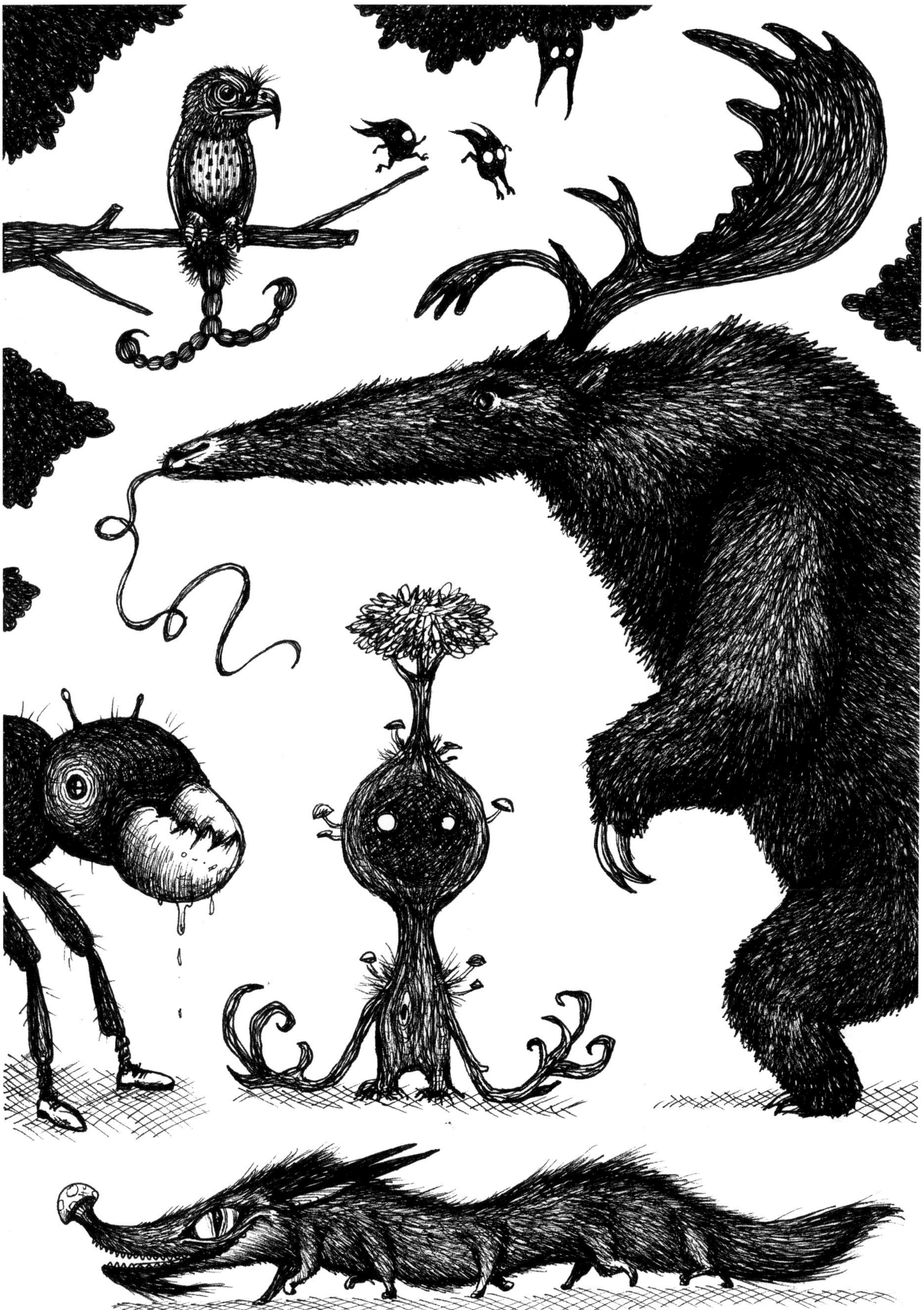

## Challenge: Stift entleeren

### Zeichnen bis zum Schluss

Du suchst nach einer Herausforderung, um ein wenig Abwechslung in deine kreative Arbeit zu bringen? Dann ist diese Challenge genau das Richtige! Wähle einen beliebigen Tintenstift und zeichne damit so lange, bis die Patrone restlos aufgebraucht ist. Nachfüllen ist verboten. Wenn du also nicht riskieren möchtest, dein Werk unfertig beenden zu müssen, solltest du zu einem Stift mit durchsichtigem Gehäuse greifen. So behältst du den Tintenstand im Auge.

Du kannst natürlich frei entscheiden, was genau du zeichnen möchtest. Soll es ein einziges großes Bildmotiv sein oder eine Serie? Das abgebildete Beispiel greift den Prozess der Stiftentleerung auf, indem es den Tintenstand als eine Art vergehende Lebenszeit interpretiert. Am Anfang steht das Ei, aus dem das Küken schlüpft. Das wächst zu einem stolzen Hahn heran, der nach einem langen, glücklichen Leben schließlich als Festtagsbraten serviert wird.

Versuch deinen Stift wirklich bis auf den allerletzten Tropfen zu leeren, auch wenn der Strich bereits schwächer und weniger intensiv wird.

Diese Challenge hat den Hintergrund, dass es ein fest definiertes Ende gibt. Auf diese Weise erübrigt sich die Frage nach dem richtigen Moment zum Aufhören, was allzu oft eine knifflige Angelegenheit ist.

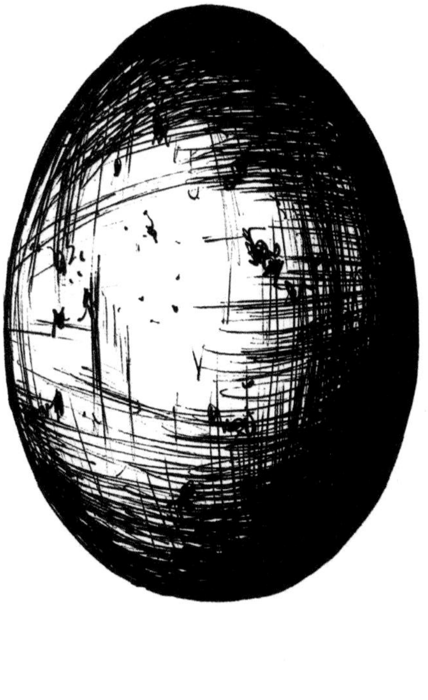

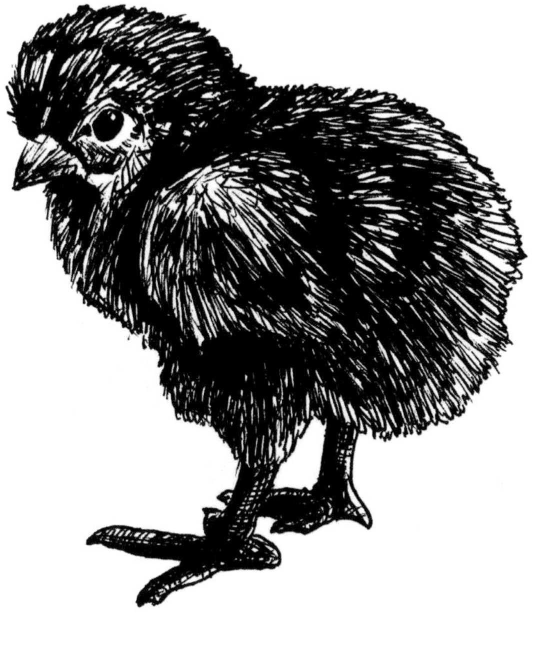

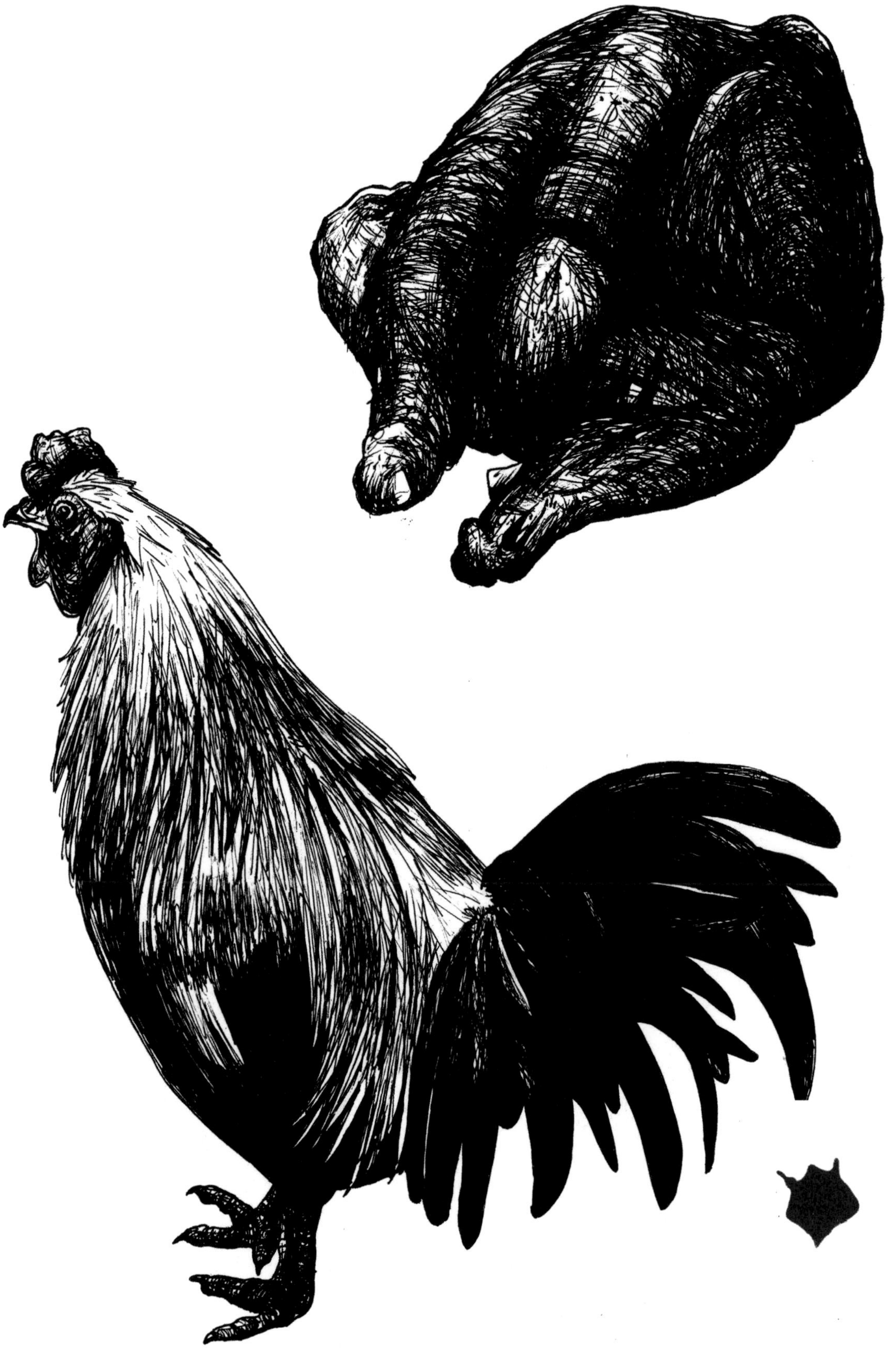

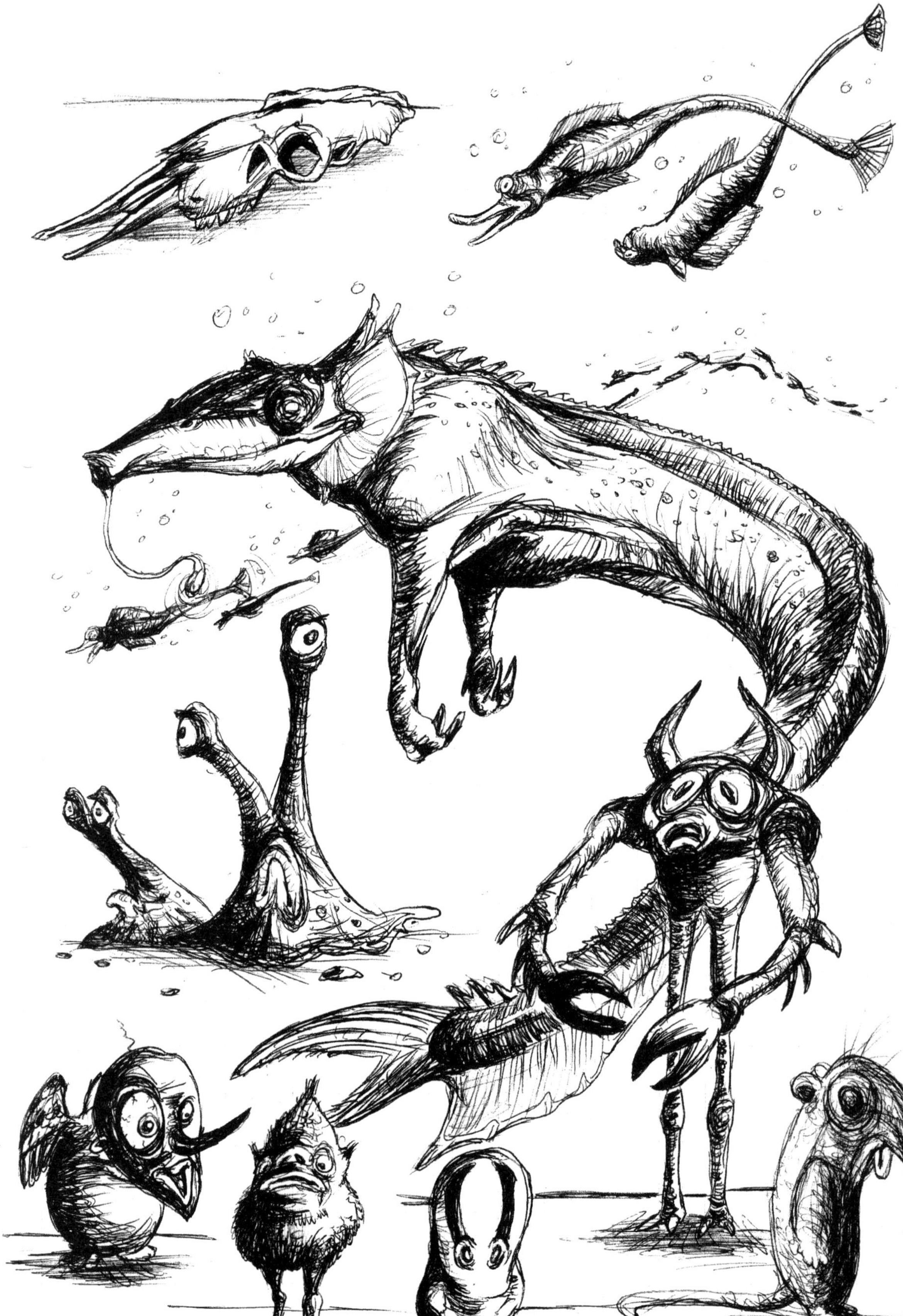

# Der Kugelschreiber

## Ein Multifunktionswerkzeug

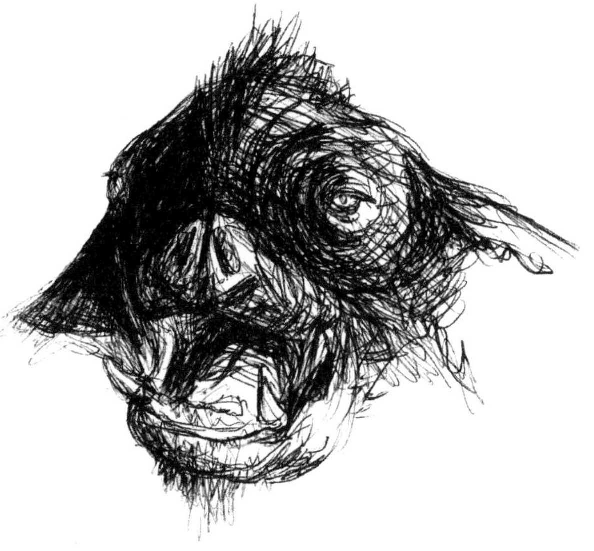

Es müssen nicht immer die exquisiten Stifte aus dem Künstler-Fachgeschäft sein. Vermutlich hast auch du gleich mehrere Zeichenwerkzeuge einer anderen Art grifbereit: Kugelschreiber. Genau wie Marker besitzt dieser Stift eine Patrone, die mit Tinte gefüllt ist, und muss daher selbstverständlich erwähnt werden.

Das Schreib- bzw. Zeichengefühl mit einem Kugelschreiber ist bekanntlich ganz anders als mit einem Füller. Der runde Metallkopf gleitet geradezu ohne den geringsten Widerstand über das Papier. Kugelschreiber sind ein tolles Instrument, mit dem du dieselben Methoden und Techniken anwenden kannst wie mit manchem anderen Werkzeug. Dennoch gibt es wichtige Besonderheiten, auf die du unbedingt achten solltest: Während des Zeichnens passiert es in regelmäßigen Abständen, dass sich ein Farbüberschuss an der Spitze des Kugelschreibers sammelt. In Form kleiner Klümpchen kann er aufs Papier übertragen werden, wo er unschöne Farbläufer und Schmierstellen verursacht. Tipp: Leg dir beim Arbeiten mit Kugelschreibern immer ein separates Blatt Papier bereit und wisch den Überschuss daran ab.

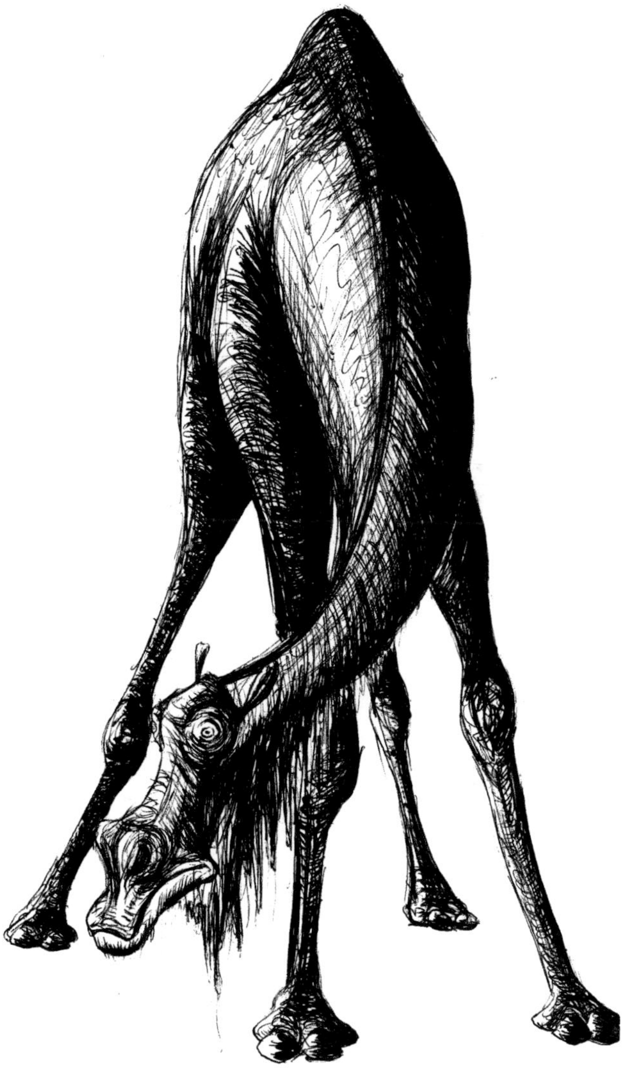

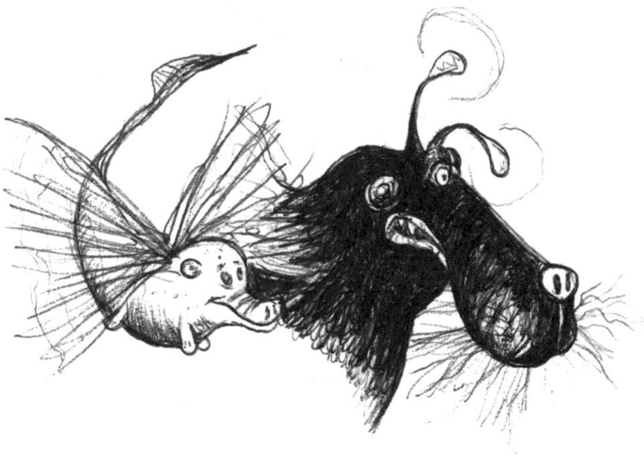

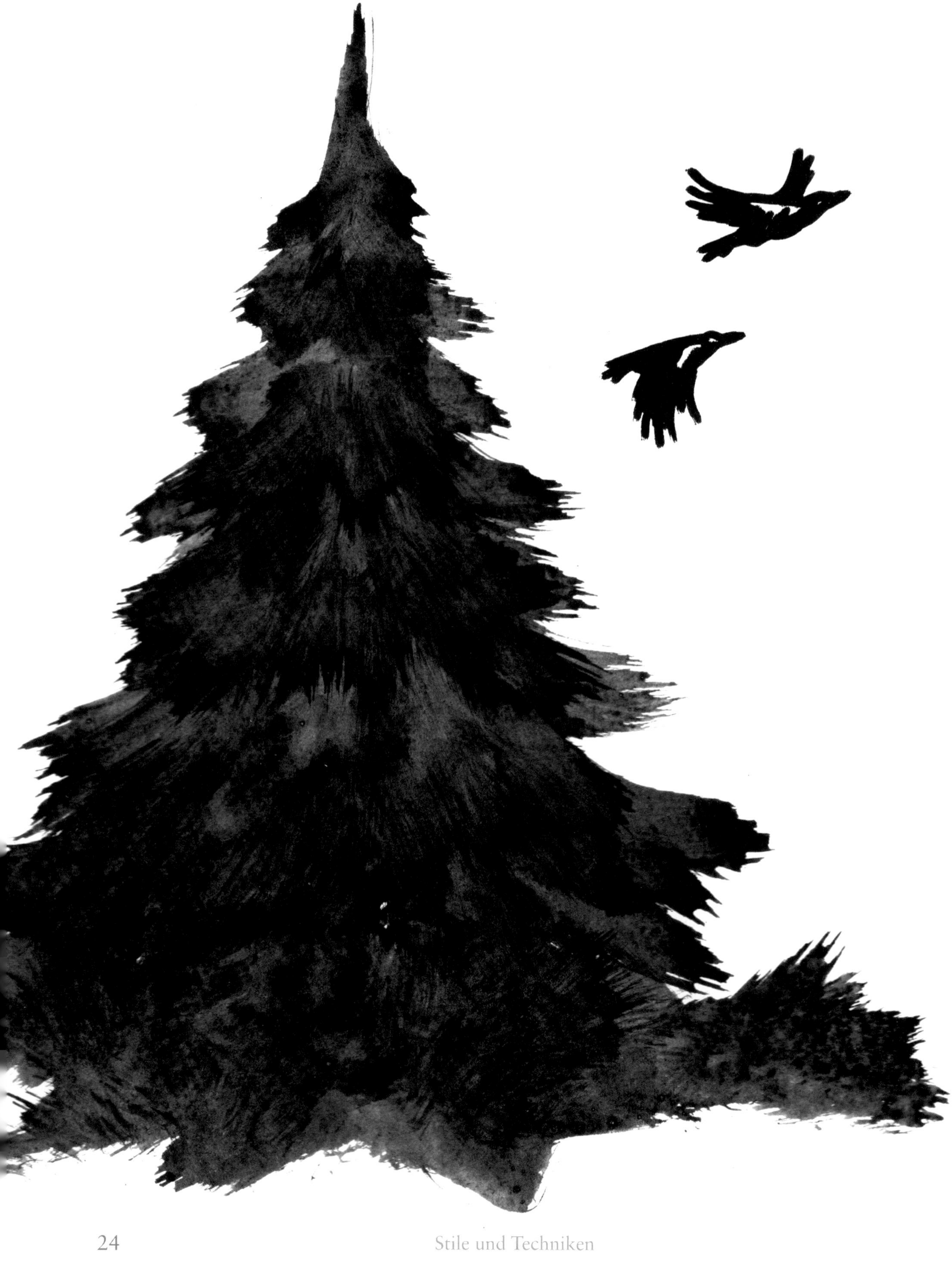

## Challenge: Dick und dünn

### Vorteile vereinen

Diese Challenge zielt darauf ab, möglichst viele unterschiedliche Zeichengeräte zu verwenden und sie so miteinander zu kombinieren, dass sie sich in ihren Stärken ergänzen. Wie dir die Beispiele zeigen, habe ich für die Tanne und das Gras am Boden einen dicken Pinsel und flüssige Tinte verwendet. Die Pinselborsten ermöglichten es, die Ränder fransig auslaufen zu lassen. Durch mehrmaliges Übereinandermalen kannst so immer dunklere Bildbereiche schaffen sowie Strukturen hinzufügen. Um die Szene zu beleben, habe ich im Anschluss mit verschiedenen Markerstiften (0,5 mm und Pinselstift) noch einige Waldbewohner ergänzt. Dabei war mir wichtig, sowohl feinere Details umzusetzen als auch eine gewisse Flächigkeit und Grobheit zu bewahren, damit die Stile nicht zu unterschiedlich sind, die Figuren mit ihrer Umgebung harmonieren und sich stilistisch einfügen.

Für deine eigenen Werke kannst du natürlich ganz andere Materialien nutzen. wie wäre es denn mit einem breiten Kalligrafiepinsel oder einem Wassertankstift für die Wellen eines aufgewühlten Ozeans, wo du mit einem 0,05 mm starken Stift ein Schiff, Möwen, Fische und sogareine Meerjungfrau ergänzt? Wofür du dich entscheidest: Hol das Beste aus jedem Werkzeug heraus!

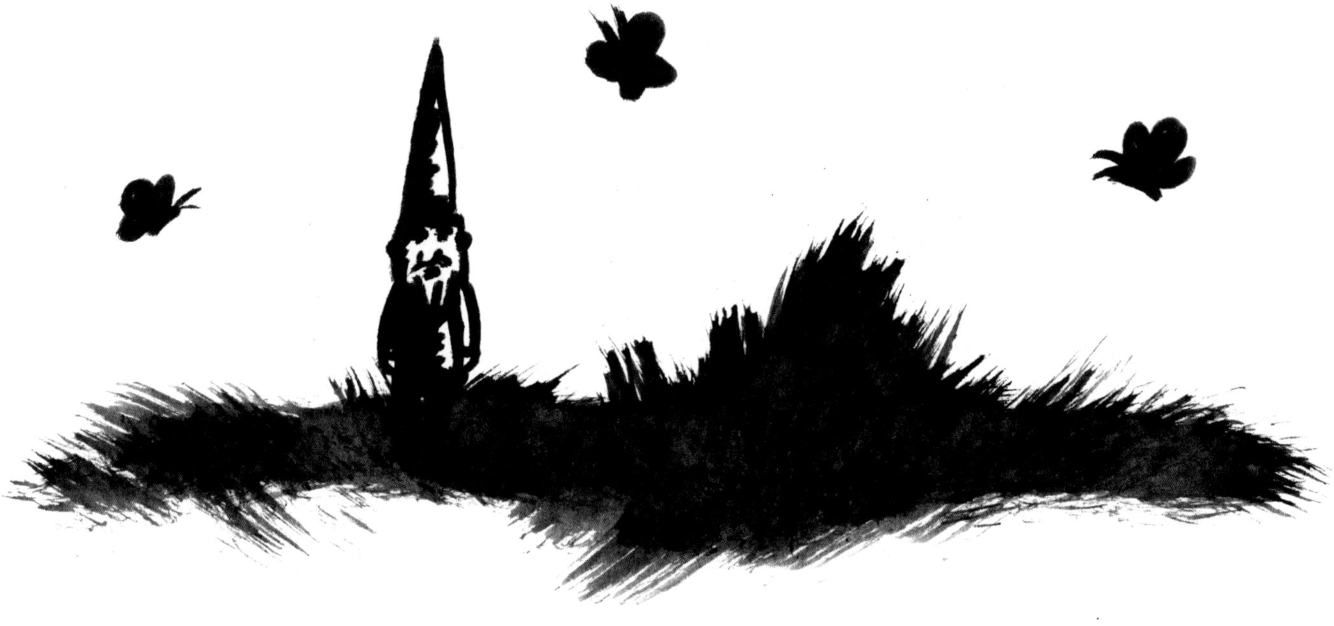

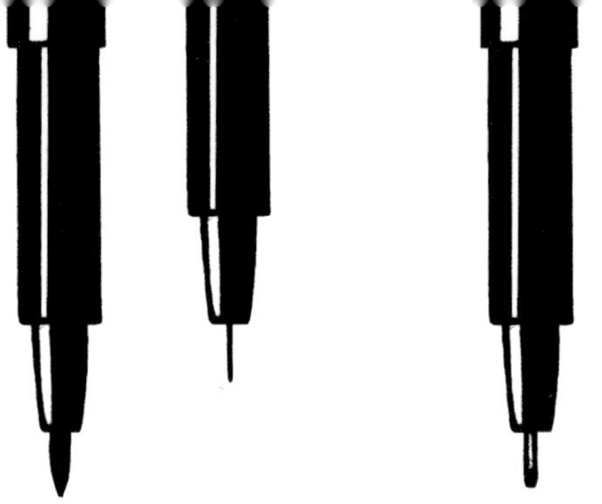

## Die Dreier-Kombination

### Ein unschlagbares Trio

Warum solltest du dich entscheiden, wenn du alles haben kannst? Nutze einfach die Stärken unterschiedlicher Werkzeuge und kombiniere sie. Die dünnen Linien des 0,05-mm-Stifts, den gleichmäßigen Strich eines 1,5ers und die variierende Linienstärke einer Zeichenfeder. Nur so wirst du in allen Bereichen deines Werkes das Optimum herausholen, seien es klare Outlines oder feinste Schraffuren.

Welche Stifte und Materialien du nutzt, hängt ganz von deinen Anforderungen und Zielen ab. Ich bin mit dem Zusammenspiel dreier ganz bestimmter Stifte sehr zufrieden. Sie ermöglichen mir ein breit gefächertes Spektrum an Stilen und Ausdrucksformen, angefangen von sehr klaren Comic-Styles bis hin zu historisch anmutender Radierungsoptik. Das besagte Trio besteht aus einem sehr feinen Stift (0,05 mm oder noch dünner), einem etwas breiteren Stift (0,3–0,5 mm) und einem Stift mit Pinselspitze, der bei manchen Herstellern mit dem Buchstaben B gekennzeichnet ist. Jeder einzelne von ihnen bringt einen ganz prägnanten Strich aufs Papier, und in Kombination schaffen sie sowohl größere Flächen als auch besonders dünne Haarlinien für Details.

Wie genau die einzelnen Arbeitsschritte bei mir aussehen, zeige ich dir auf der folgenden Doppelseite anhand eines Zeichenbeispiels.

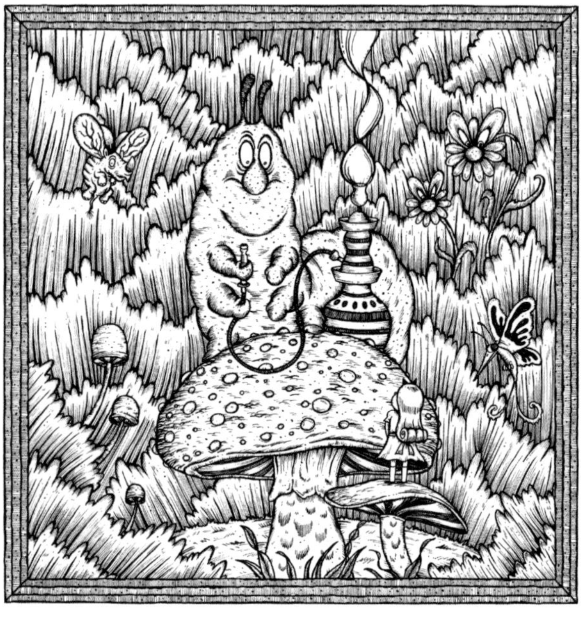

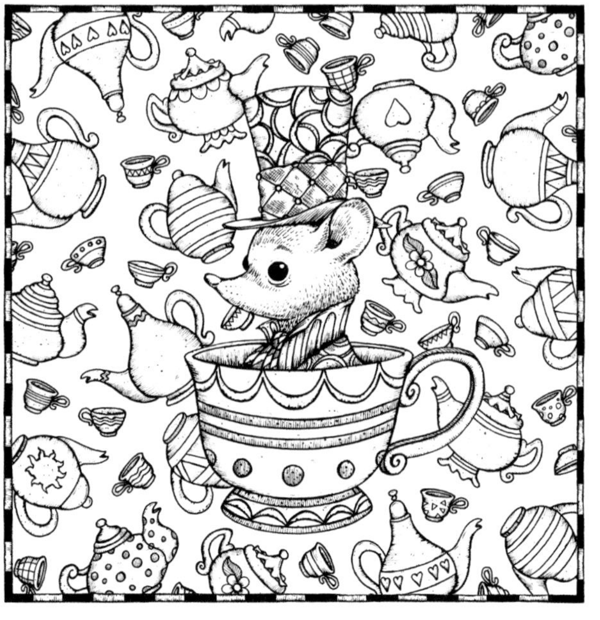

10/6

# Zeichenbeispiel Dreier-Kombi: Fantäleon

## Mit Liebe zum Detail

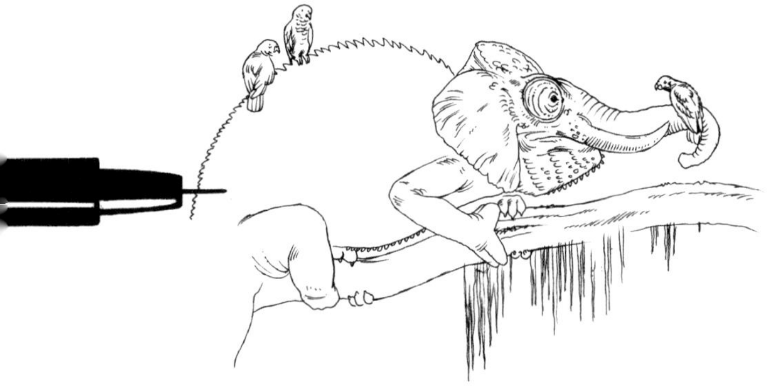

Die Vorbereitung und das Anlegen der Details mache ich am liebsten mit einem sehr feinen Stift (0,05 mm). Dadurch habe ich die Möglichkeit, noch kleine Korrekturen und Ausbesserungen vorzunehmen, ohne Deckweiß einsetzen zu müssen.

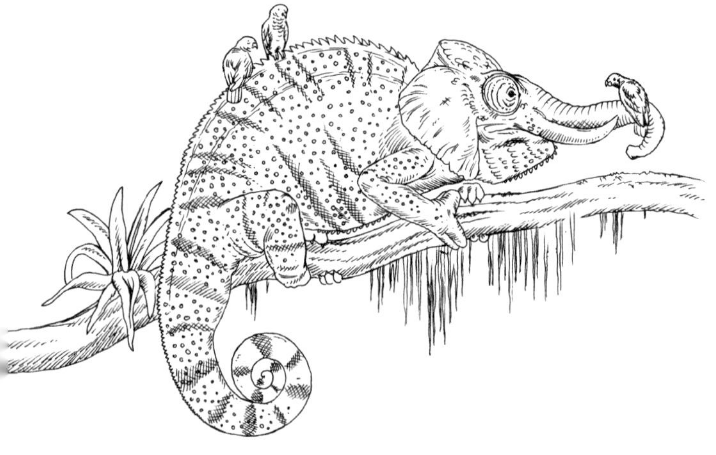

Dies ist die vorerst fertige Basiszeichnung. Natürlich kommt der 0,05-mm-Stift auch zu einem späteren Zeitpunkt immer wieder zum Einsatz. Partielle Schraffuren erzeugen den Effekt von Graustufen und zeichnerischen Schatten, die Plastizität erzeugen.

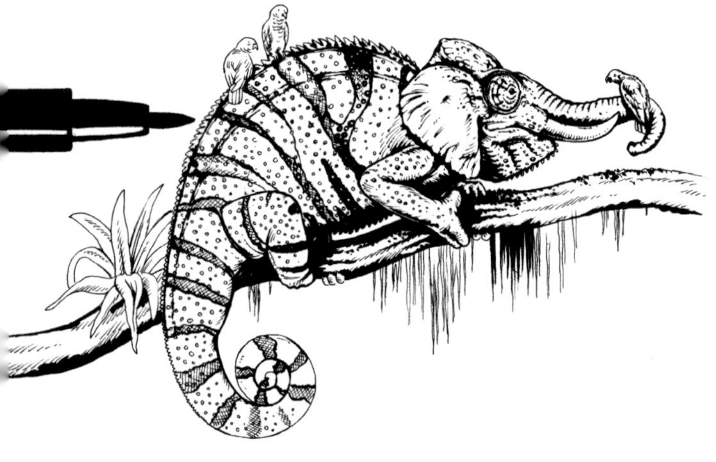

Im Folgenden hebe ich ausgesuchte Linien wie Outlines noch mit einem breiteren Strich hervor oder ergänze dunkle Schattenbereiche in Form von schwarzen Flächen. Dazu nutze ich sowohl den 0,5 mm starken Stift als auch den Stift mit Pinselspitze (B), mit denen ich schneller und einfacher Flächen füllen kann. Letzten Endes ist die Dreier-Kombination keine starre Abfolge von Arbeitsschritten, sondern ein Dialog zwischen den drei Stiften, die abwechselnd verwendet werden.

Der wohl schwierigste Schritt bei diesem Vorgehen ist, den richtigen Moment zu erkennen, an dem du aufhören und das Bild für fertig erklären solltest. Ansonsten läufst du Gefahr, dich zu sehr in Details zu verlieren und dein Werk zu überladen. Kontrolliere, ob das Motiv an den richtigen Stellen genügend Kontrast hat und ob die Verteilung dunkler und heller Flächen ausgeglichen ist. Wenn du dir unsicher bist, dreh deine Zeichnung auf den Kopf oder leg sie bis zum nächsten Tag beiseite. Ein frischer Blick und ein anderer Betrachtungswinkel können wahre Wunder bewirken.

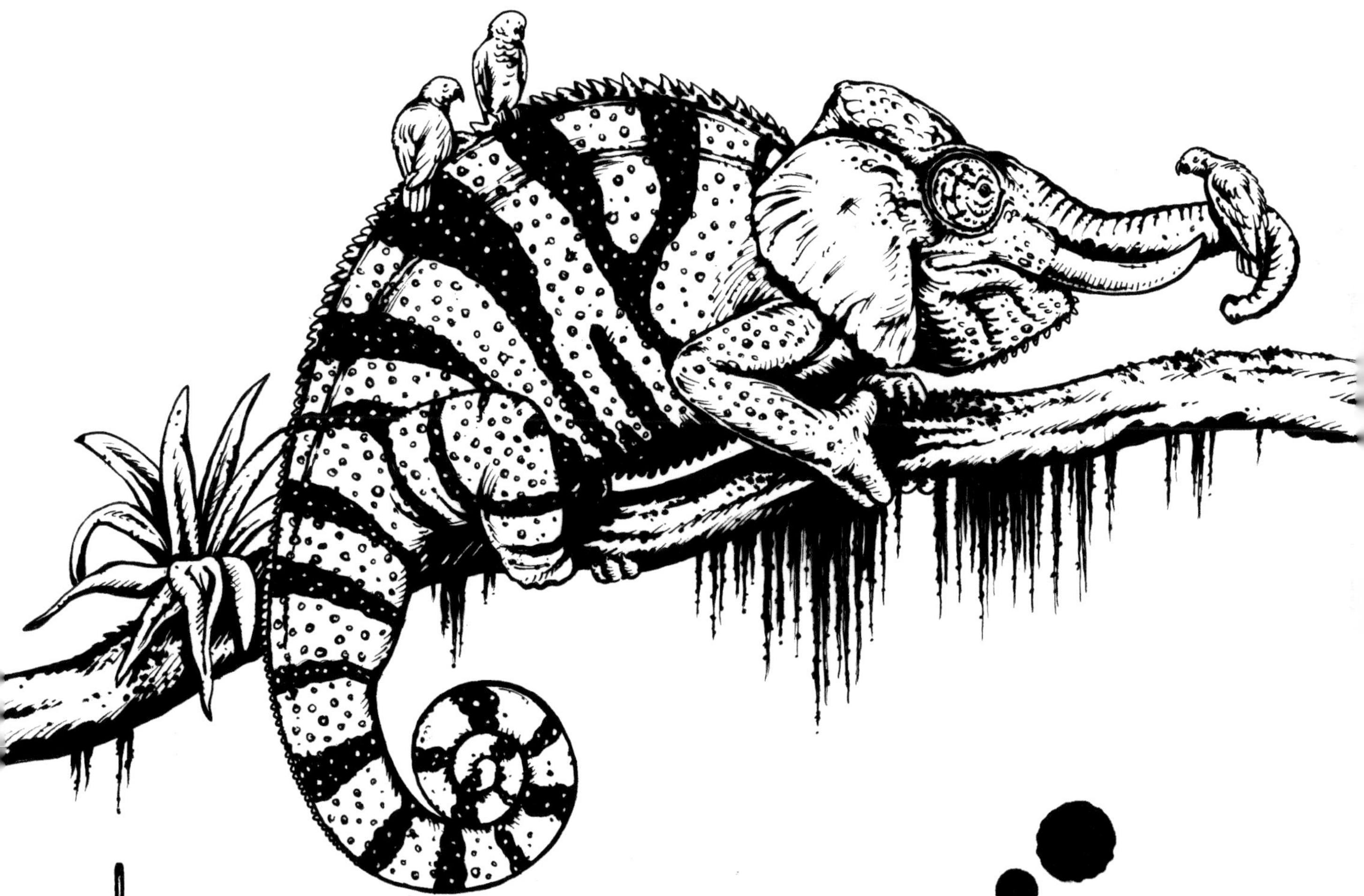

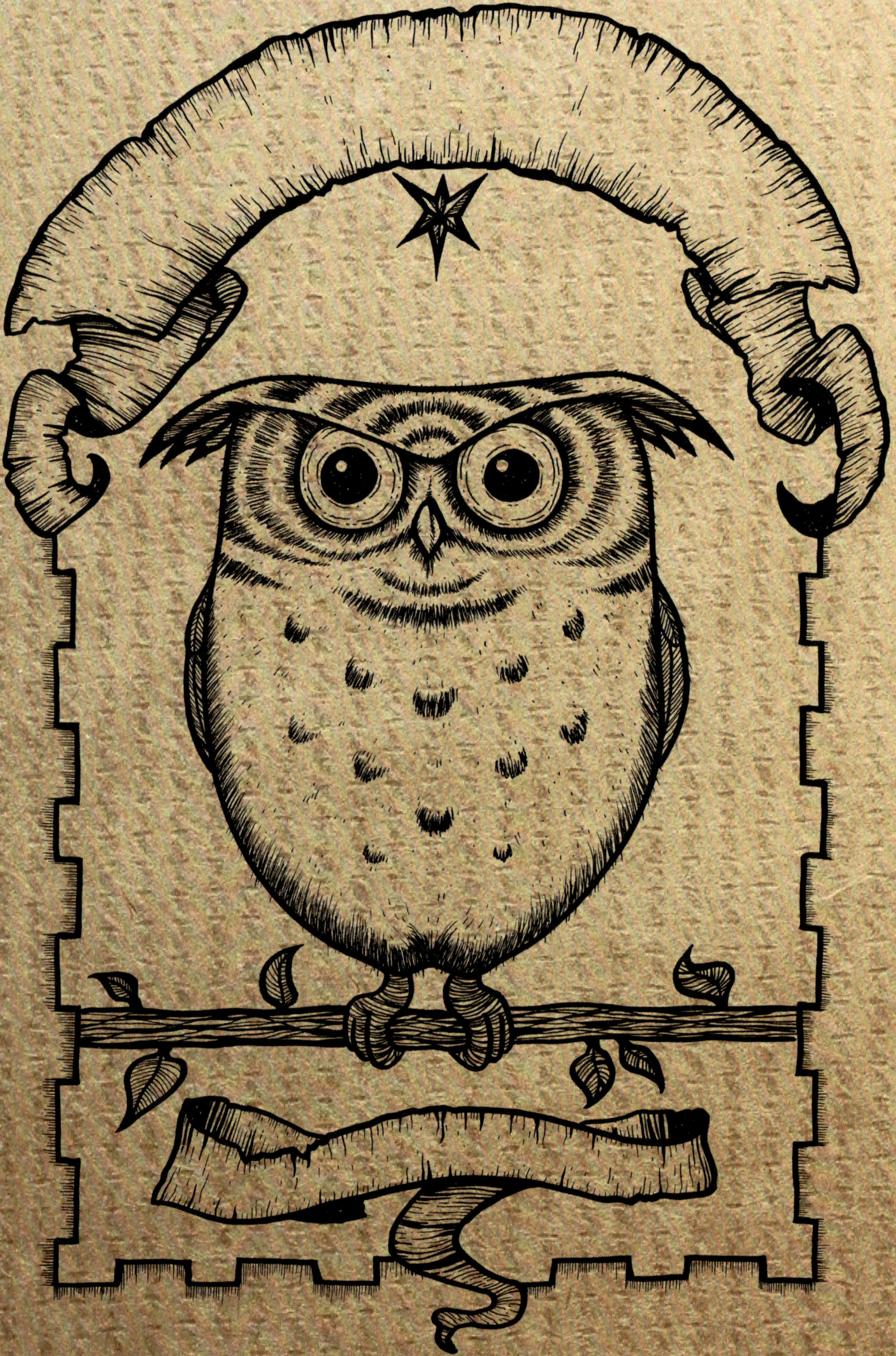

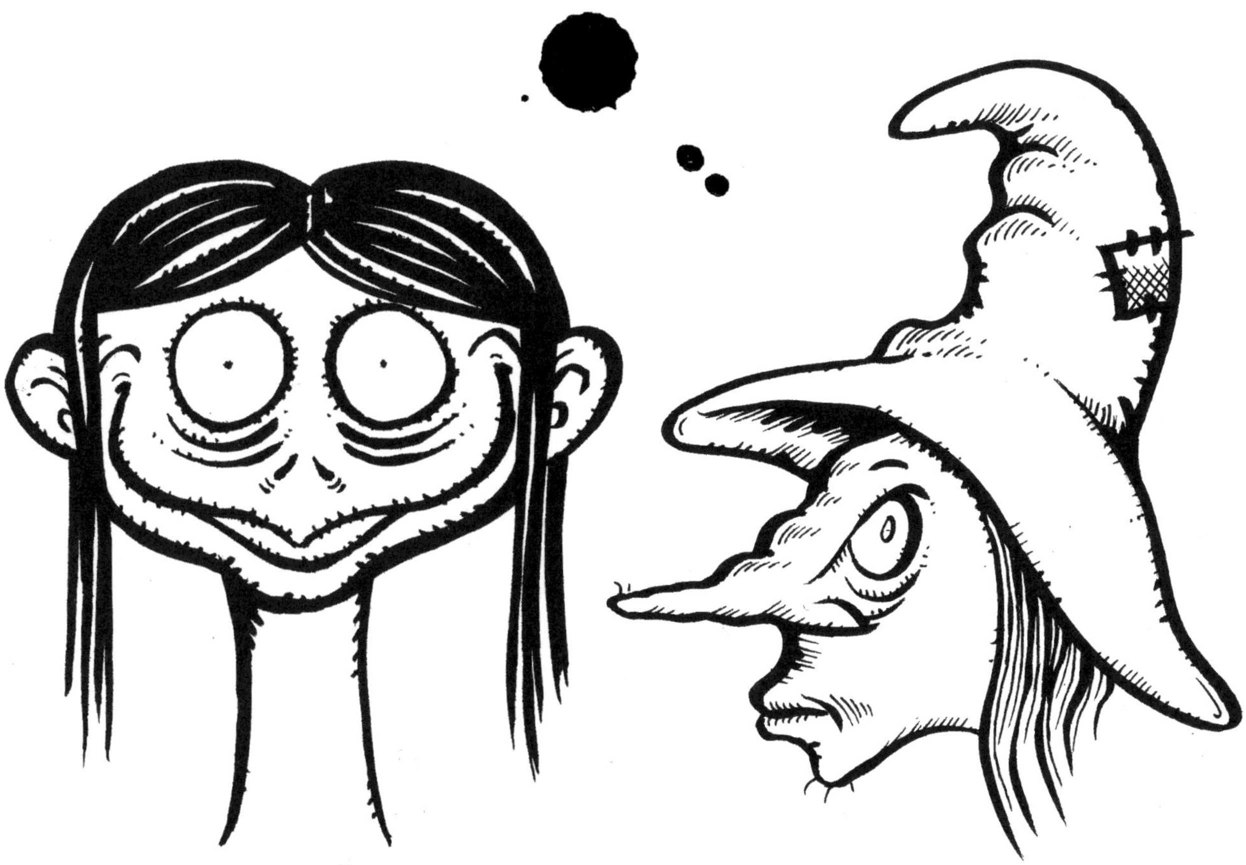

Selbstverständlich gibt es auch noch etliche andere Kombinationsmöglichkeiten. Für die Beispiele auf dieser Doppelseite habe ich nur zwei Stifte, einen sehr feinen sowie einen 1,5 mm breiten verwendet. Genau wie bei der Dreier-Kombi wurden zunächst alle wichtigen Linien mit der dünnen Spitze zu Papier gebracht und später nachgezogen. Anschließend folgten die Details. Weitere Abwechslung bietet das Hinzunehmen eines Pinsels oder einer Zeichenfeder. Alles ist möglich, erlaubt und erwünscht.

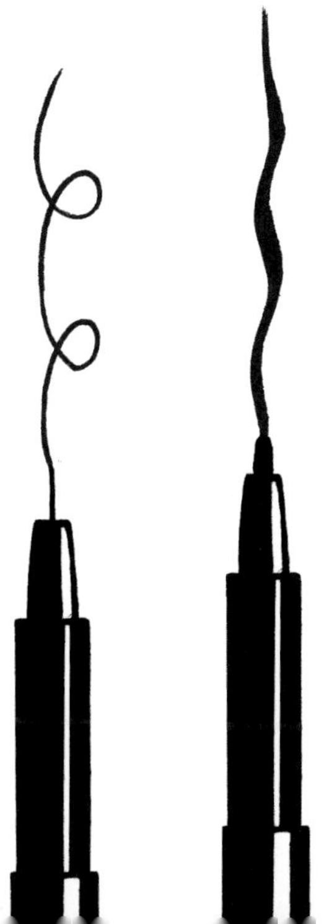

## Challenge: Keep it simple!

### Mut zur Einfachheit

Es müssen nicht immer komplizierte Motive und Bildinhalte sein. Auch einfache Formen und Flächen haben einen ganz besonderen Charme. Genau genommen ist die kreative Eigenleistung bei der Abstraktion von Bildelementen um ein Vielfaches größer, als wenn du versuchst, eine Vorlage möglichst genau zu kopieren. Versuch doch einmal, ein Objekt mit möglichst wenigen Linien darzustellen und überflüssige Kleinigkeiten wegzulassen. Die besonders Fleißigen können an bestimmten Stellen auch noch Strukturen aus simplen Strich- oder Kreuzschraffuren andeuten. Mit schwarzen Flächen unter Verwendung eines relativ feinen Stifts lässt sich ebenfalls ein interessanter und lebendiger Look erzeugen. Weil immer noch kleine Weißräume erkennbar sind, wirkt die Fläche weniger massiv und zeichnerischer. Probier es aus!

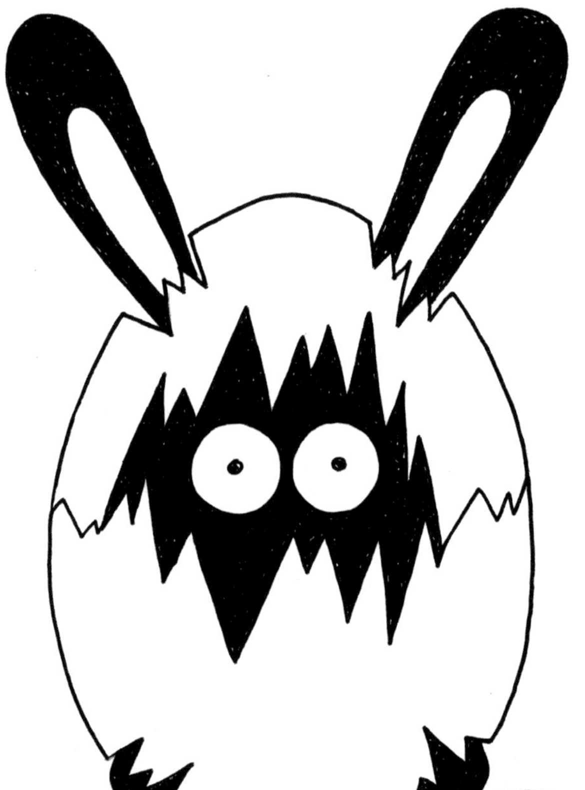

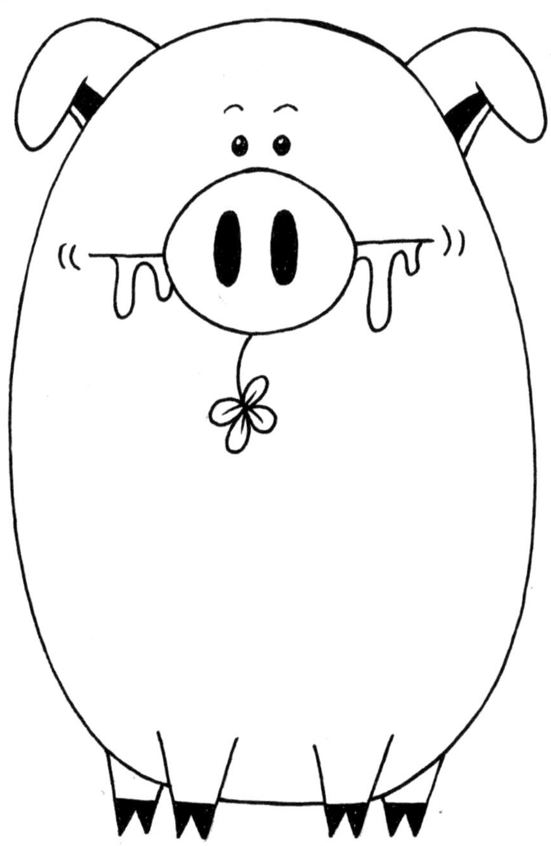

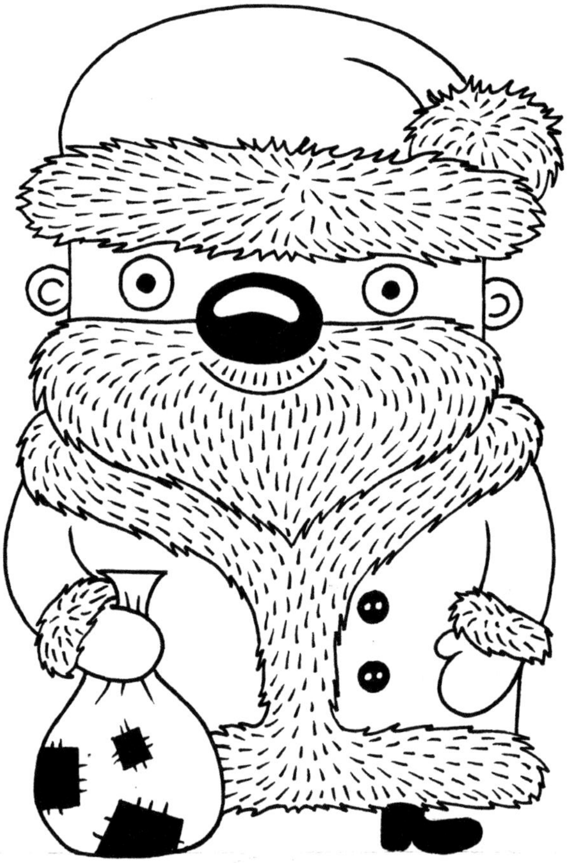

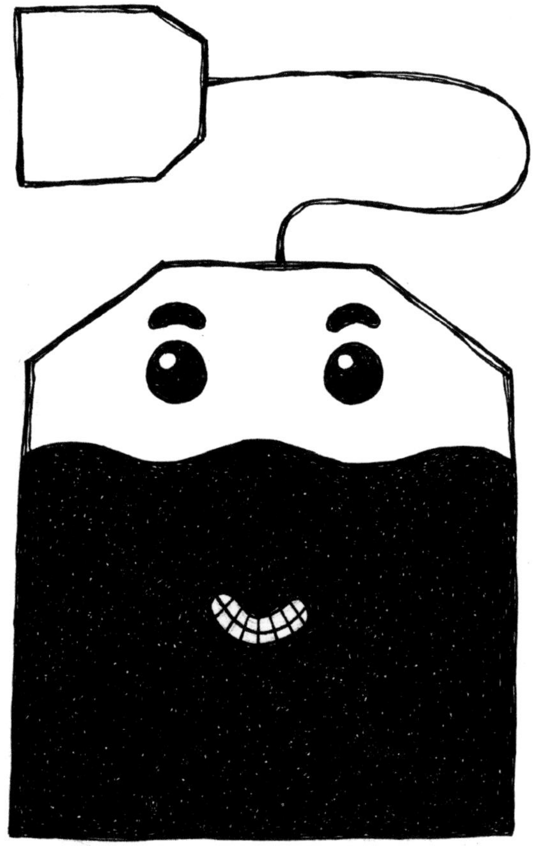

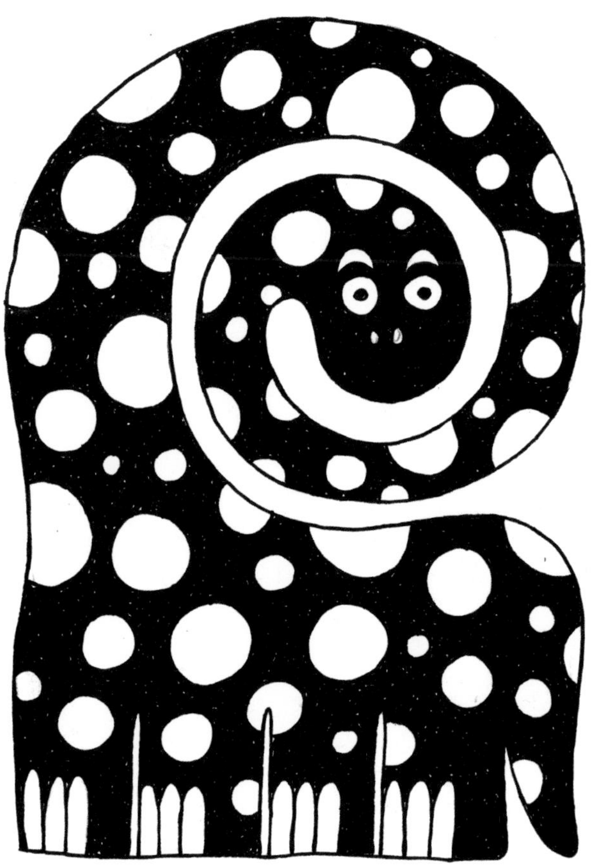

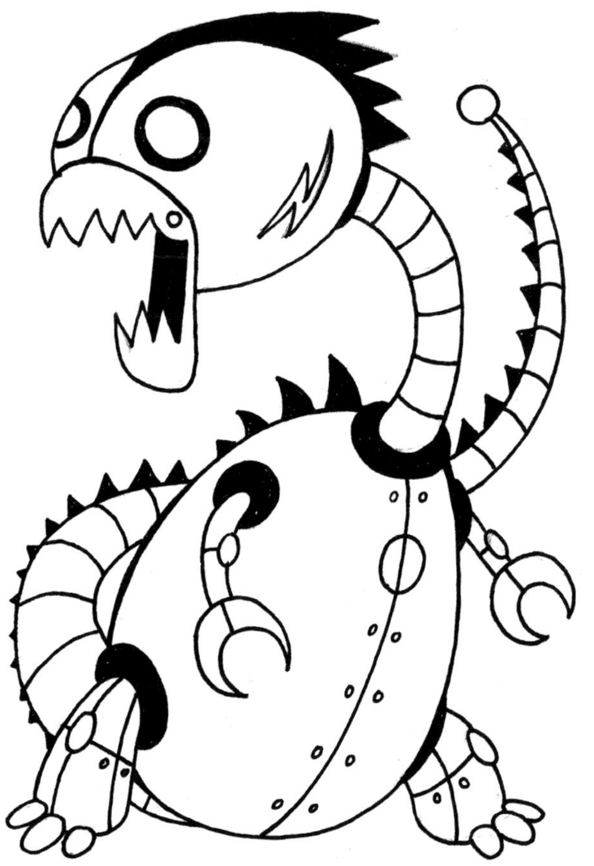

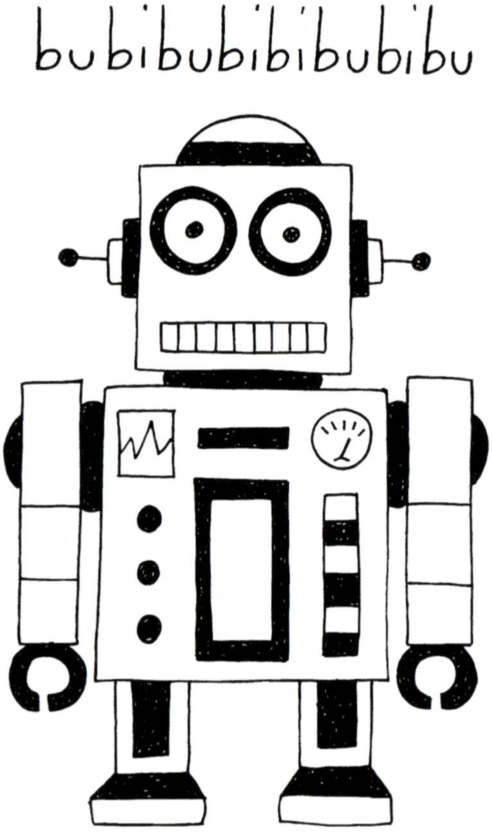
bubibubibibubibu

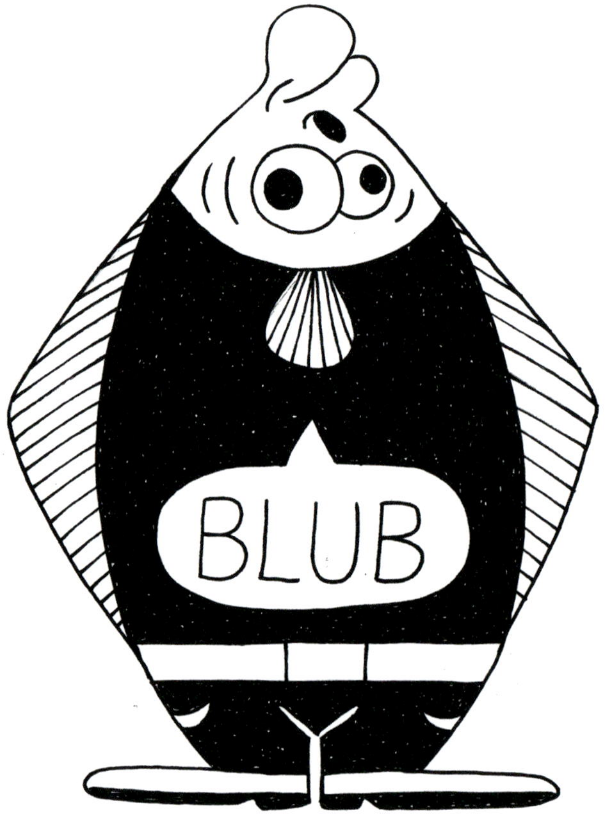
BLUB

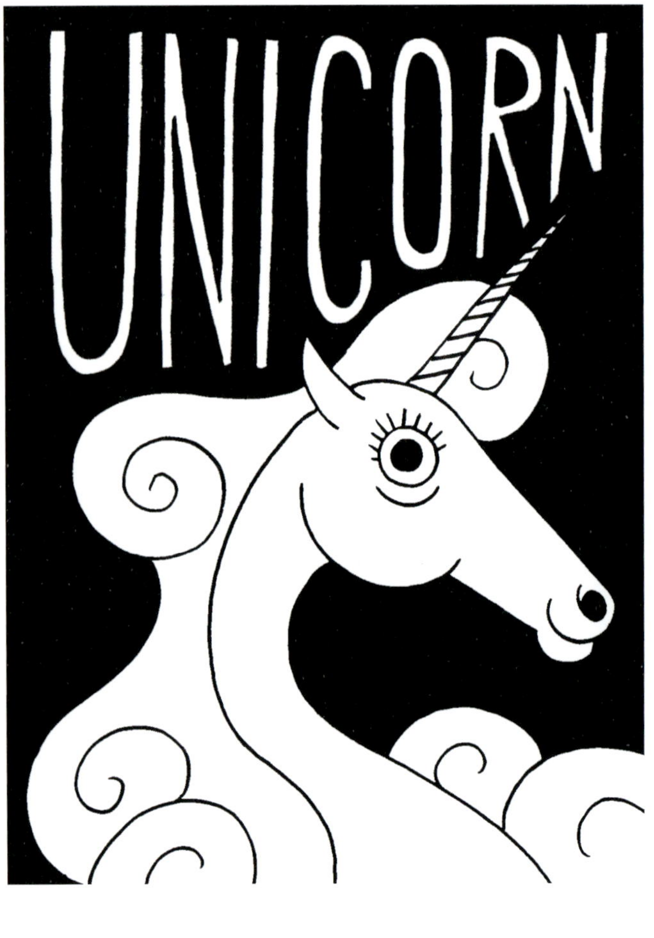
UNICORN

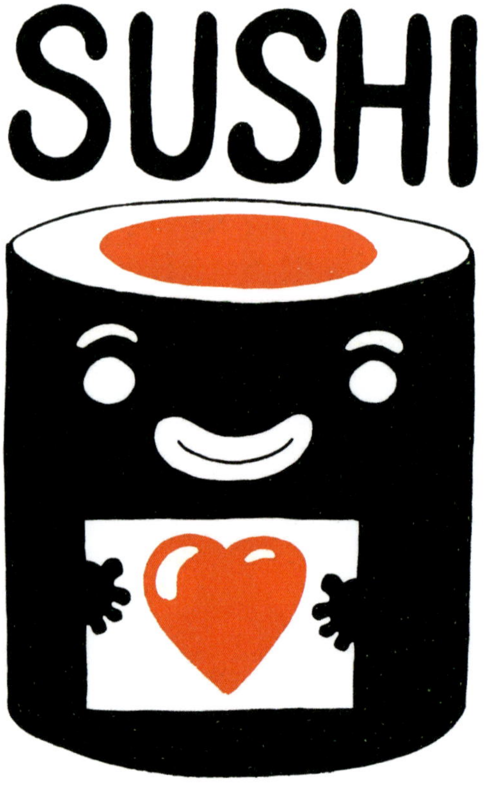
SUSHI

## Challenge: Ink-Types

### Tinte und Schrift

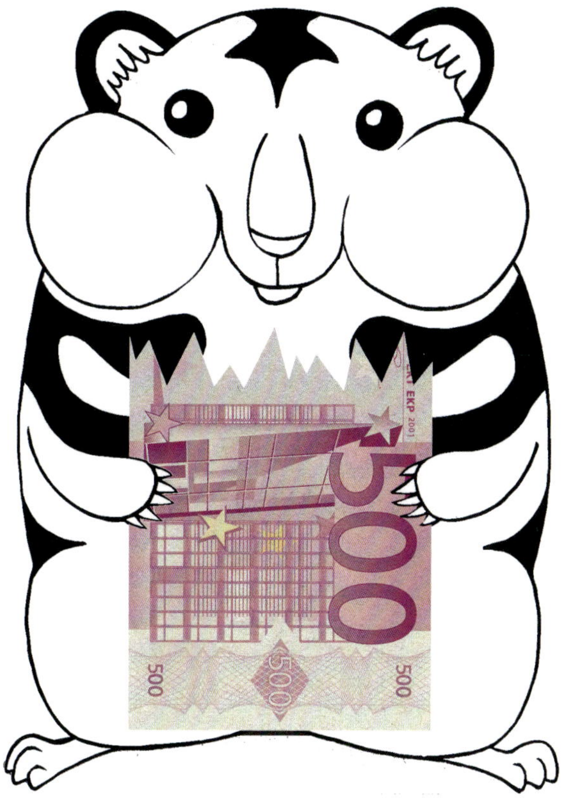

Neben bildlichen Motiven kannst du deine Werke auch um Schrift ergänzen und somit ein weiteres Stilmittel ins Spiel bringen. Die Anwendungsarten, wie und wo du mit Text arbeitest, sind nahezu unerschöpflich. Du kannst u.a. Sprechblasen nutzen, um wie im Comic Bild und Schrift zusammenzubringen; die Buchstaben können digital ergänzt oder per Hand gezeichnet werden. Bei Bedarf lassen sich auch Elemente aus ganz anderen Quellen einfügen und beispielsweise collagenartig in den Bildinhalt integrieren. Für den Moneten-Hamster habe ich die gescannte Zeichnung sowie die Fotovorlage eines 500-Euro-Scheins verwendet. In einem digitlen Bildbearbeitungsprogramm ließen sich dann beide Komponenten miteinander verschmelzen.

Der Schriftzug der Keule hat die gleiche Machart und Struktur wie das Werkzeug selbst. Dies sind nur ein paar Beispiele für den Einsatz von Schrift, die neben ihrer stilistisch-kompositorischen Wirkung auch noch eine inhaltliche Ebene beisteuert.

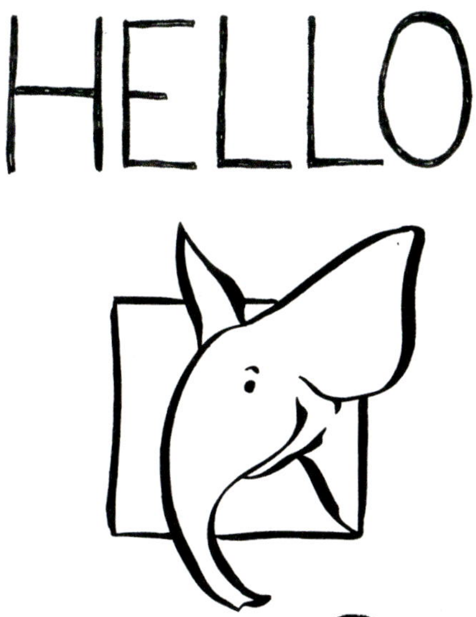


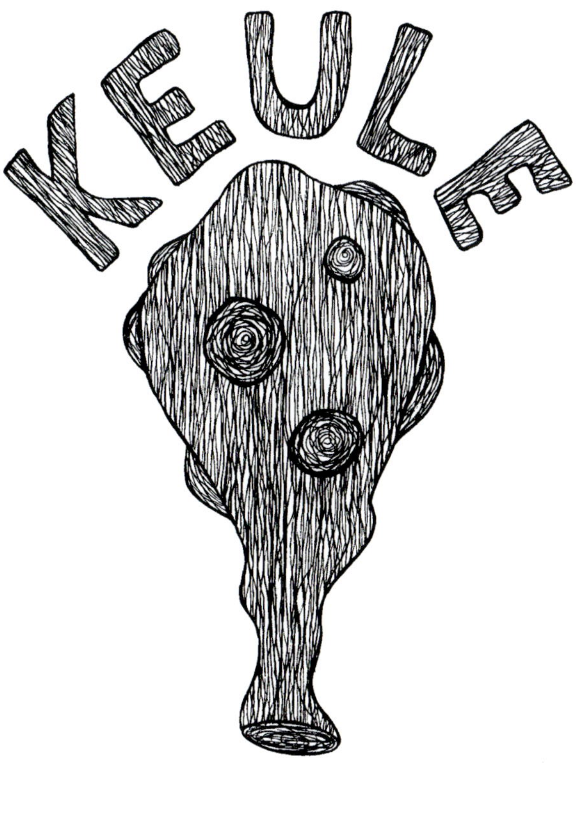

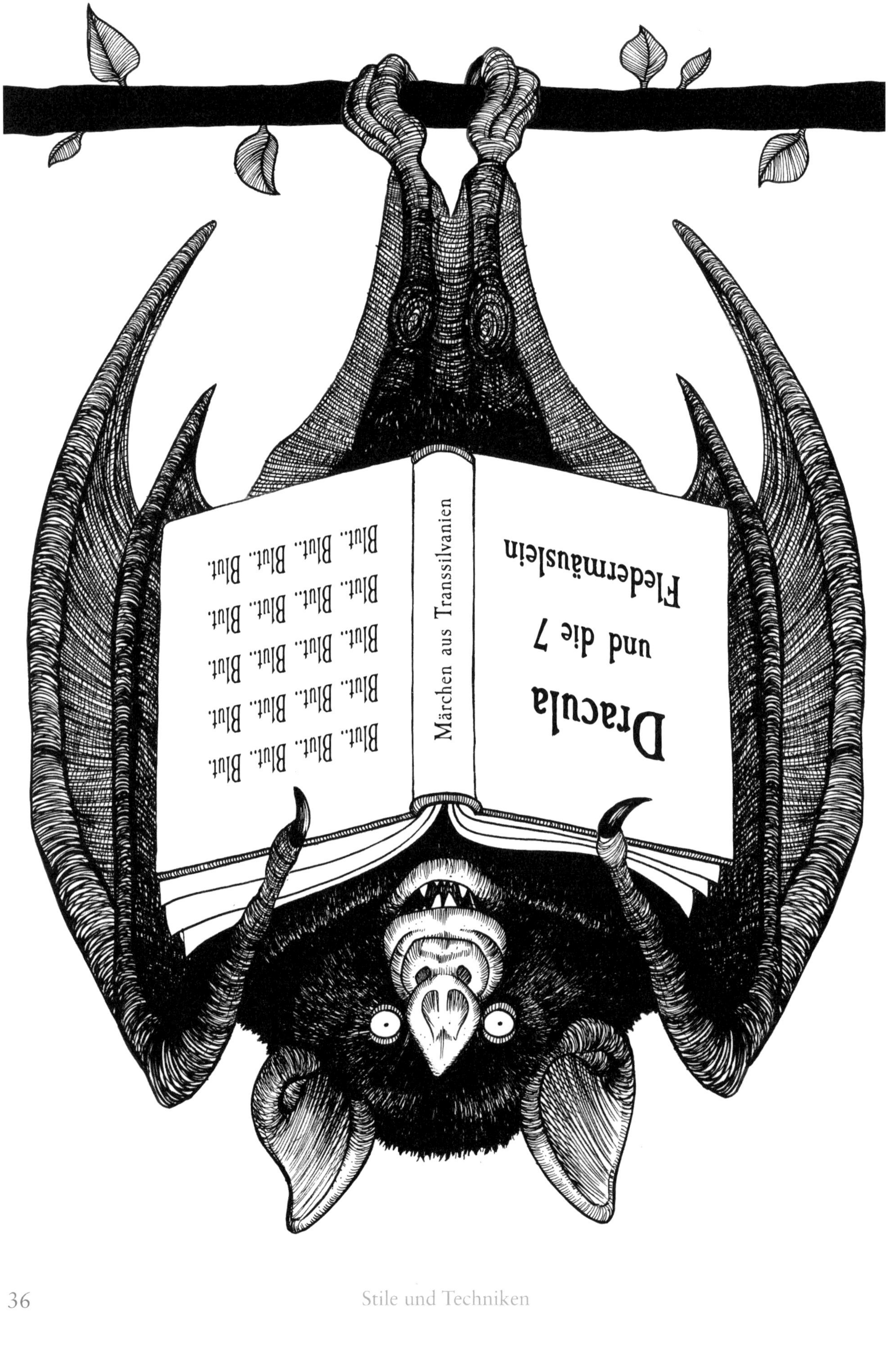
Dracula
und die 7
Fledermäuslein
Märchen aus Transsilvanien
Blut.. Blut.. Blut.. Blut.
Blut.. Blut.. Blut.. Blut.
Blut.. Blut.. Blut.. Blut.
Blut.. Blut.. Blut.. Blut.
Blut.. Blut.. Blut.. Blut.

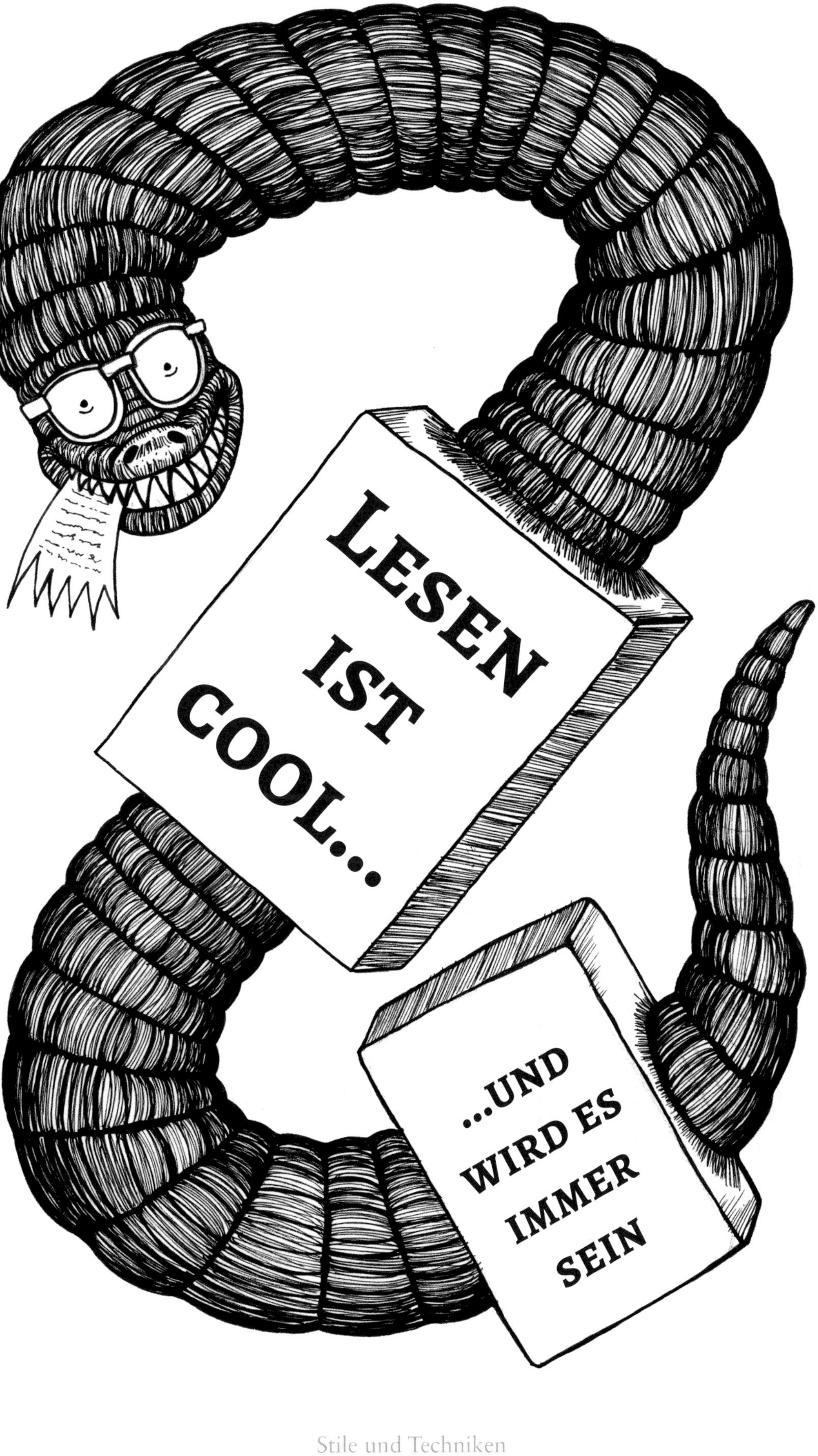
LESEN
IST
COOL...
...UND
WIRD ES
IMMER
SEIN

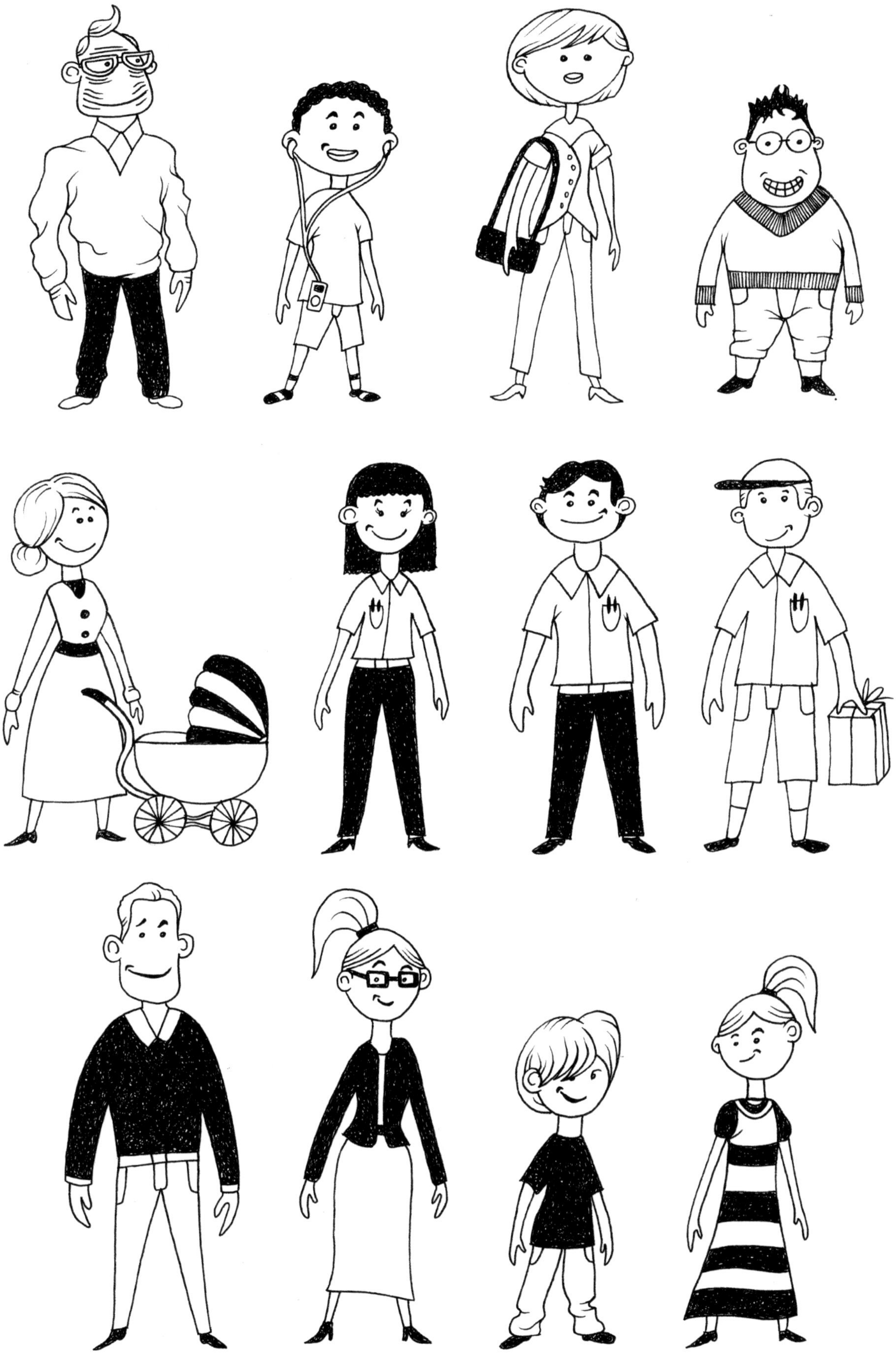

## Vielfalt schaffen

### Perfektion hintanstellen

»Das sieht doch nicht gut aus!« Wer kennt sie nicht, diese Frustmomente, die uns gerade im kreativen Schaffensprozess häufiger einholen, als uns lieb ist. Beim Zeichnen tragen wir ein Stück von uns selbst nach außen und machen es auf dem Papier sichtbar – ganz klar, dass das Ergebnis so überzeugend wie möglich sein soll und wir selbst unsere größten Kritiker sind.

Auch wenn es sich im ersten Moment ungewohnt anfühlt, probier doch einfach mal, den Perfektionsgedanken beiseite zu stellen und dich stattdessen auf ein impulsives und intuitives Zeichnen zu konzentrieren, während du keine großen, komplexen Motive umsetzt, sondern kleinere Einzelbilder. Auch eine Sammlung und die damit entstehende Vielfalt kann eine tolle Gesamtwirkung schaffen, ohne dass jeder einzelne Strich akkurat sitzen muss. So entsteht aus den vielen einzelnen Skizzenmonstern oder den Figuren auf der Nebenseite eine Ansammlung von Charakteren, die durch ihre Vielfalt bestechen und nicht durch zeichnerische Perfektion.

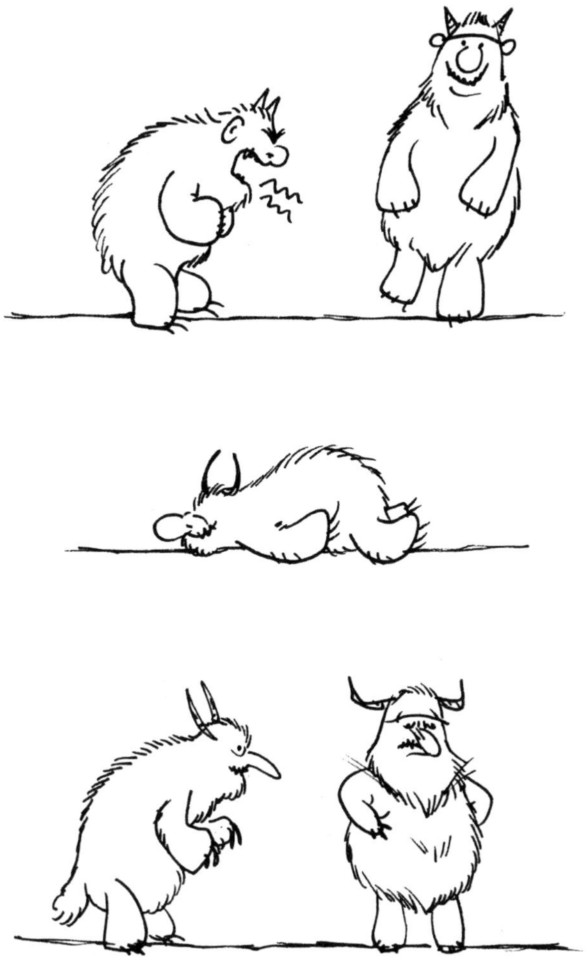

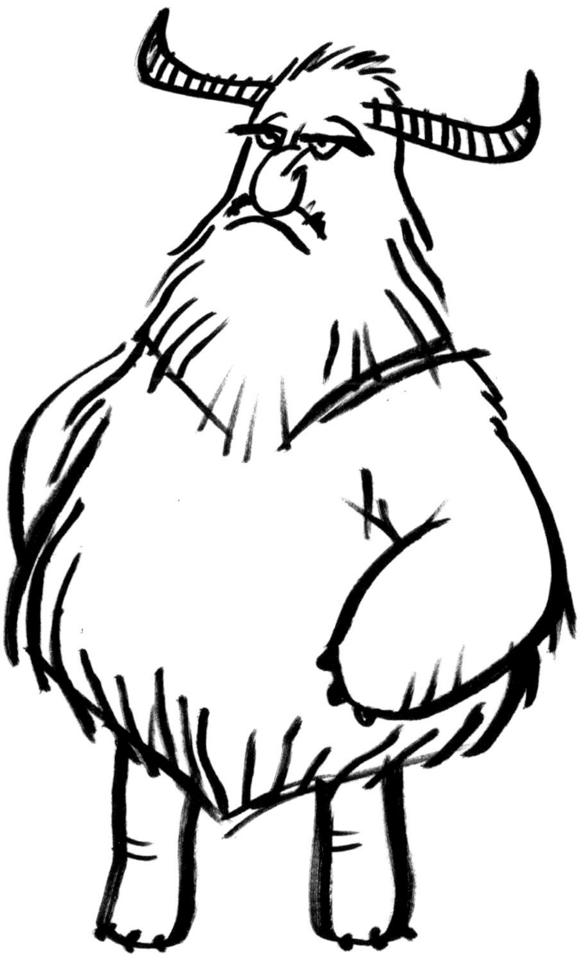

## Dopplungen

### Clever klonen

Ohne Fleiß kein Preis – oder? Stimmt schon. Aber warum solltest du alles doppelt und dreifach zeichnen, wenn du es dir auch leichter machen kannst? Mit ein paar simplen Handgriffen lassen sich in fast allen Bildbearbeitungsprogrammen einzelne Elemente schnell ausschneiden, duplizieren, drehen, spiegeln und neu anordnen. Dieses Vorgehen ist speziell bei ornamentalen oder symmetrischen Motiven sinnvoll und spart dir eine Menge Zeit. Du musst dann nur willens sein, dich mit Computer, Scanner und digitalen Werkzeugen auseinanderzusetzen.

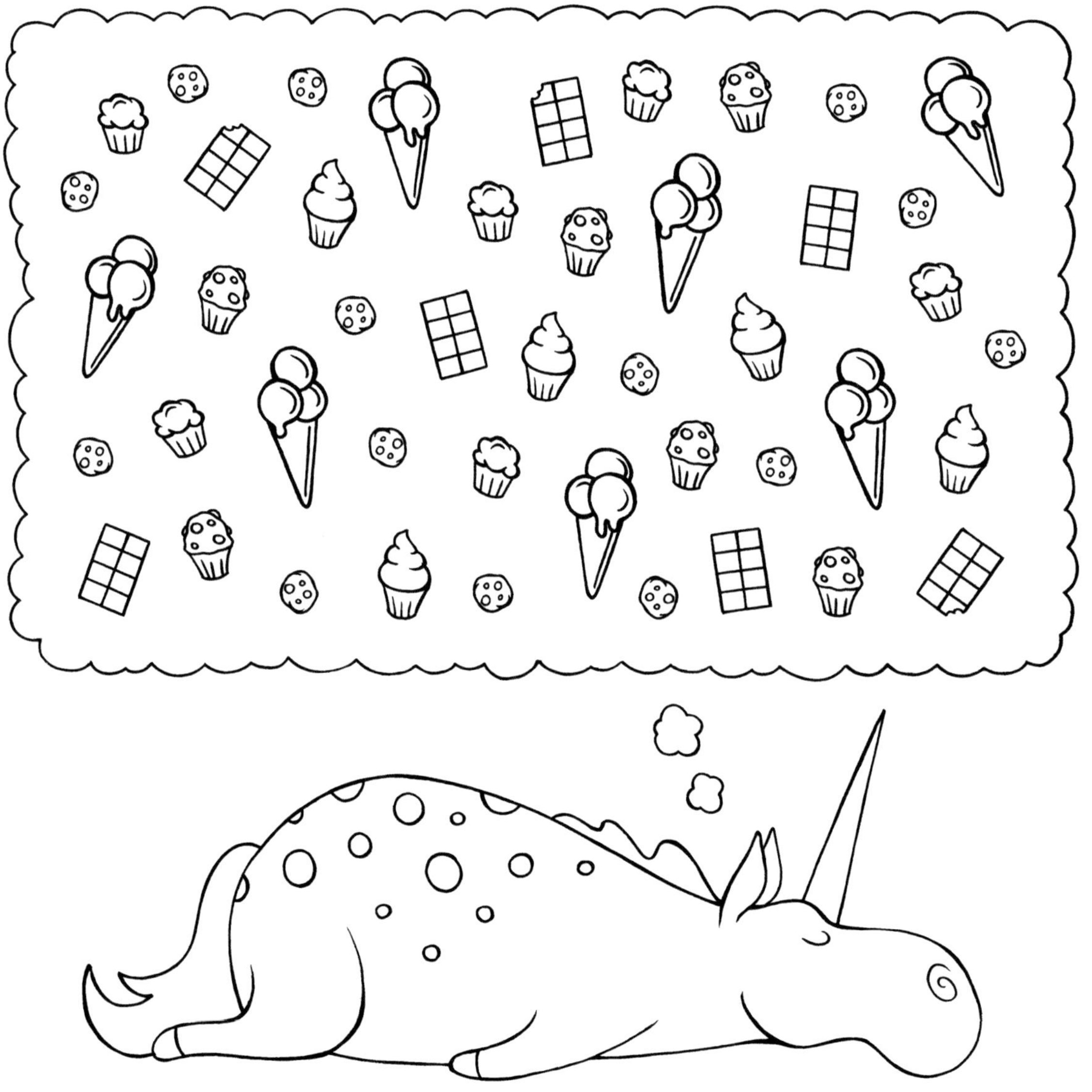

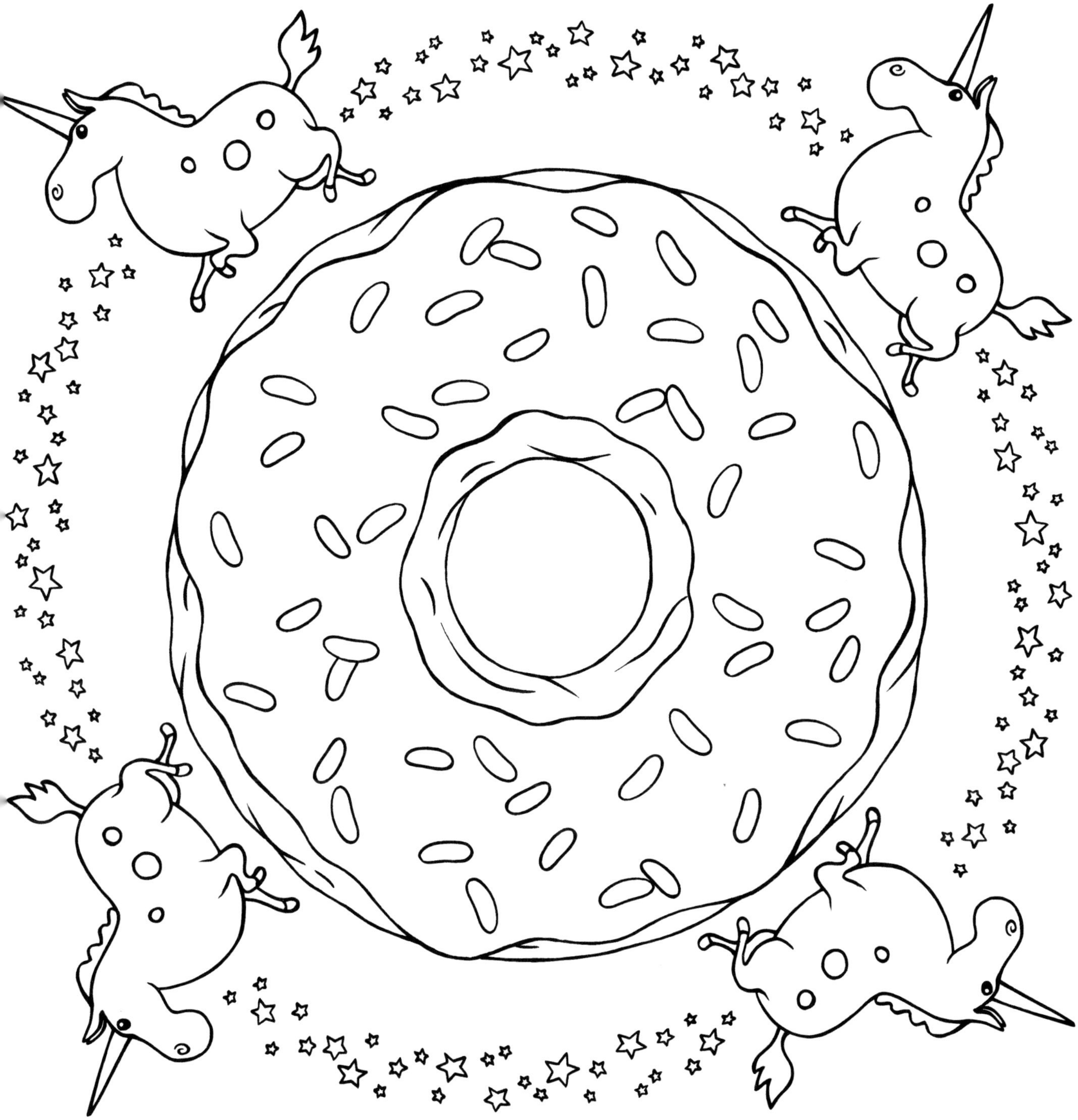

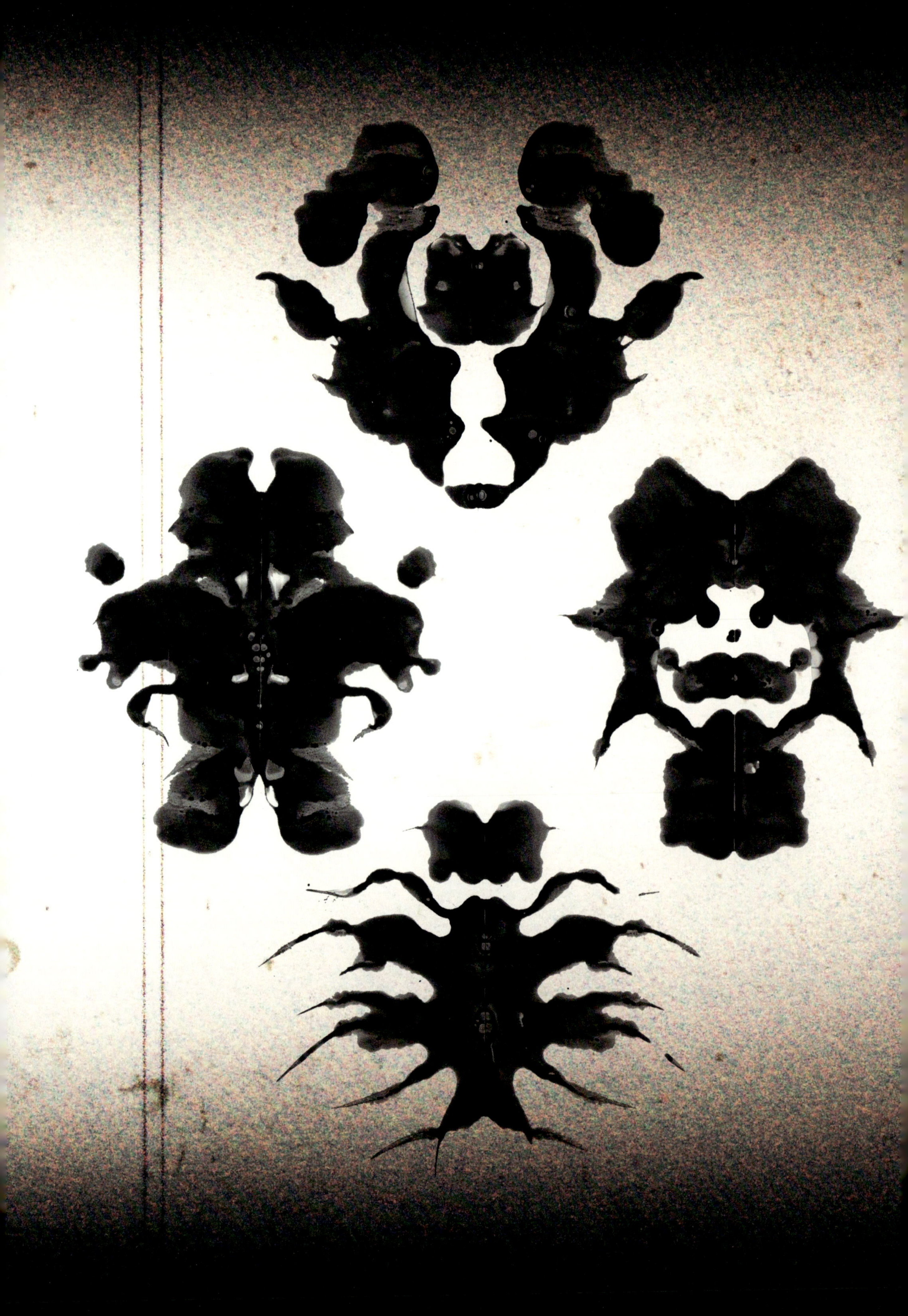

# Challenge: Rorschach-Bilder
## Den Zufall duplizieren

Ähnlich wie die Tintenklecksfiguren von Seite 13 spielt auch die folgende Challenge mit dem Zufall. Die Motive sind an den sogenannten Rorschachtest angelehnt, eine umstrittene Methode der Psychoanalyse, bei der den Patienten hintereinander zehn solcher Bilder gezeigt werden und diese sagen sollen, was sie darin erkennen.

Wissenschaft hin oder her, wir wollen uns nicht mit Tiefenpsychologie herumschlagen, sondern vor allem spannende und ungewöhnliche Bilder erschaffen. Und dafür ist diese Technik mehr als geeignet. Zur Vorbereitung faltest du einen Bogen Papier direkt in der Mitte und legst es aufgeklappt vor dich hin. Wähle nach Möglichkeit ein festes Papier, mindestens 150 g stark, damit die Tinte nicht durchsickert. Tropfe dann auf einer Seite der Falz großzügig Tintenflecke darauf. Du kannst sie auch mit einem Pinsel oder einem anderen Werkzeug verwischen. Wichtig ist nur, dass du die Farbe nicht zu dünn aufträgst und dass sie feucht bleibt, weshalb du dich nicht zu lange mit diesem Arbeitsschritt aufhalten solltest. Klappe nun die zweite Hälfte über die Tintenflecke und drücke das Papier kurz und vorsichtig zusammen, um es sogleich wieder zu öffnen. Das Ergebnis sind skurrile, symmetrische Formen, in denen man die absonderlichsten Gebilde erkennen kann. Diese Technik braucht nur wenig Zeit und erlaubt es dir, schnell eine große Vielfalt herzustellen. Und? Was erkennst du?

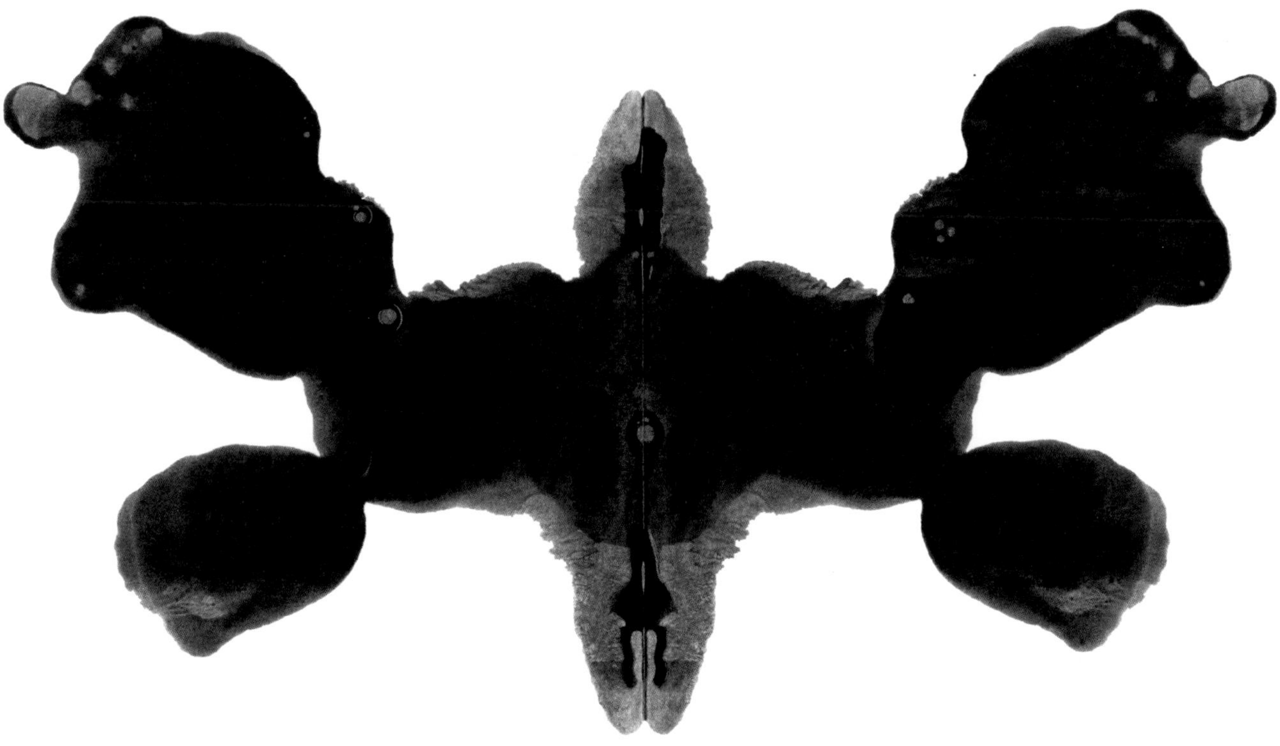

# Challenge: Der Negativeffekt

## Für einen verdrehten Look

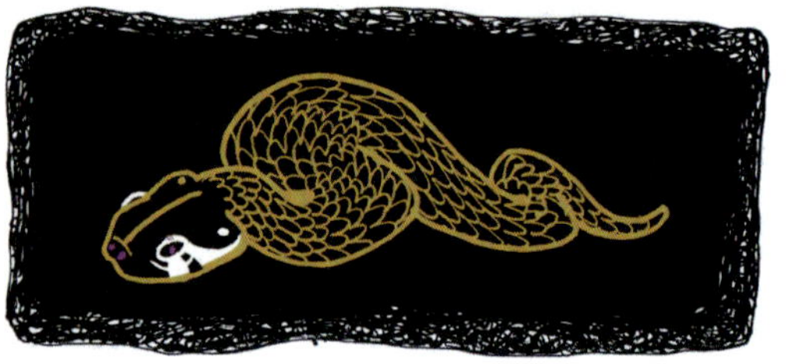

Wenn du Lust hast, deinen Tuschezeichnungen einen ganz besonderen Look und eine geheimnisvolle Ausstrahlung zu geben, dann kann ich dir den Negativeffekt empfehlen. Für unsere Tuschezeichnungen bedeutet das, aus Schwarz wird Weiß und andersherum. Du kannst deine Zeichnung entweder digitalisieren und den Effekt in einem Bildbearbeitungsprogramm unter der Option »Farben umkehren« erzeugen oder du wählst stattdessen eine schwarze Zeichenunterlage und arbeitest mit einem weißen Lackstift. Natürlich muss es damit noch nicht getan sein, denn du kannst diesen Stil noch weiterentwickeln. Die abgebildeten Beispiele habe ich u.a. im nächsten Schritt auch noch koloriert, wodurch sich einzelne Bildelemente hervorheben lassen und ungewöhnliche Farbwelten entstehen.

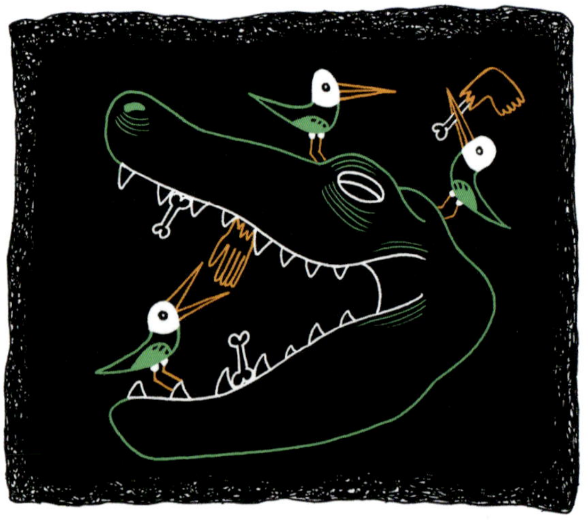

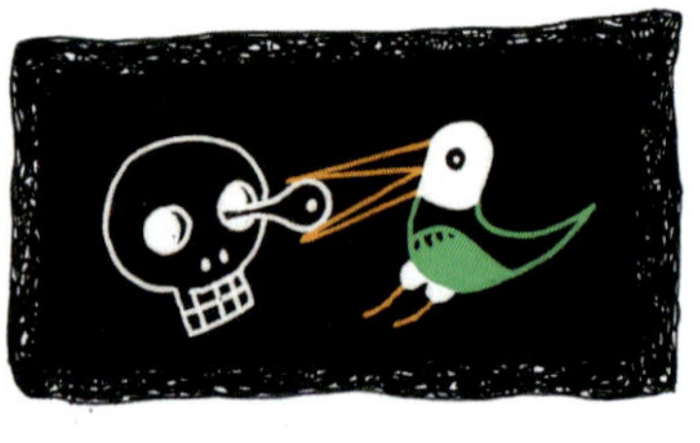

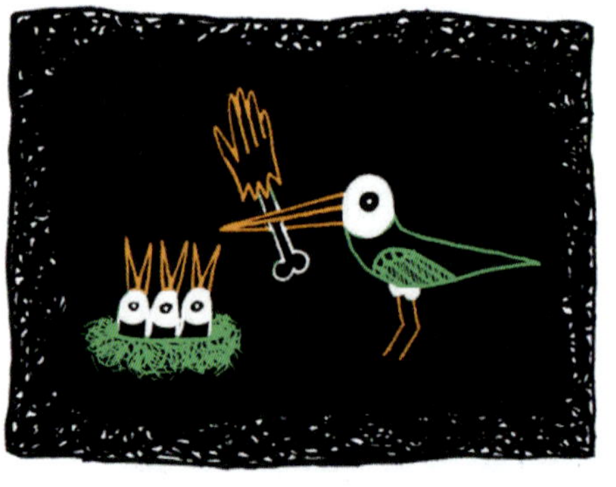

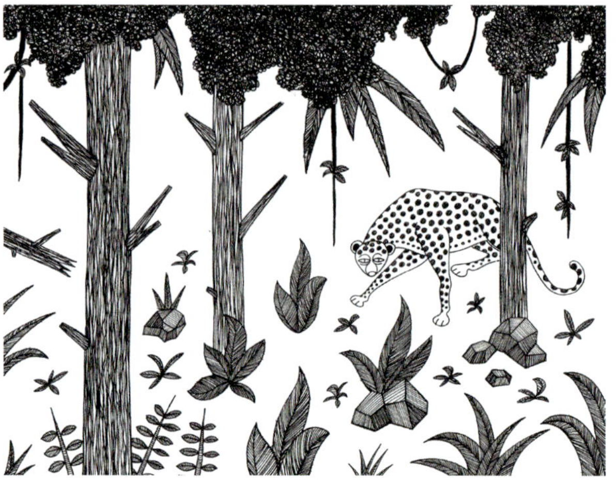

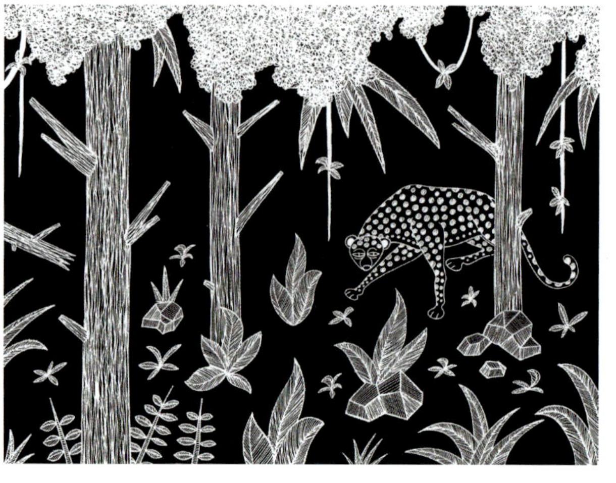

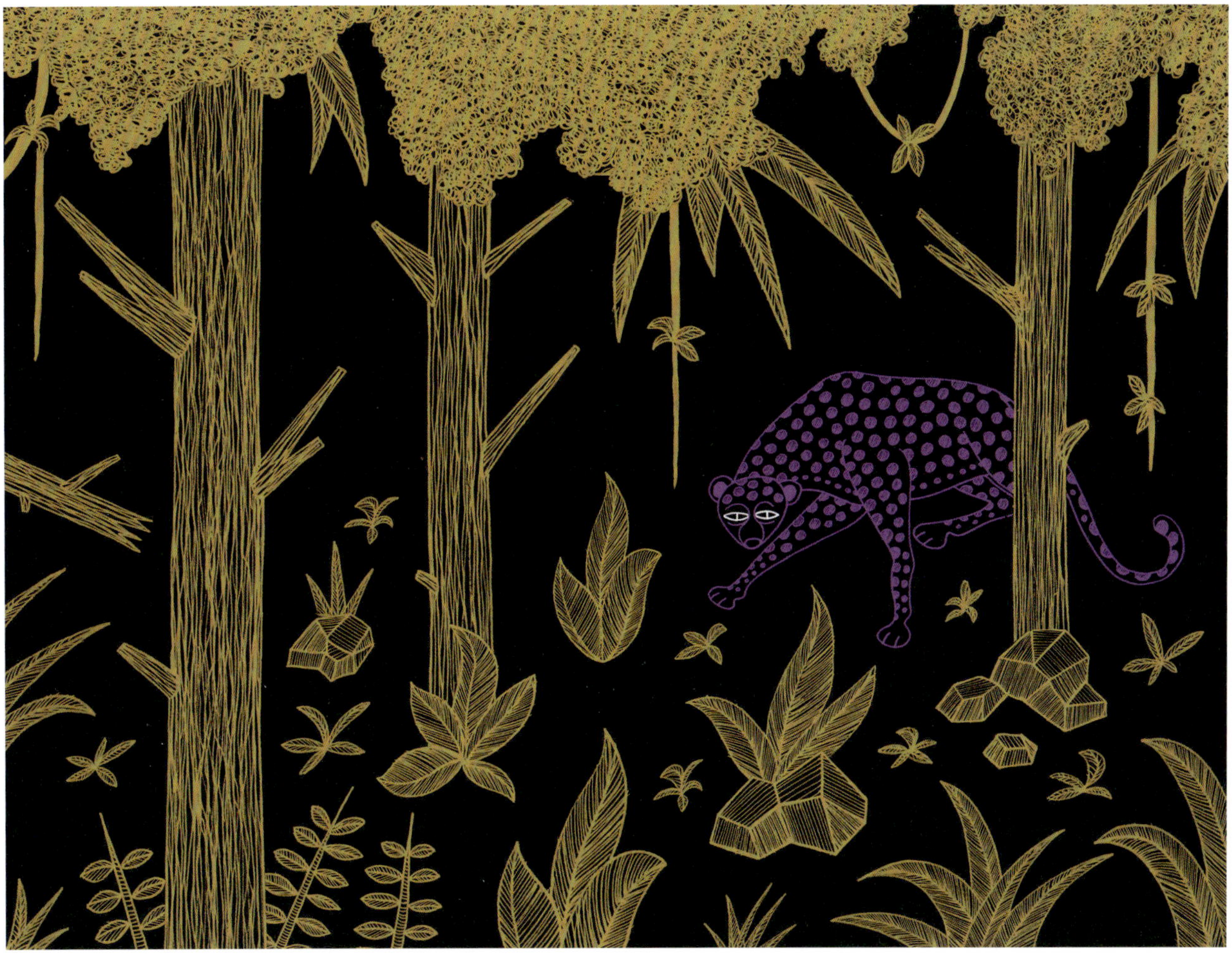

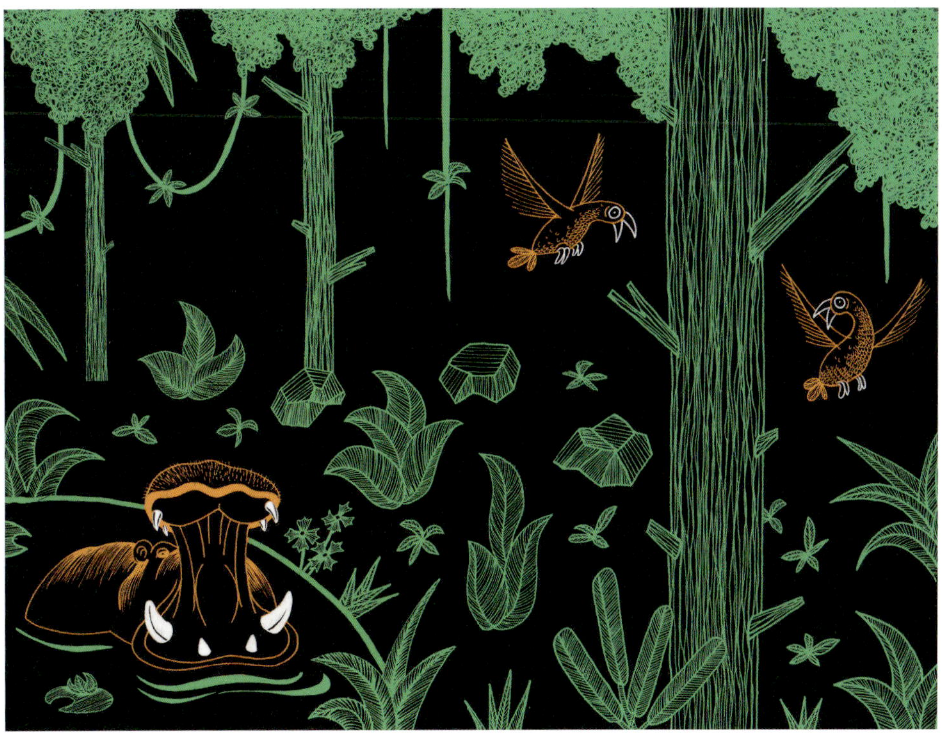

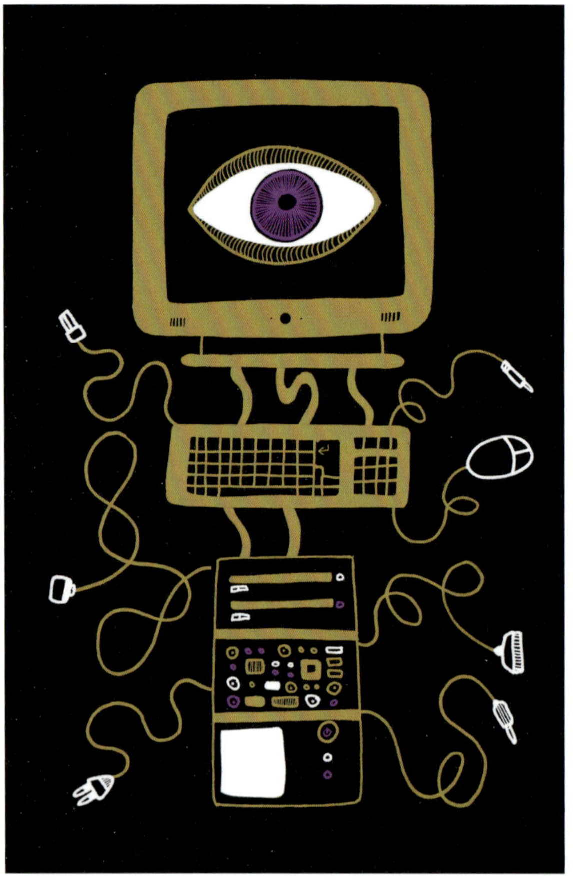

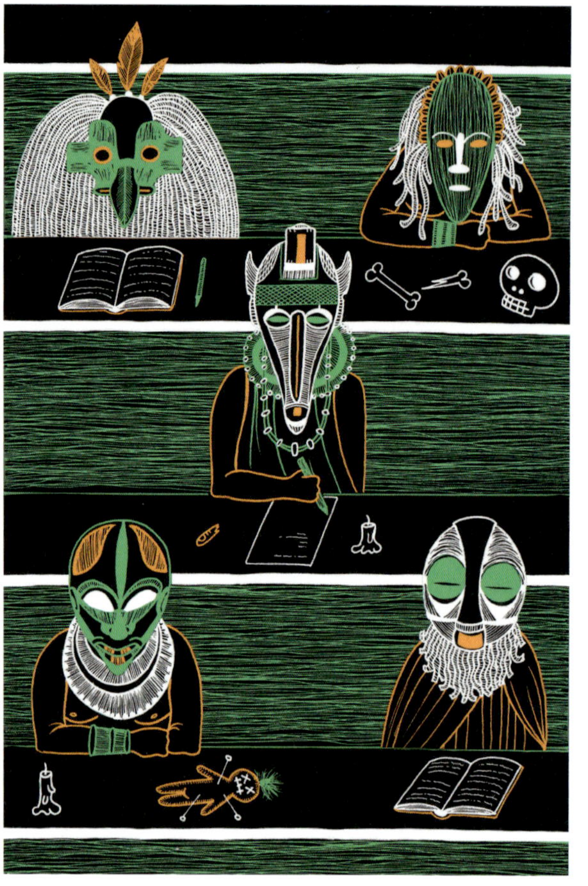

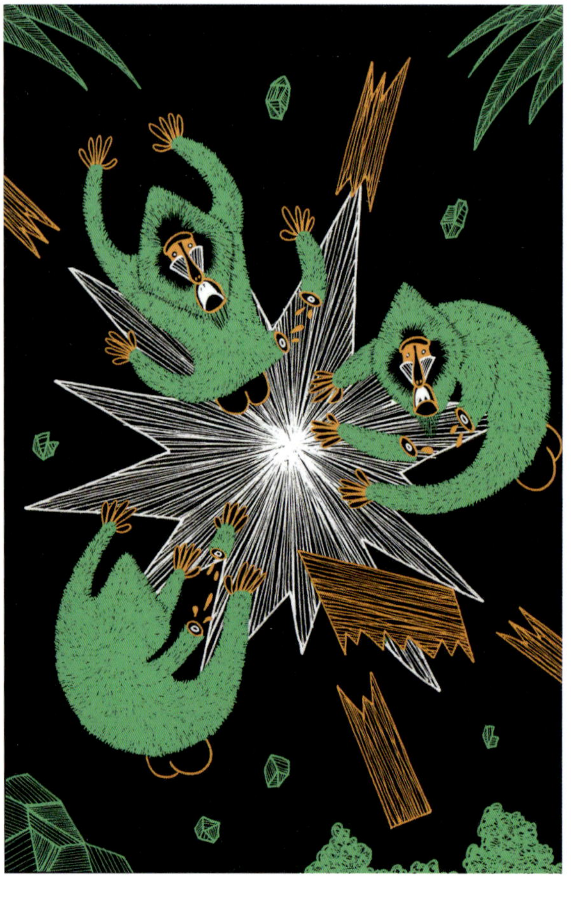

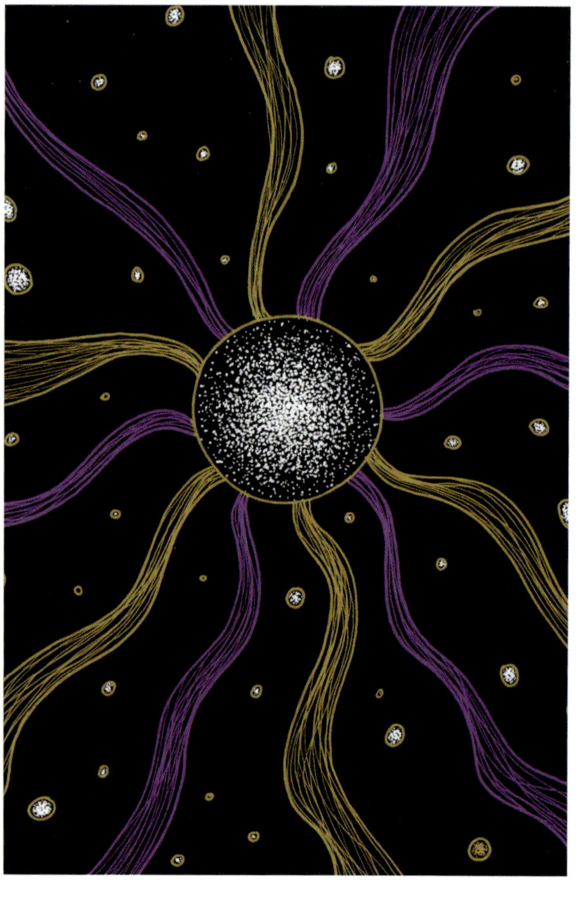

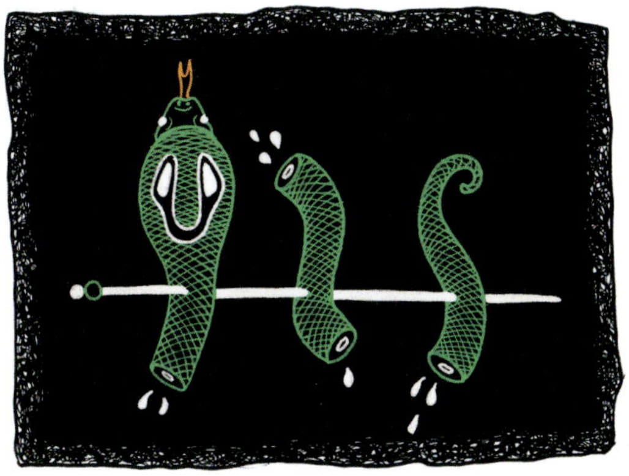

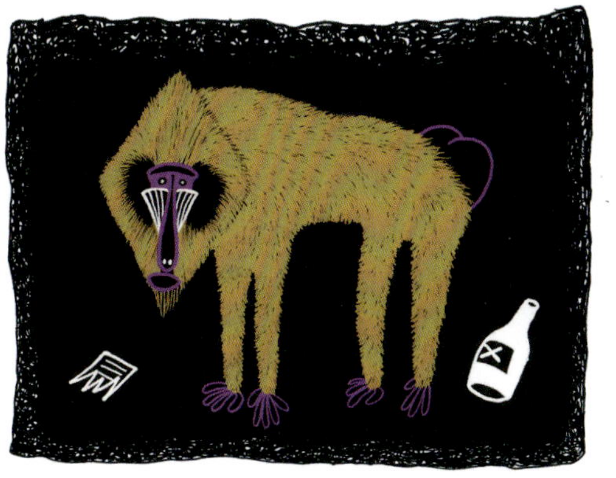

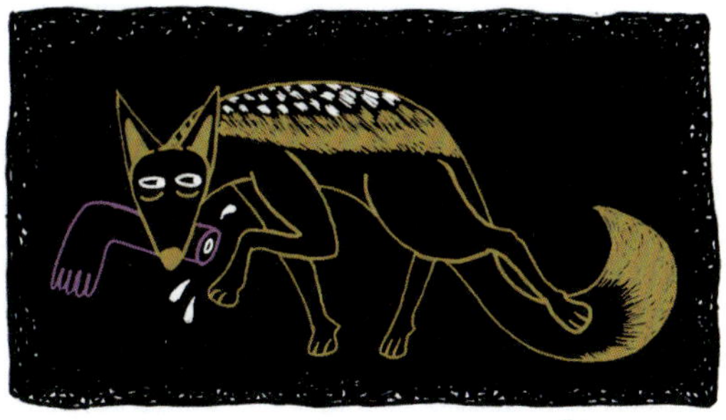

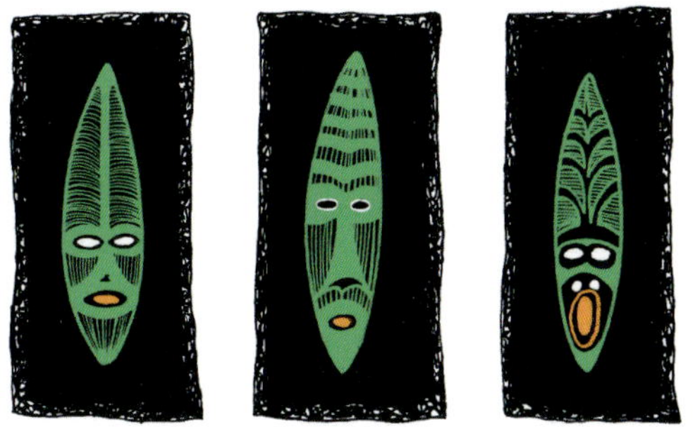

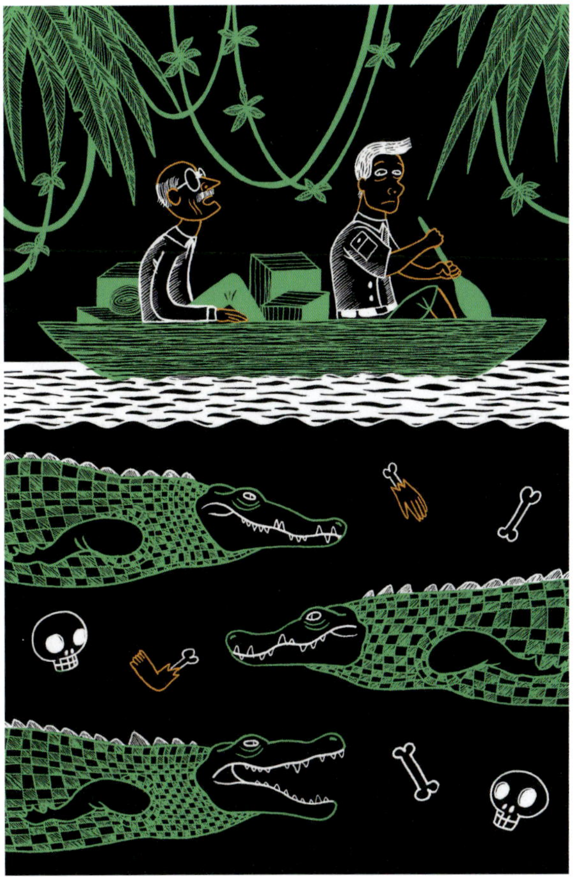

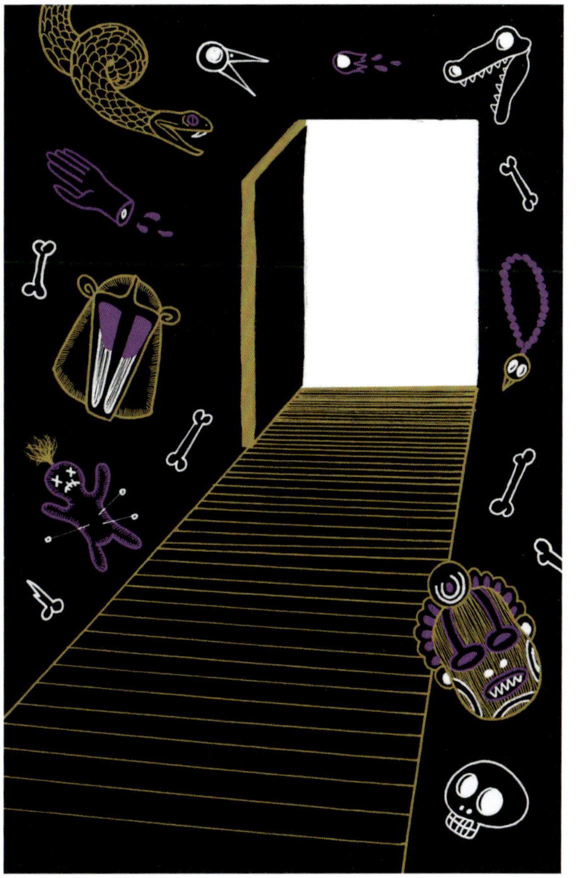

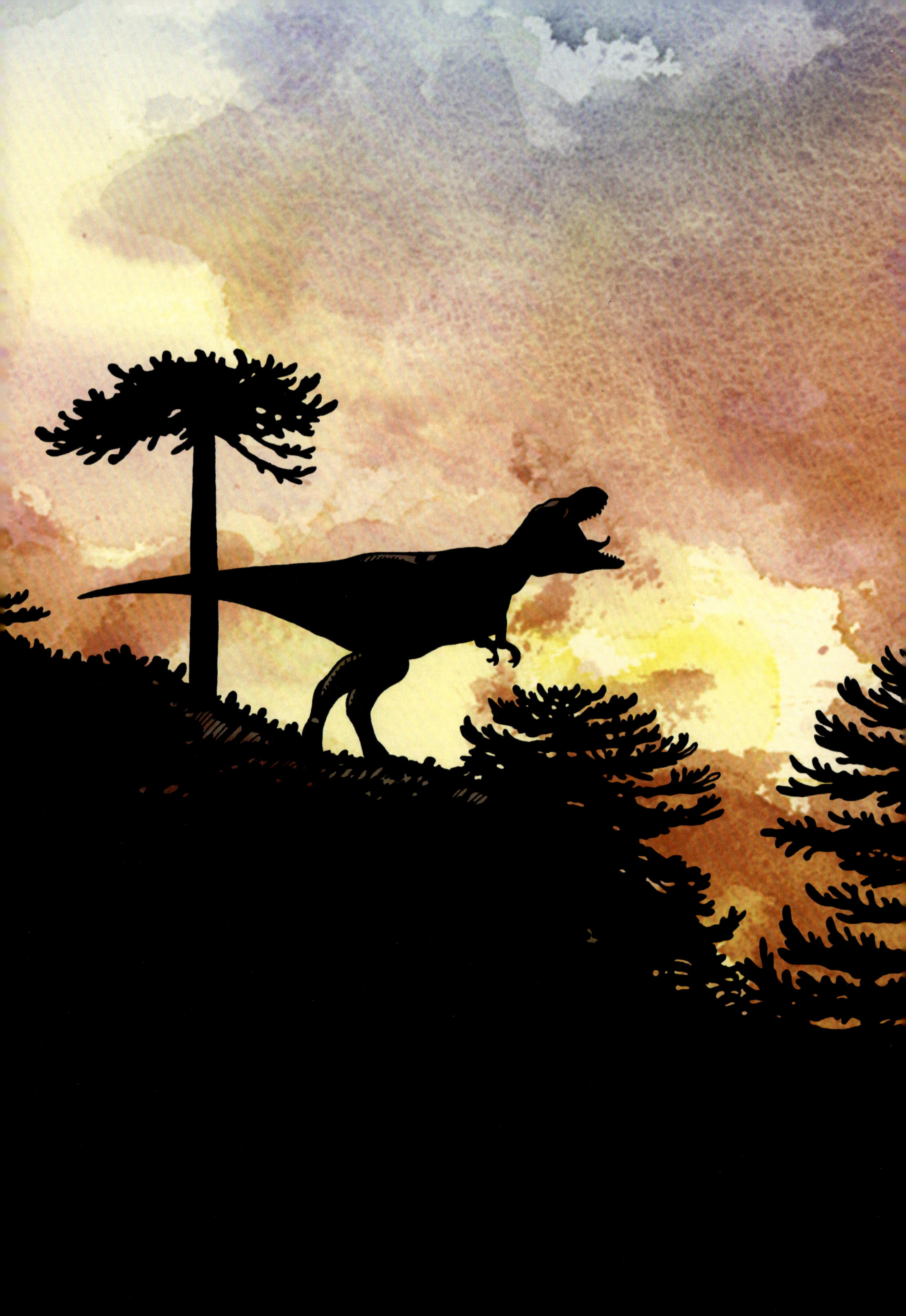

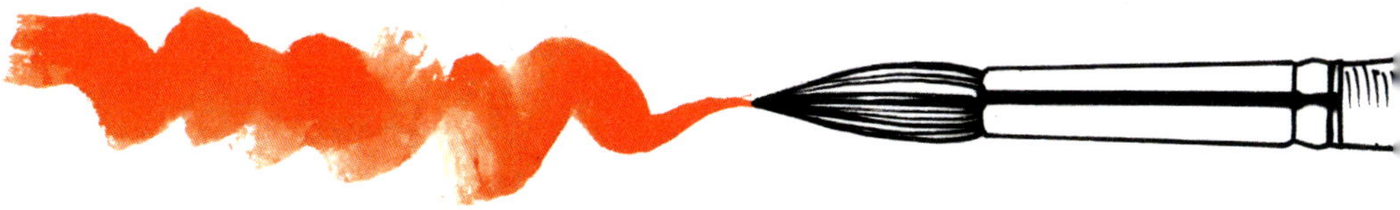

# Tinte und Farbe

## Von schwarz-weiß zu bunt

Klare schwarze Formen und Linien auf weißem Grund erzeugen bereits für sich genommen eine ganz besondere Ästhetik. Wenn dir das allerdings nicht ausreicht, kannst du deinen Werken auch einen farbigen Anstrich verpassen. Dafür stehen dir alle erdenklichen Techniken und Materialien zur Verfügung – angefangen von einfachen Bunt- oder Filzstiften bis hin zu wasserlöslichen Farben. Wichtig ist, dass deine Schwarz-Weiß-Zeichnung während der Kolorierung nicht angegriffen oder gar zerstört wird. Buntstifte mit einer festen, wachsigen Konsistenz können beispielsweise sehr deckend sein und die Tuschelinien abschwächen. Willst du Aquarellfarben einsetzen, solltest du unbedingt ein Aquarellpapier und wasserfeste Tinte für deine Zeichnung verwenden. Andernfalls wird alles ineinander verwaschen und deine gesamte Arbeit war umsonst. Falls du bunte Marker für die Koloration verwenden möchtest, empfiehlt es sich, vorher einen schnellen Kompatibilitätstest zu machen und zu überprüfen, wie sich die einzelnen Stifte zueinander verhalten. Viele Farbstifte enthalten Tinte auf Lösungsmittelbasis, und es kann sein, dass sie die Linien deiner Basiszeichnung angreifen.

Mit Farbe kannst du in deinen Tuschearbeiten z. B. ausgewählte Details hervorheben und ihnen durch farbige Hintergründe besondere Stimmungen verleihen. Falls du unsicher bist, ob Farbe deine Zeichnungen wirklich verbessert, kannst du Kopien anfertigen und damit experimentieren. Oder du scannst die Zeichnung ein und probierst digital verschiedene Farbeffekte aus (siehe Seite 52).

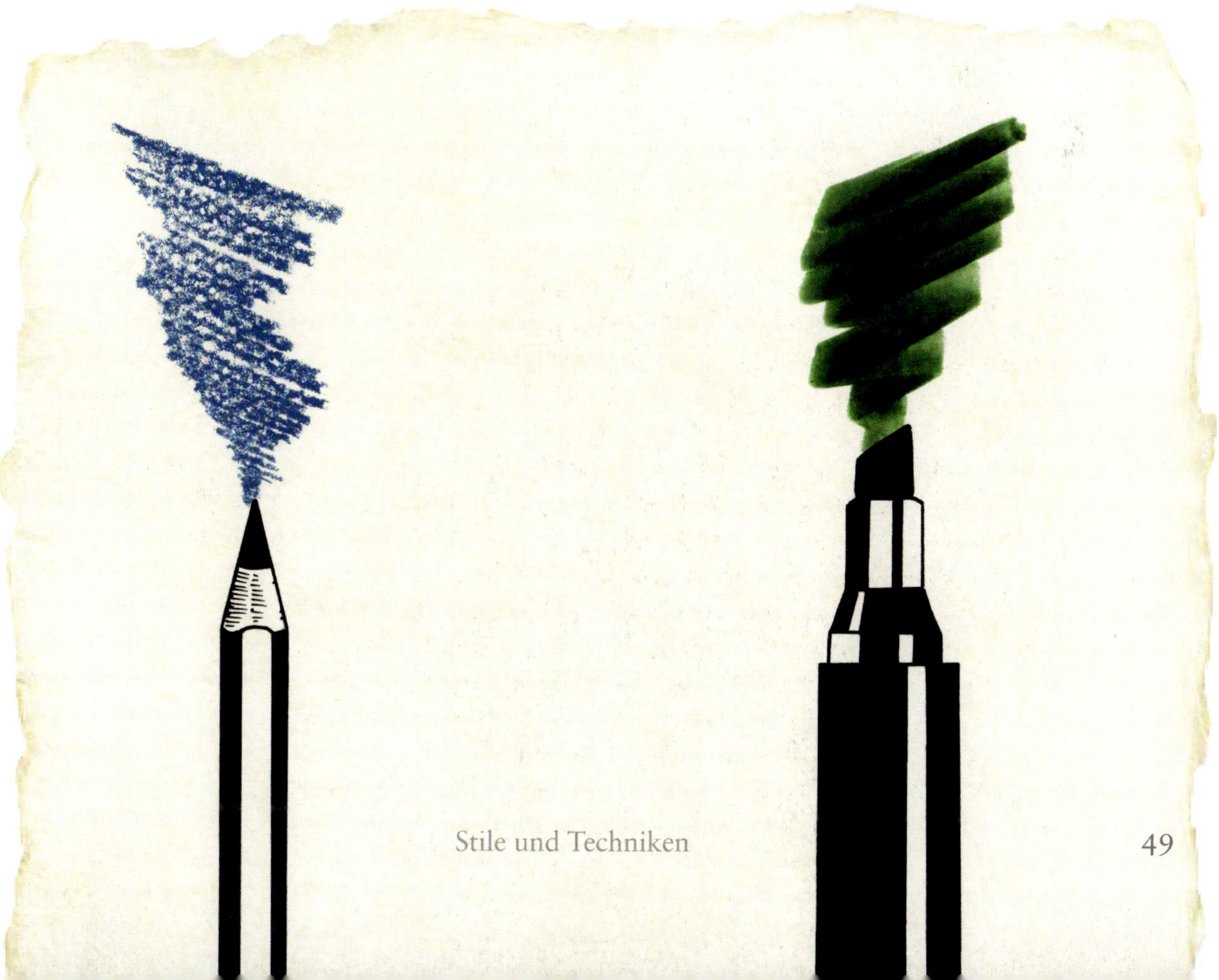

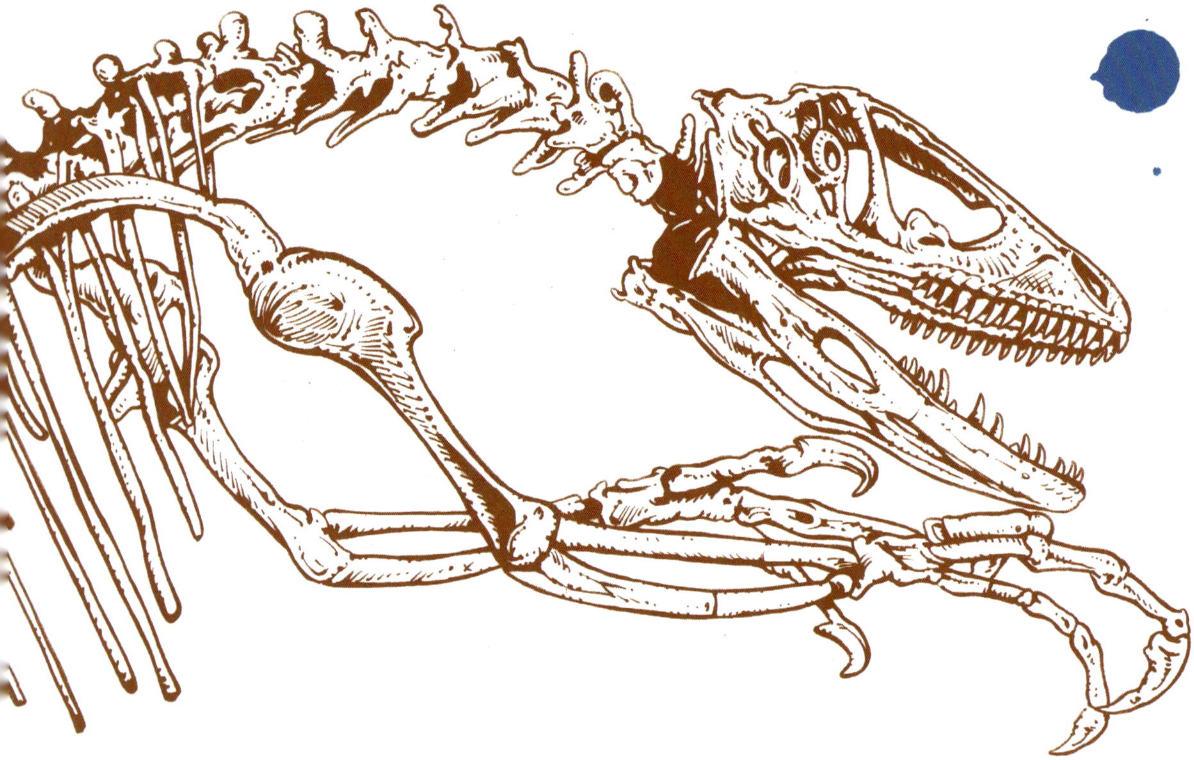

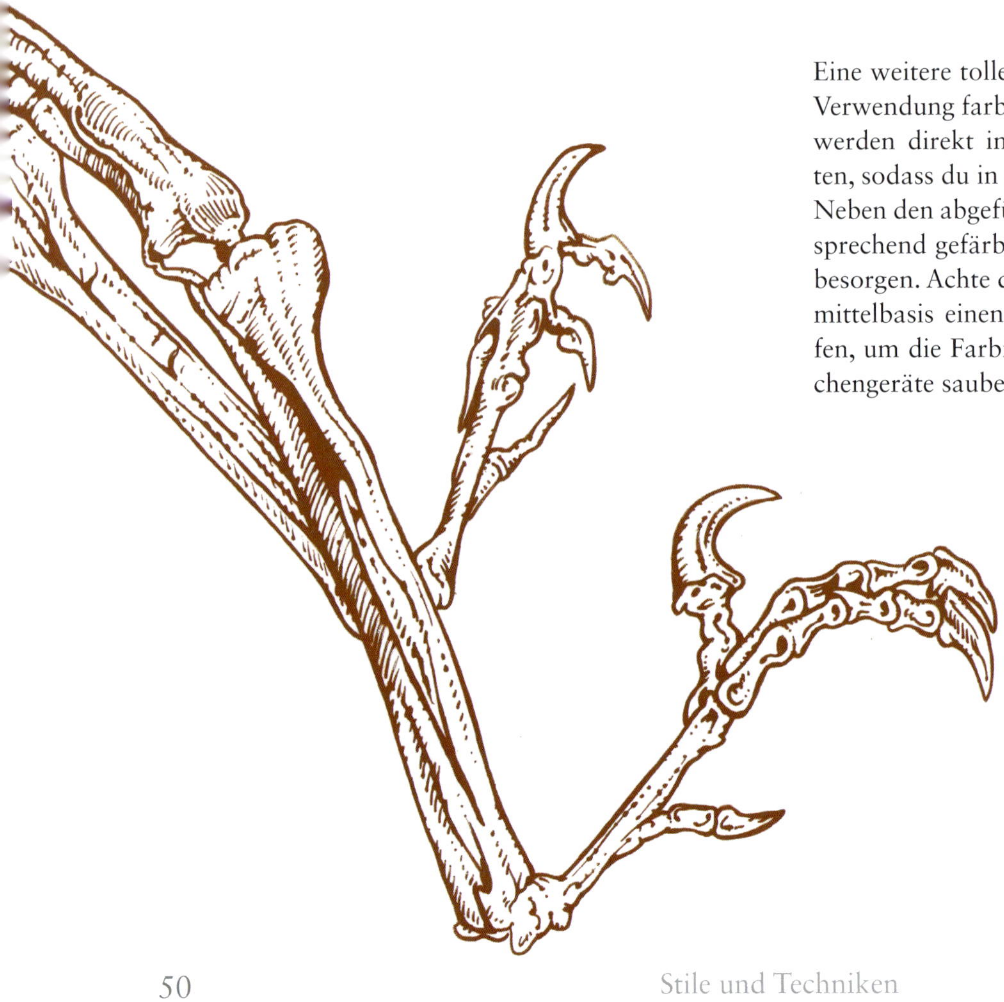

Eine weitere tolle Möglichkeit der Koloration ist die Verwendung farbiger Tinte. Die meisten Markerstifte werden direkt in einer bunten Farbpalette angeboten, sodass du in gewohnter Technik loslegen kannst. Neben den abgefüllten Stiften kannst du dir auch entsprechend gefärbte Tinte für deine Feder oder Pinsel besorgen. Achte darauf, bei Materialien auf Lösungsmittelbasis einen dazugehörigen Verdünner zu kaufen, um die Farbintensität zu steuern und deine Zeichengeräte sauber zu halten.

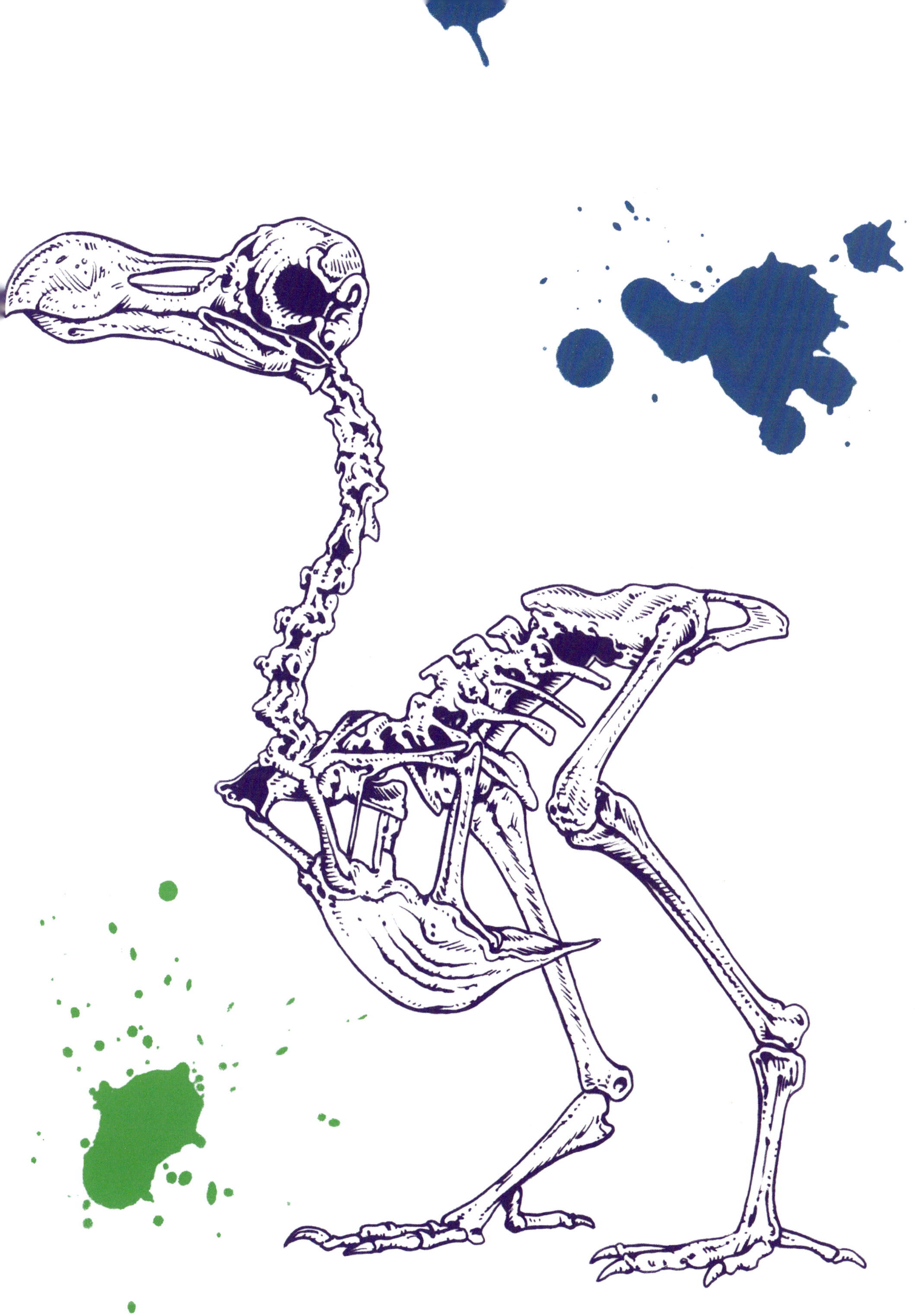

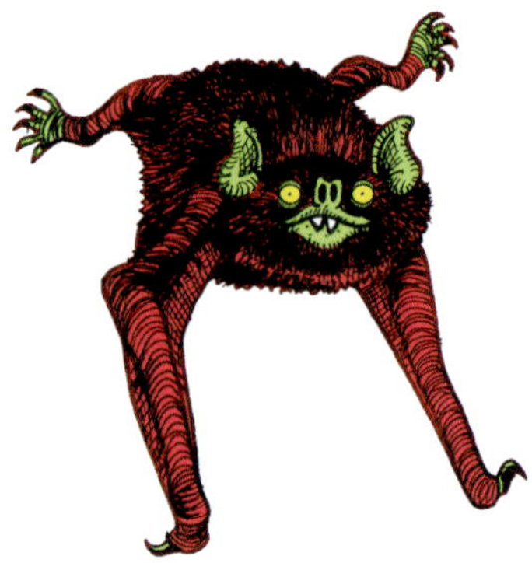

# Die Qual der Wahl
## Digital vs. analog

Egal ob du die digitalen Möglichkeiten eher zum Ausprobieren oder als künstlerisches Mittel nutzen willst, es ist aus meiner Sicht auf jeden Fall interessant, dafür offen zu sein, sie auszuprobieren und – falls du sie für nützlich erachtest – auch zu nutzen.

Ich fühle mich mit einer Kombination beider Welten sehr wohl. Insbesondere was die Farbgestaltung anbelangt. Nachdem ich eine Zeichnung ganz traditionell mit Stift auf Papier fertiggestellt habe, scanne ich sie und öffne das Bild in einem Bildbearbeitungsprogramm (z. B. Photoshop). Dadurch schaffe ich mir Optionen, die im analogen Prozess nur äußerst mühsam zu erreichen oder sogar unmöglich sind. Das gilt u. a. für die flächige Koloration: Mit nur einem Klick kannst du bestimmte Bereiche deiner Zeichnung in die Farben deiner Wahl tauchen. Derartig perfekte Flächen manuell auf einem Bogen Papier zu erzeugen, ist selbst für geübte Hände eine Herausforderung und kostet viel Zeit – besonders wenn es dann auch noch um weiche und fließende Farbübergänge geht. Des Weiteren kannst du den Konturlinien nachträglich einen anderen Farbton geben, Elemente ausschneiden oder hinzufügen und, was in meinen Augen den wohl größten Luxus darstellt, auch mal etwas ausprobieren und riskieren. Falls das Experiment scheitert, machst du die entsprechenden Arbeitsschritte einfach rückgängig und startest von vorne.

Trotz all der digitalen Vorteile würde ich aber um nichts in der Welt auf den Gebrauch von »echten« Materialien verzichten. Ich brauche das Gefühl, einen Stift in der Hand zu halten, damit Spuren auf dem Papier zu hinterlassen, und möchte die Gewissheit haben, dass jeder Strich zählt.

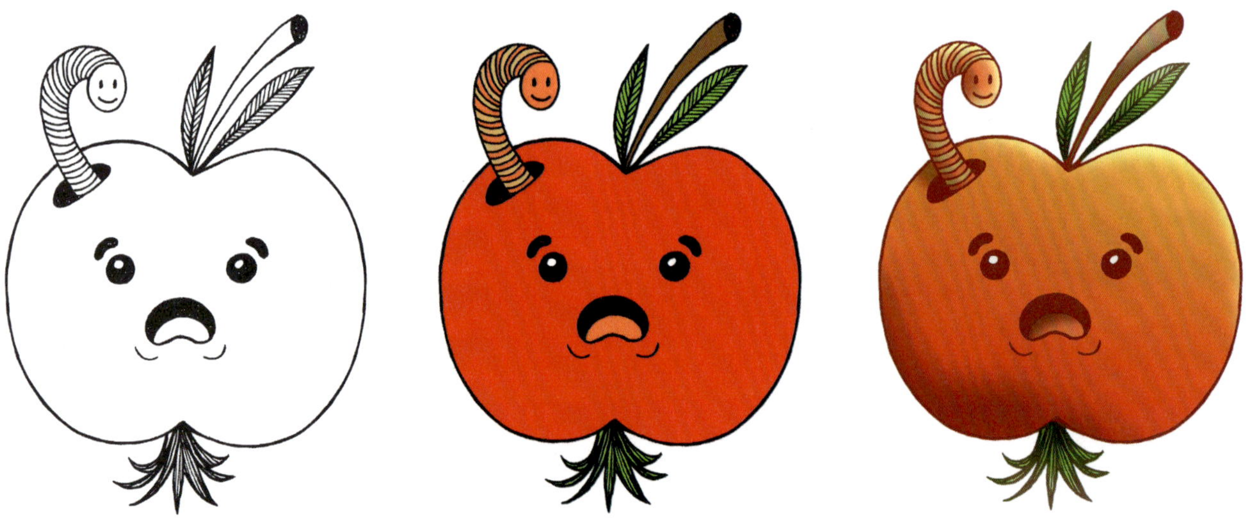

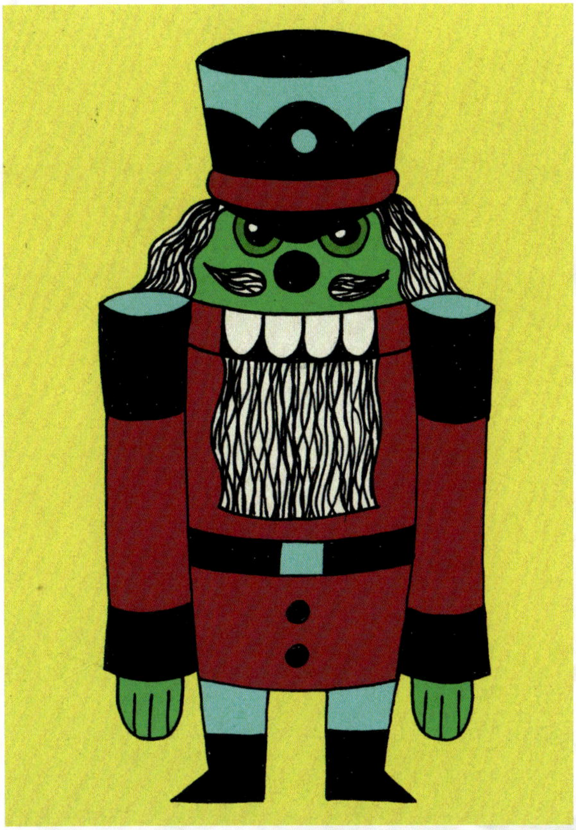
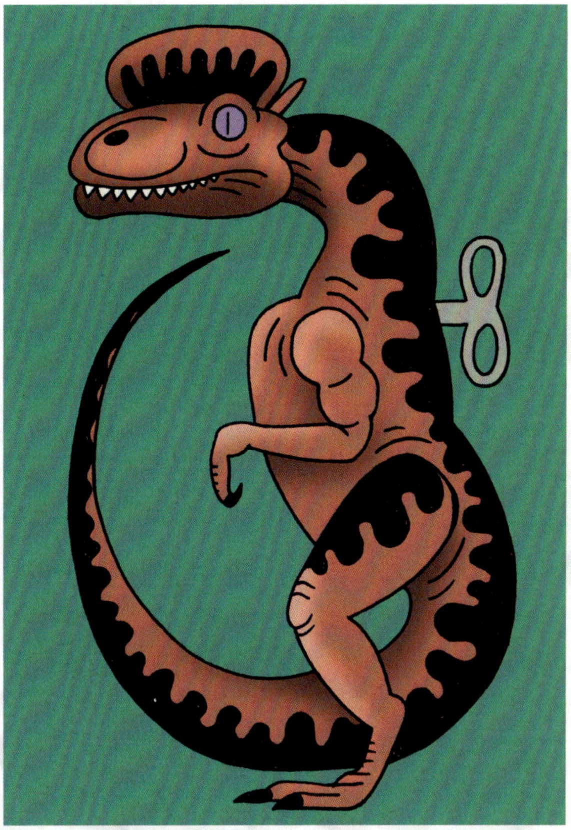
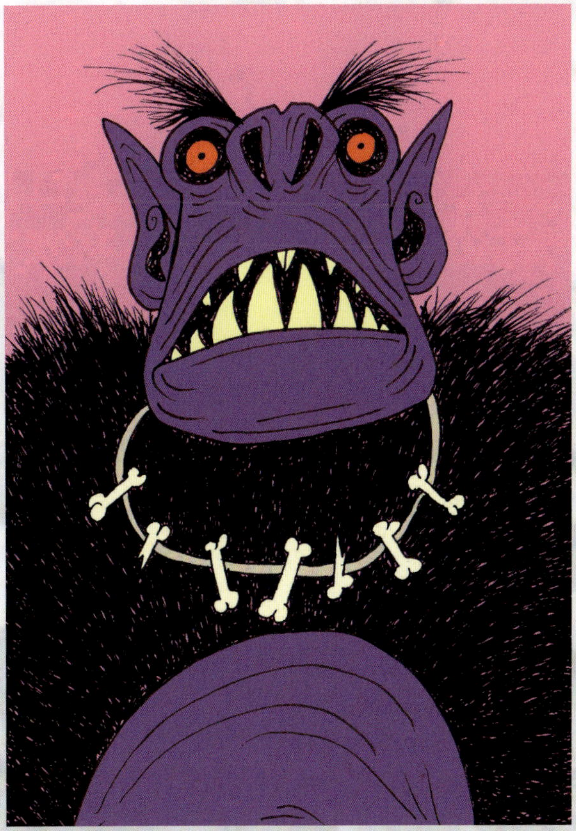
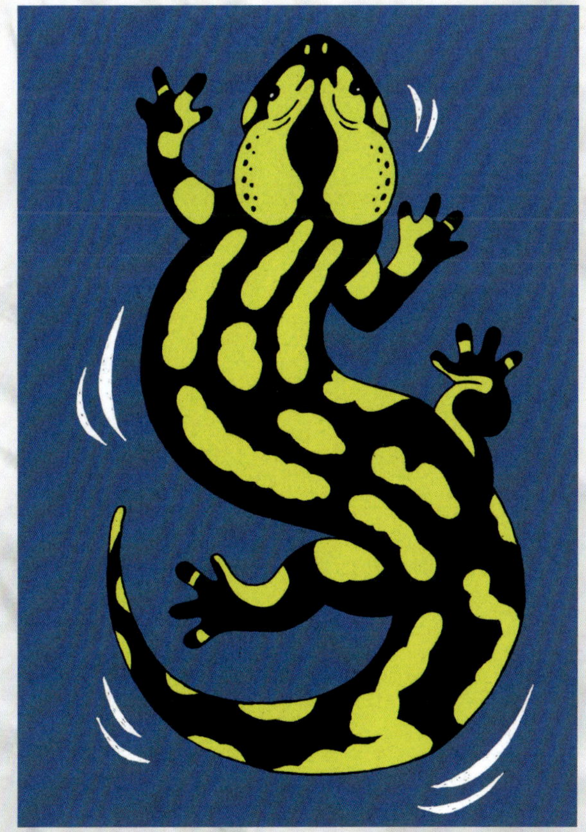

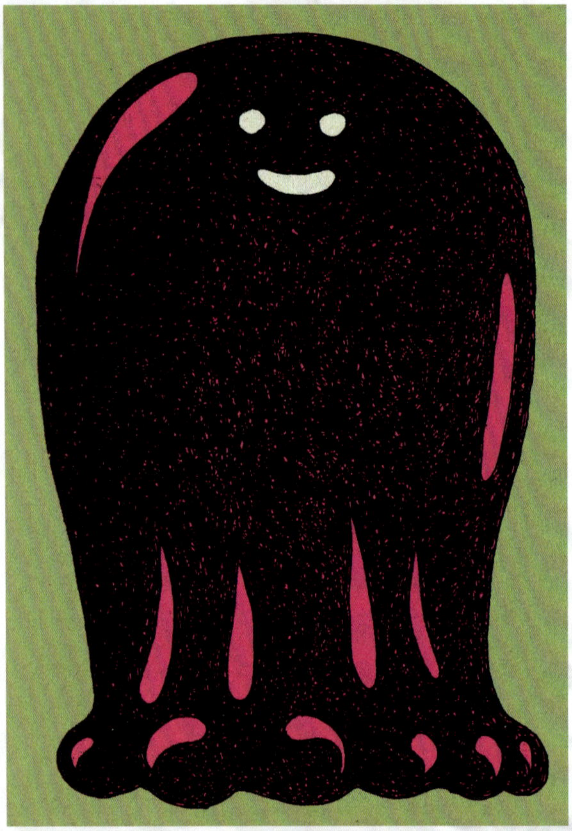
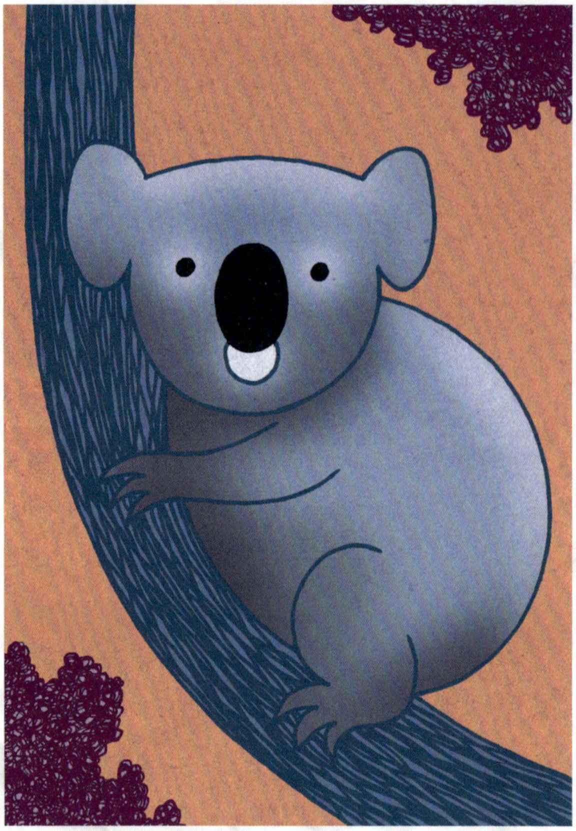
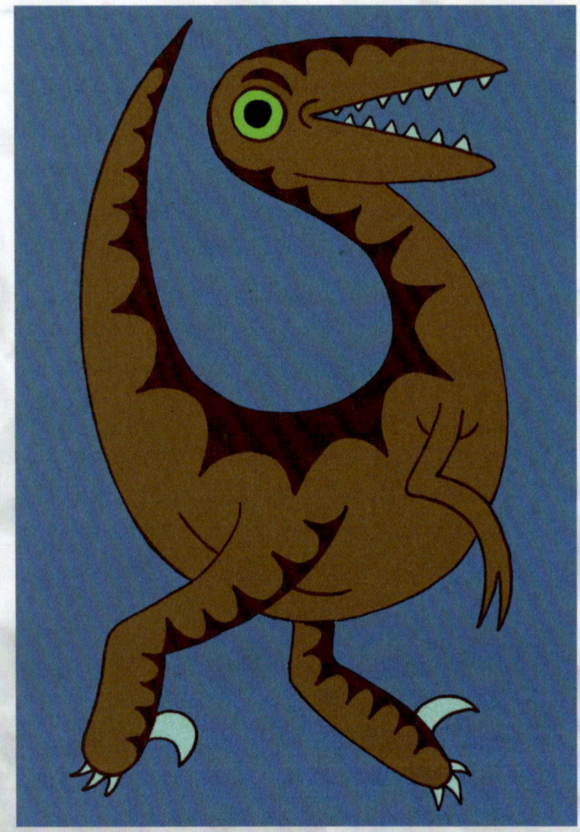
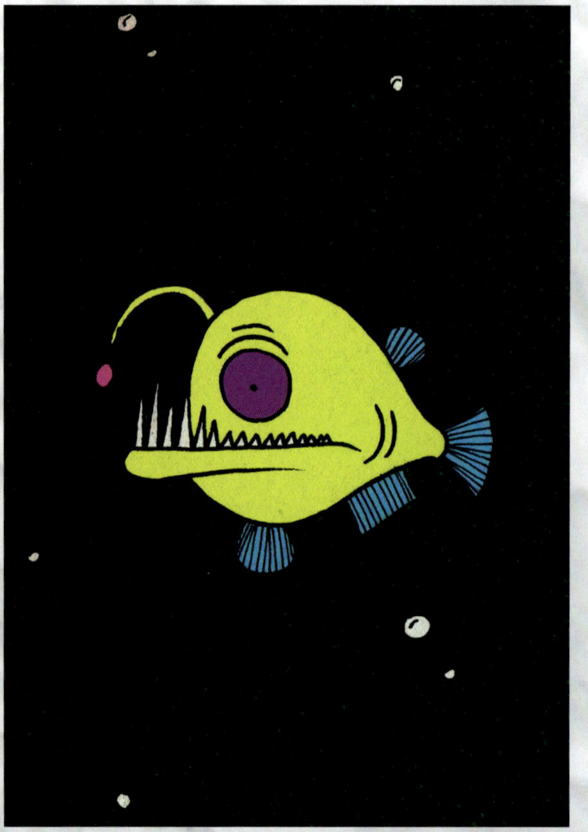

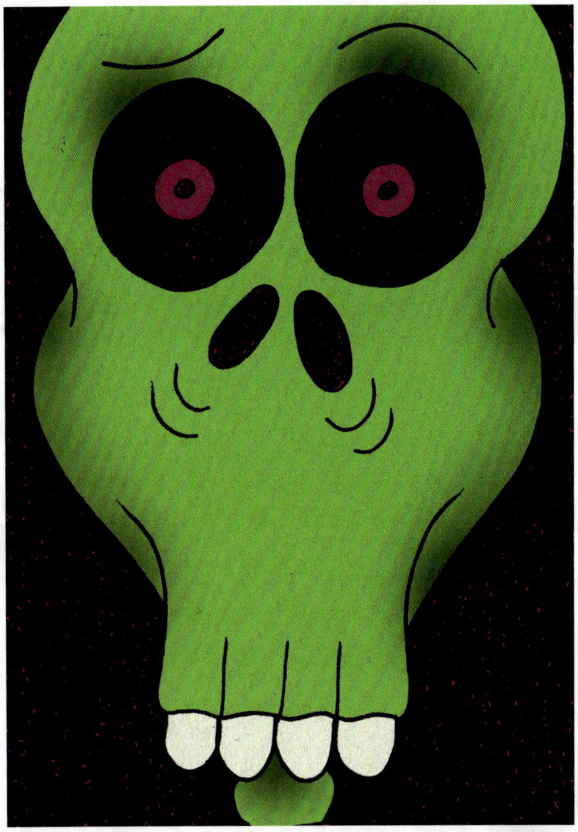

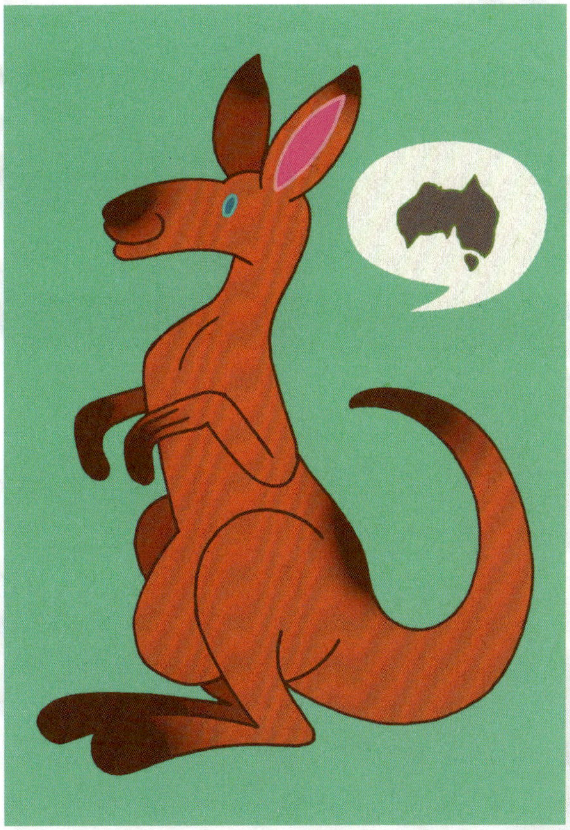

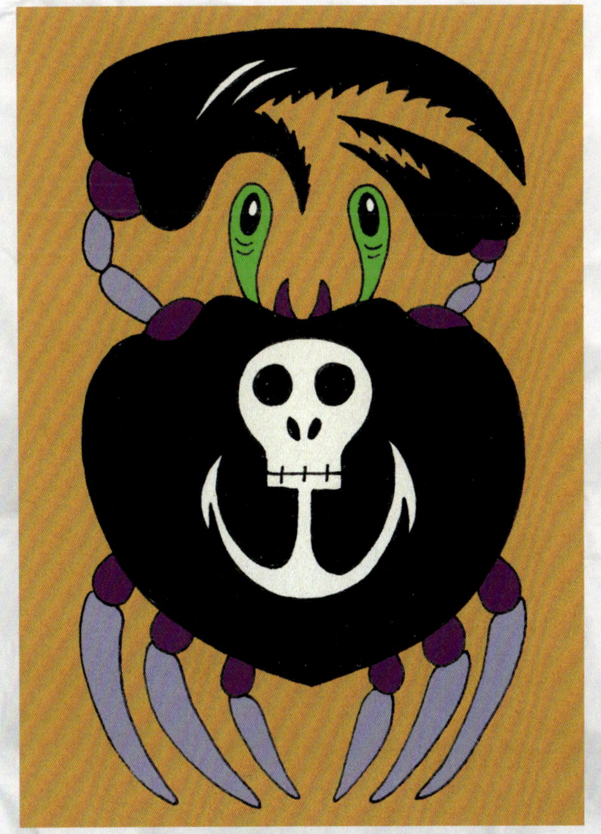

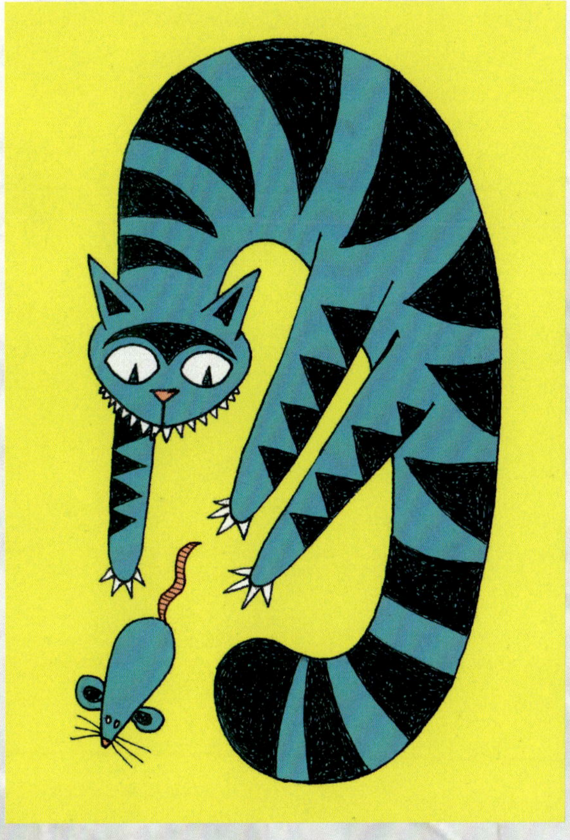

# 2

# INK-ATLAS

## Eine Reise in Schwarz und Weiß

In diesem Kapitel nehme ich dich mit auf eine Zeichenreise, in der wir mit Tinte und Tusche eine abenteuerliche Expedition durch verschiedene Künste und Stilrichtungen unternehmen. Unsere Reise wird uns in ferne Länder und auch in die Vergangenheit führen, zu untergegangenen Zivilisationen und Kulturen.

Neben einer knappen und dadurch notwendigerweise vereinfachenden Charakterisierung werde ich ganz subjektiv Besonderheiten der jeweiligen Stationen herausstellen. Die hier angedeutete Vielfalt künstlerischer Ausdrucksformen soll vor allem deiner Inspiration dienen. Gemäß dem Thema dieses Buches habe ich mich auf Interpretationen in Schwarz und Weiß konzentriert und mich bei der Umsetzung von Beispielillustrationen sehr bemüht, die verschiedenen Kunstrichtungen so authentisch wie möglich darzustellen – ein Prozess, dem eine lange und intensive Recherche vorausging. Dabei beziehen sich die Beispielbilder auf Wandmalereien, Gravuren oder auch auf dreidimensionale Skulpturen, Schnitzereien und Reliefarbeiten.

Natürlich können wir auf unserer Reise und im Rahmen dieses Buches nicht alle Stile und Formensprachen erkunden. Aber vielleicht ist sie ja der Anstoß, der dich ermutigt, genau das zu tun. Jetzt allerdings solltest du deine Marker, Tintenfläschchen, Schreibfedern und Zeichenpapiere zusammenpacken und dich in eine möglichst komfortable Sitzposition begeben. Wir brechen auf zu exotischen Formen und fremden Ästhetiken. Mach dich bereit für die Künste dieser Welt!

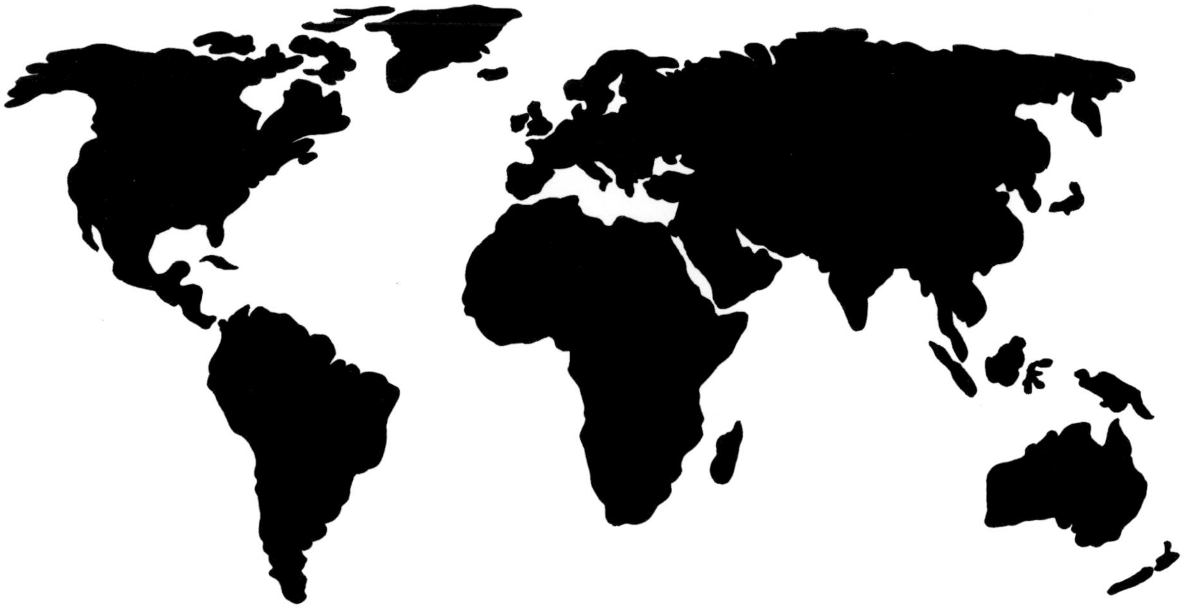

## Griechenland

### Götter, Helden und Fabelwesen

Die erste Station auf unserer Reise führt uns in das antike Griechenland, Ursprungsort legendärer Heldengeschichten rund um Herakles, Odysseus, Achilles und Perseus. Die griechische Kunst erlebte in den Jahren von 500 bis 200 v. Chr.eine Blütezeit. Diese Epoche wird übergreifend die griechische Klassik genannt. Neben den bildenden Künsten hatten im alten Griechenland auch die Architektur und die darstellenden Künste, z.B. das Theater, einen hohen Stellenwert.

Die wohl bekanntesten griechischen Malereien finden sich auf Vasen und anderen Keramiken. Die Zeit der Vasenmalerei reicht sogar noch weiter in die Vergangenheit zurück; erste Funde werden bis ins Jahr 2500 v. Chr.datiert. Die dargestellten Motive geben Aufschluss über die damalige Mythologie, das Alltagsleben und die gängige Bildsprache. Bemalt wurden alle möglichen Arten von Gefäßen und Gebrauchsgegenständen, die sowohl zur Lagerung von Vorräten benutzt wurden wie auch als Geschirr oder für Feste. Besonders kunstvoll und aufwendig gefertigte Keramiken fanden sich vor allem in alten Heiligtümern oder Gräbern, wo sie als Weihegeschenke oder Beigaben dienten.

Der griechische Schriftsteller Philostratos bezeichnete einst die Malerei als eine Erfindung der Götter, was darauf schließen lässt, dass diese Form der Kunst ein besonderes Ansehen genoss. Gegenüber der Bildhauerei hatte sie zudem den Vorteil, realistische Szenen nachahmen zu können und dadurch eine Vielzahl an Informationen zu vermitteln.

Die zahlreichen Keramiken gewähren uns einen sehr lebendigen Einblick in das antike Griechenland. In ihnen sind die prägnanten, malerischen Stilmittel konserviert, die wir im Folgenden ausführlicher betrachten wollen.

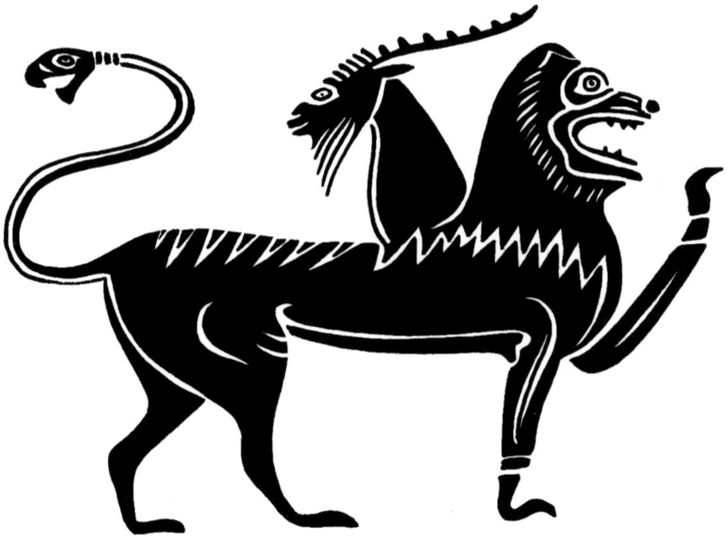

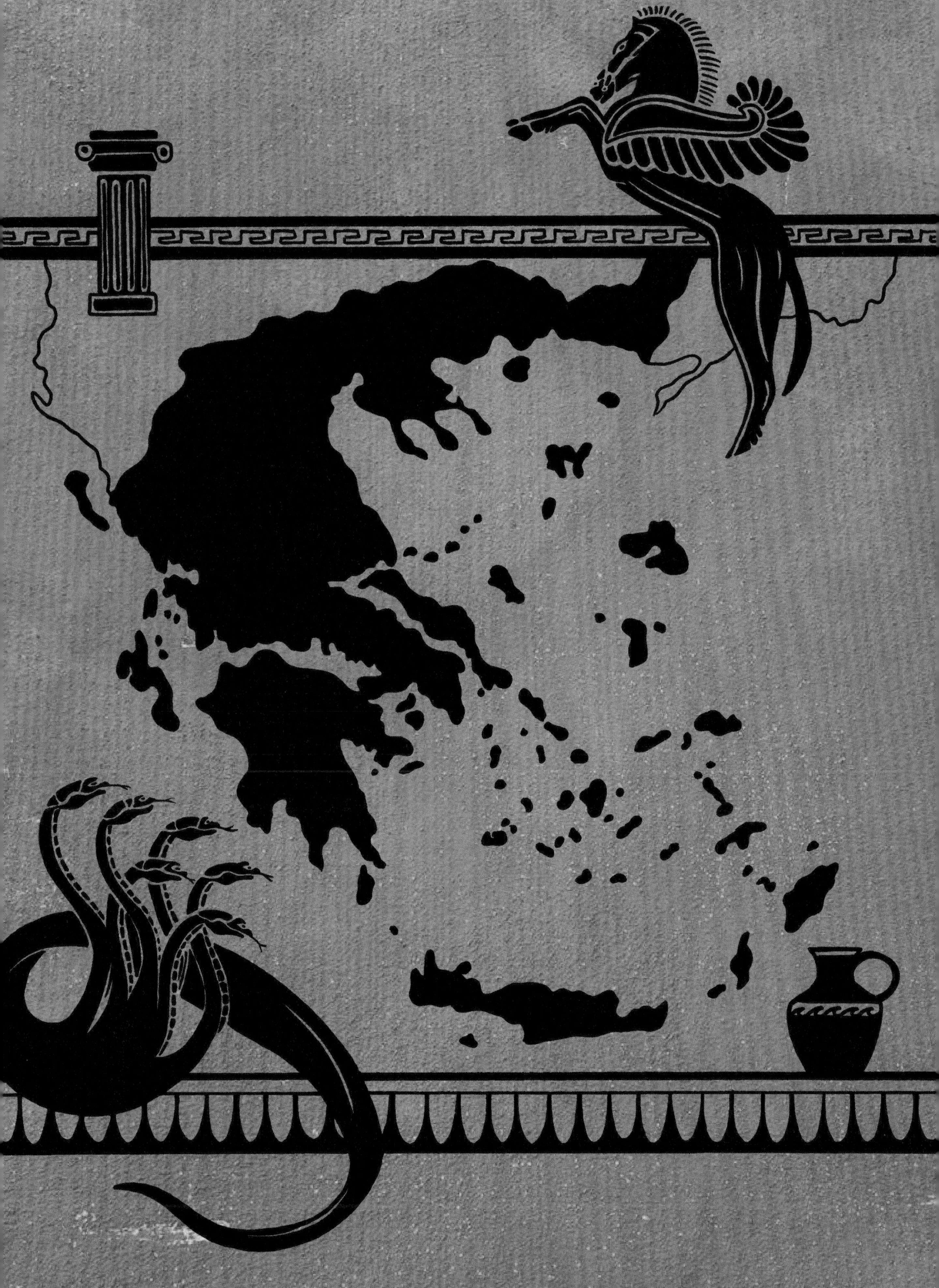

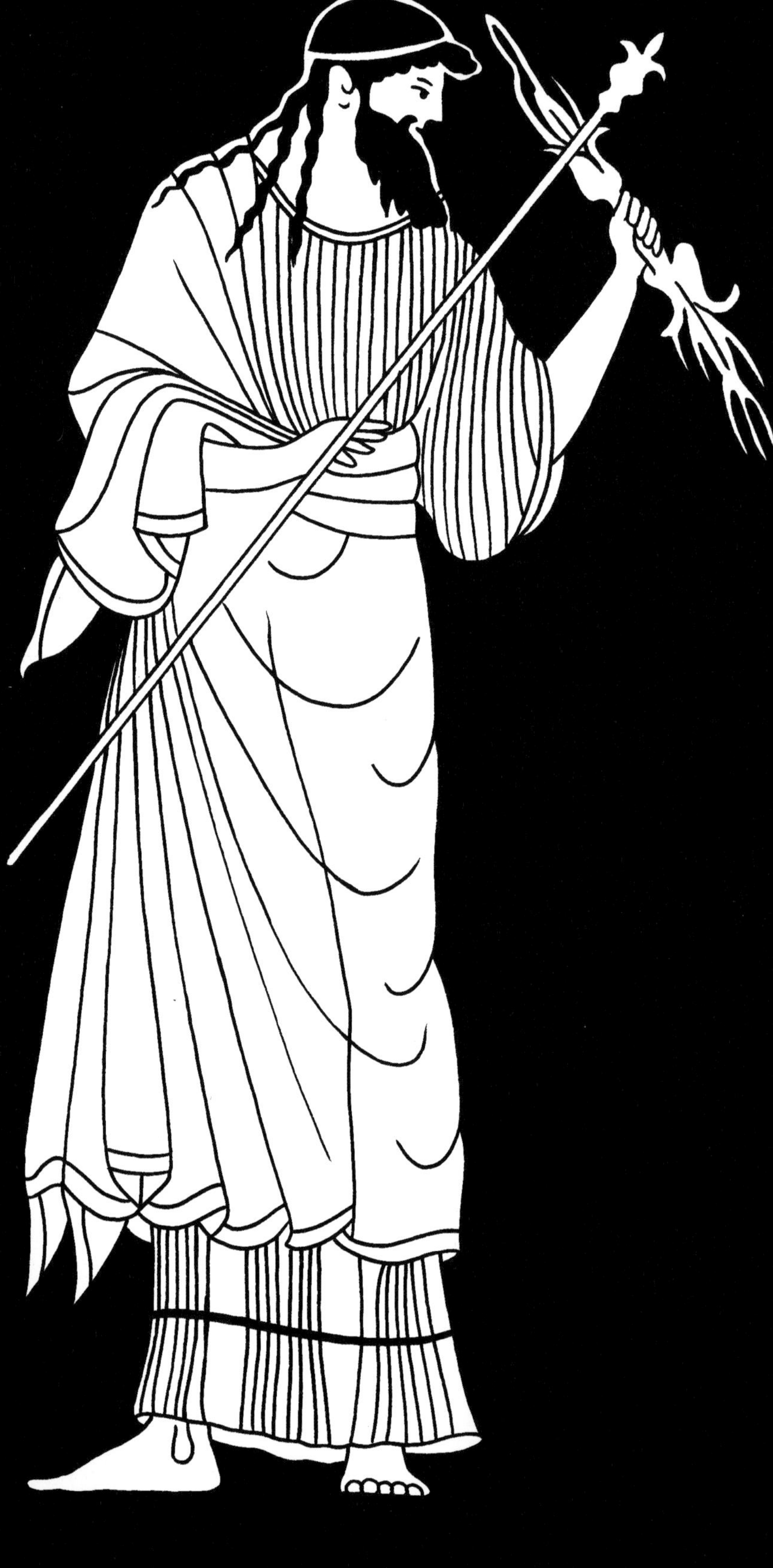

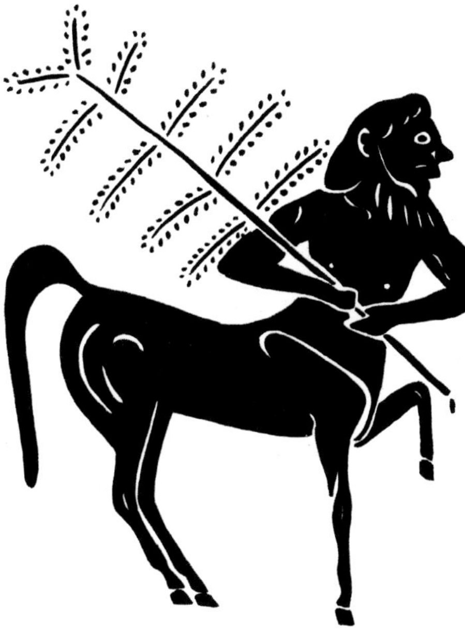

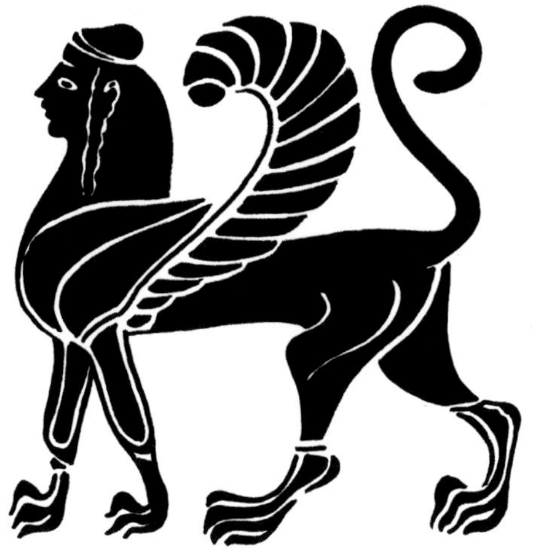

Typisch für die griechische Vasenmalerei sind die klaren und stilisierten Formen der Bildinhalte sowie Ornamente, die das Ganze einfassen. Bei genauerem Hinsehen lässt sich erkennen, dass die Figuren aus einzelnen Flächen bestehen, die aneinandergesetzt sind und auf diese Weise das eigentliche Motiv formen. Bei manchen Figuren ist eine gewisse Dreidimensionalität angedeutet, abermeistens werden sie in der Seitenansicht dargestellt.

Die klar definierte Formensprache und Begrenzung der Flächen bieten ideale Anknüpfungspunkte, um sie mit dem Medium Tusche umzusetzen. Der Verzicht auf ausgeklügelte Perspektiven, Schraffuren und aufwendige Details macht die Anwendung auch für weniger Geübte sehr reizvoll.

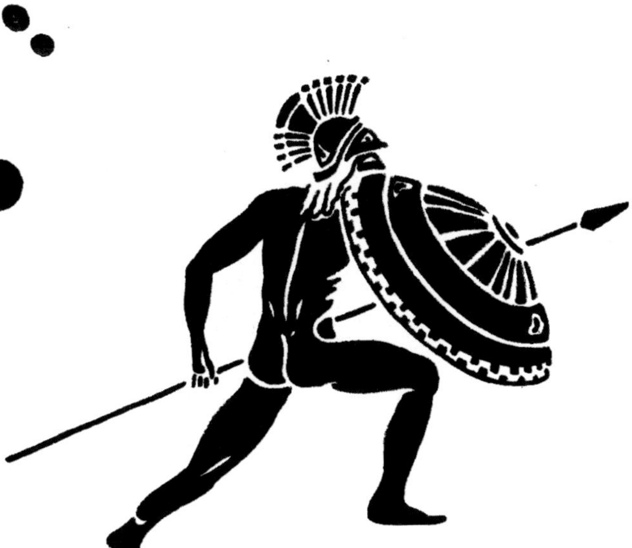

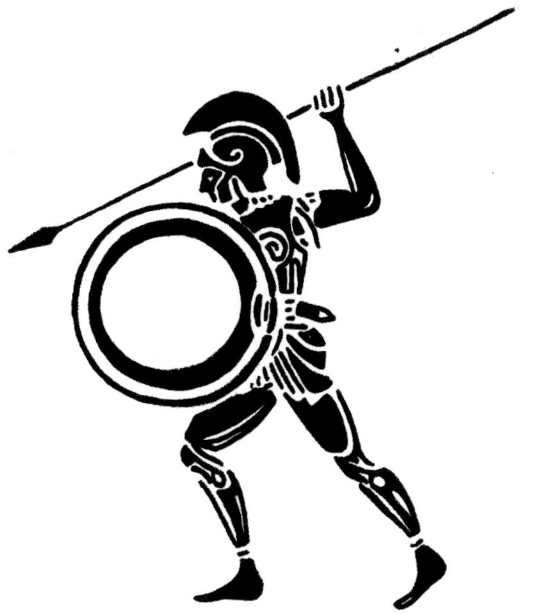

# Afrika

## Abstraktion und Vielfalt

Von Griechenland aus geht es über das Mittelmeer nach Afrika – geheimnisvoller Kontinent und Wiege der Menschheit. Die künstlerischen Ausdrucksformen dort sind ebenso vielfältig wie die Ethnien, in denen sie entstanden sind. Daher können wir hier nur exemplarisch einige Stilrichtungen betrachten und werden ihre genaue Herkunft außer Acht lassen.

Durch die zur Verfügung stehenden Materialien und die klimatischen Bedingungen Afrikas ist die Anzahl der wirklich historischen Werke auf diesem Kontinent sehr gering. Natürliche Werkstoffe wie Holz oder Stein sind dem Zerfall stärker ausgesetzt als andernorts. Auch Schädlinge, z. B. Termiten, vermindern ihre Haltbarkeit. Im Zuge der Kolonialisierung wurden zudem die meisten verbliebenen Kunst- und Kultgegenstände fortgeschafft und sind nunmehr hauptsächlich in europäischen Museen ausgestellt (doch dazu zu einem späteren Zeitpunkt und in einem anderen Zusammenhang mehr).

Was die afrikanischen Stile so außergewöhnlich und ästhetisch macht, sind u. a. die abstrahierten Formen, die dem europäisch geprägten Blick so anders und exotisch erscheinen.

Die Bandbreite reicht von Motiven mit abstrakten Mustern und Ornamenten bis zur stilisierten Darstellung von Menschen und Tieren. Weitere bekannte Beispiele afrikanischer Kunst sind Masken und Skulpturen, die in Bezug auf Formen und Stilistik kaum unterschiedlicher sein könnten.

Herausstechende Charakteristika sind u. a. die langgezogenen Körper und Gliedmaßen menschlicher Figuren, die häufig in dynamischen, tanzenden Posen dargestellt werden, wie auf der rechten Bildseite. Sie sind entweder flächig koloriert oder tragen Kleidung, Schilde und Werkzeuge mit geometrischen Mustern. Auch Fellmusterungen von Tieren wie die des Leoparden (unten) durchlaufen in der Regel einen Stilisierungsprozess, bei dem die Flecken in Form unterschiedlich großer Punkte reihenweise und den jeweiligen Formen folgend auf dem Körper angeordnet werden. Dasselbe Prinzip lässt sich in abgewandelter Form auch auf die Streifen eines Zebras oder Vogelfedern anwenden. Probier es aus!

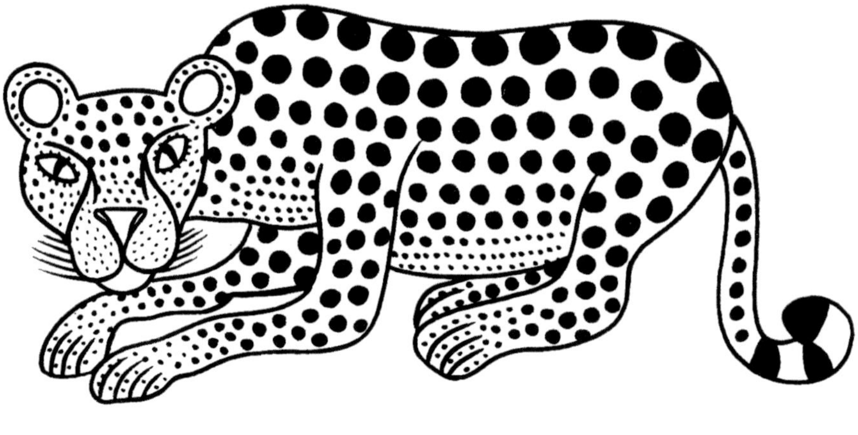

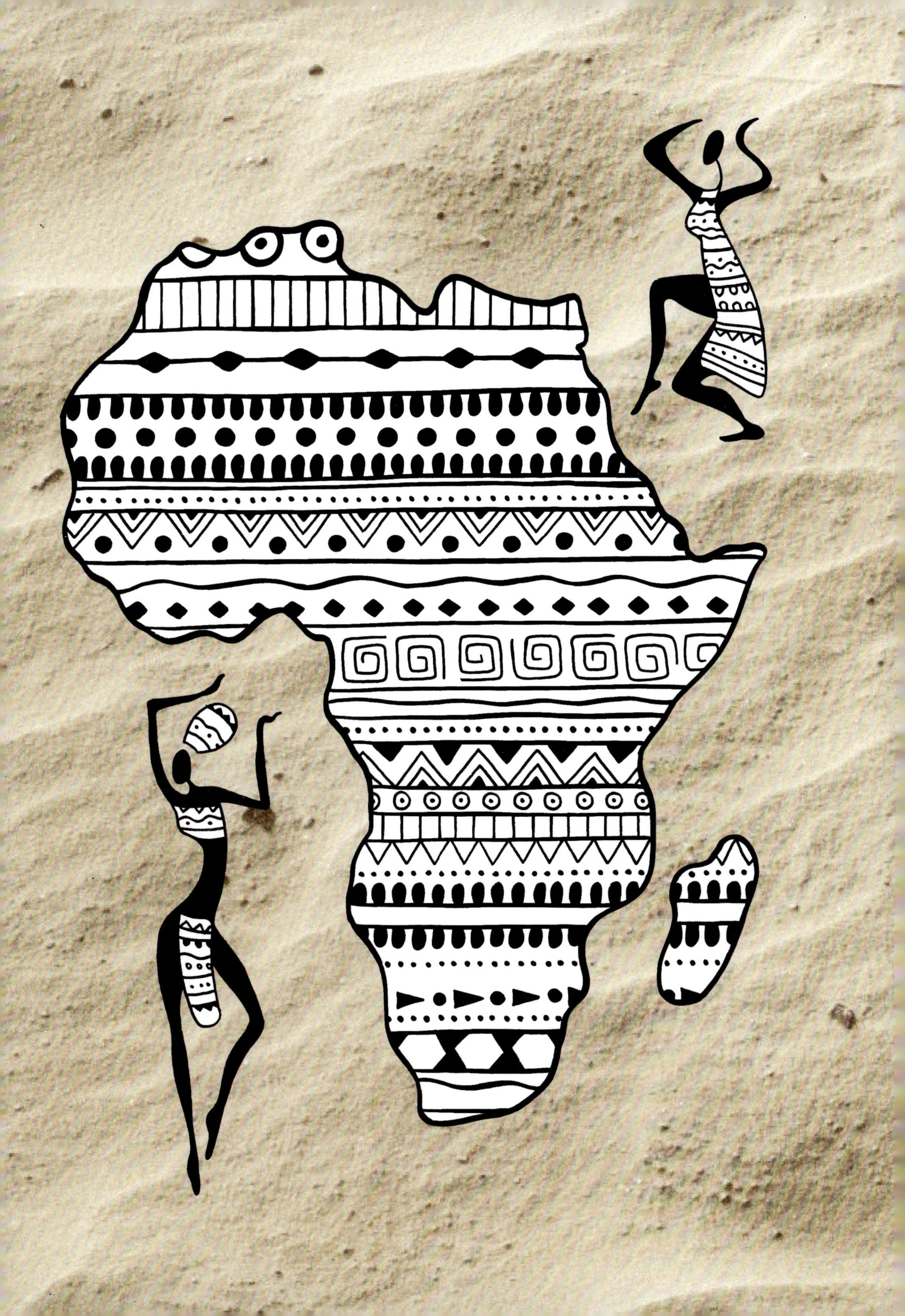

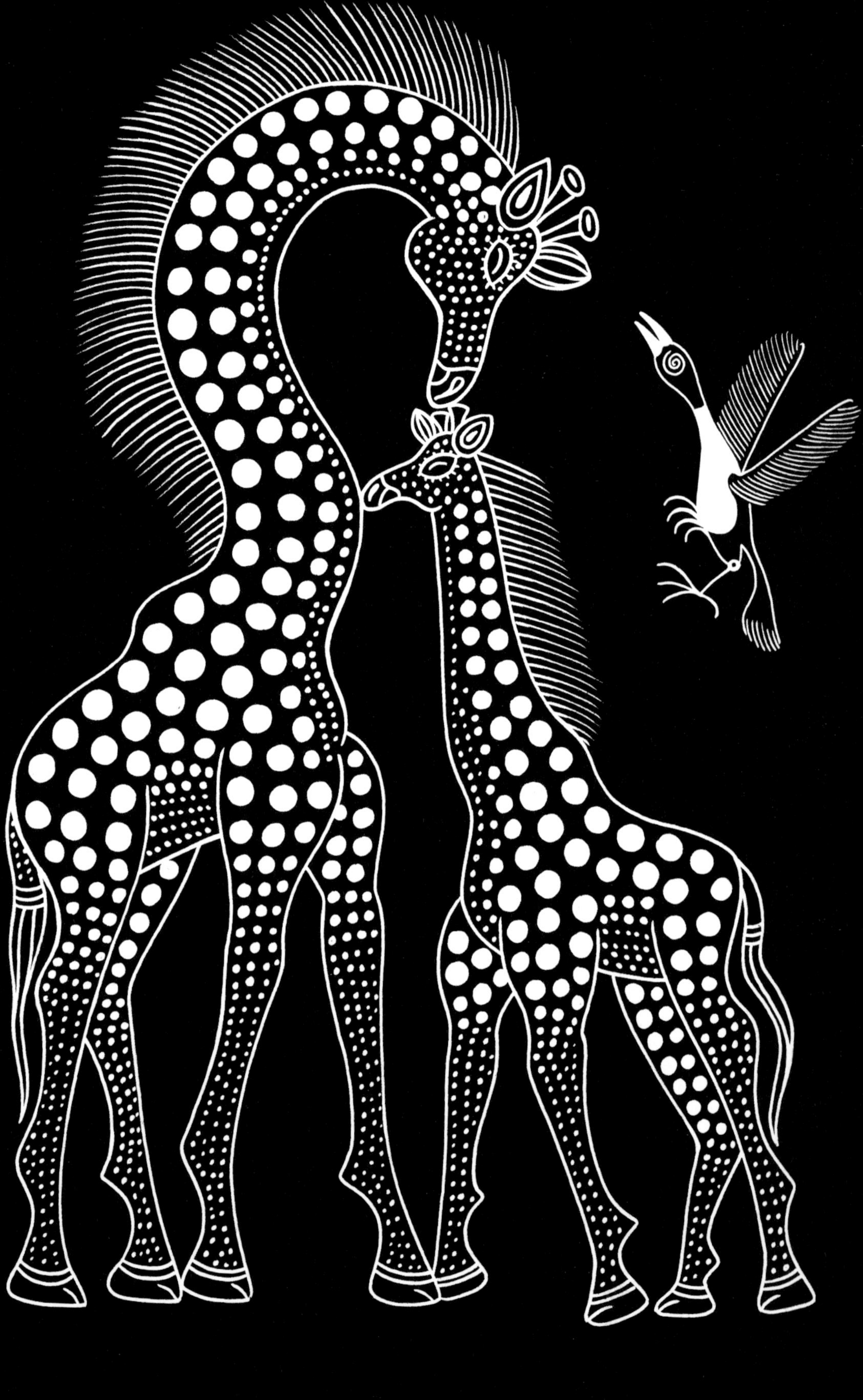

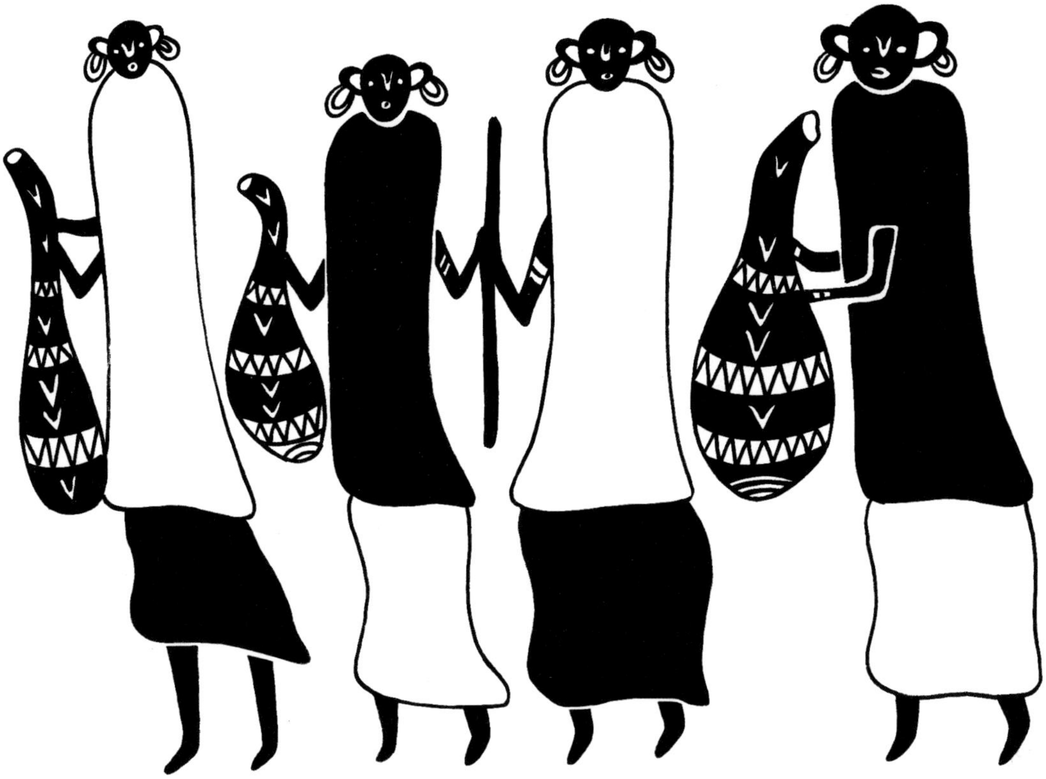

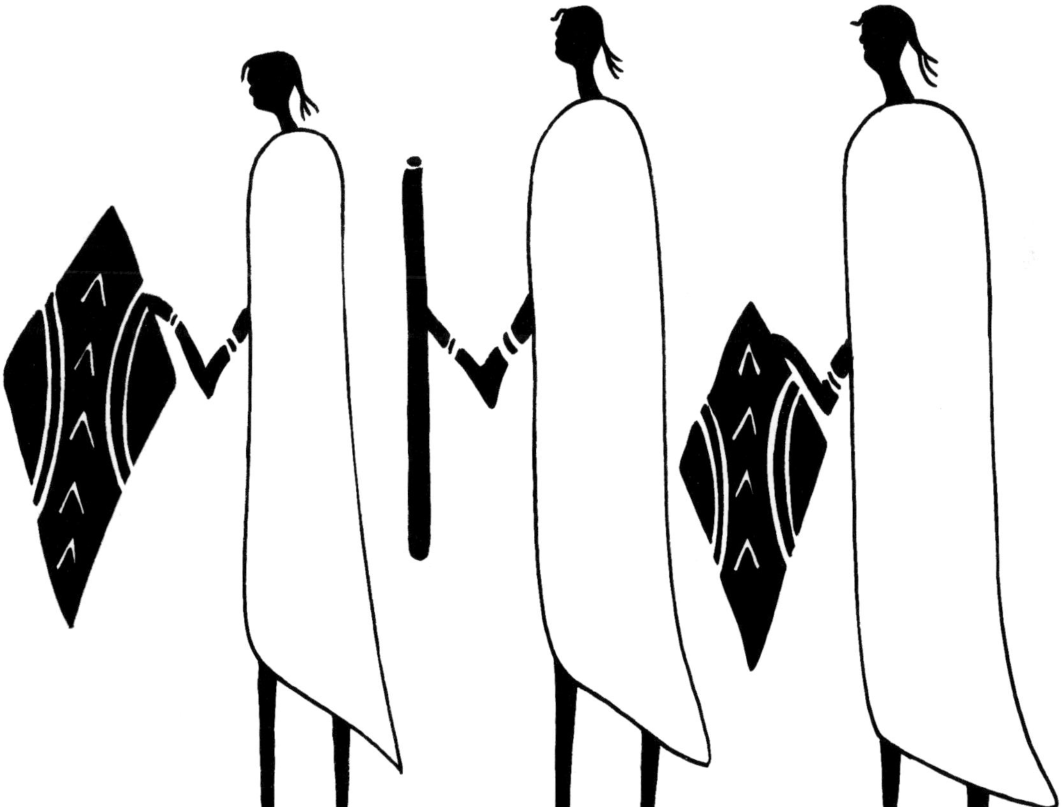

# Ägypten

## Stilistik der Pharaonen

Die altägyptische Kunst ist in ihrer typischen Erscheinung unverwechselbar und hat eine Vielzahl unterschiedlicher Eigenschaften. So kann sie beispielsweise einen hohen Grad an Naturalismus vermitteln und Tiere und Pflanzen zoologisch einwandfrei abbilden. Die Darstellung von Menschen folgt hingegen anderen Regeln, weil bei ihr mehr eine gesellschaftliche Repräsentation im Vordergrund steht. Die Körper wirken steif und ungelenk, und das vorherrschende Stilmittel ist die sogenannte Bedeutungsperspektive, wonach höher gestellte Personen wie Götter und Könige größer dargestellt werden. Auch Trachten und Kopfbedeckungen spielen eine wichtige Rolle. Fast noch prominenter als die charakteristischen Figuren sind die Hieroglyphen, eine Bildschrift, die sich aus einer Vielzahl von Symbolen zusammensetzt. Diese haben mir beim Zeichnen besonders viel Spaß gemacht. Eine ganz eigene Art des Letterings!

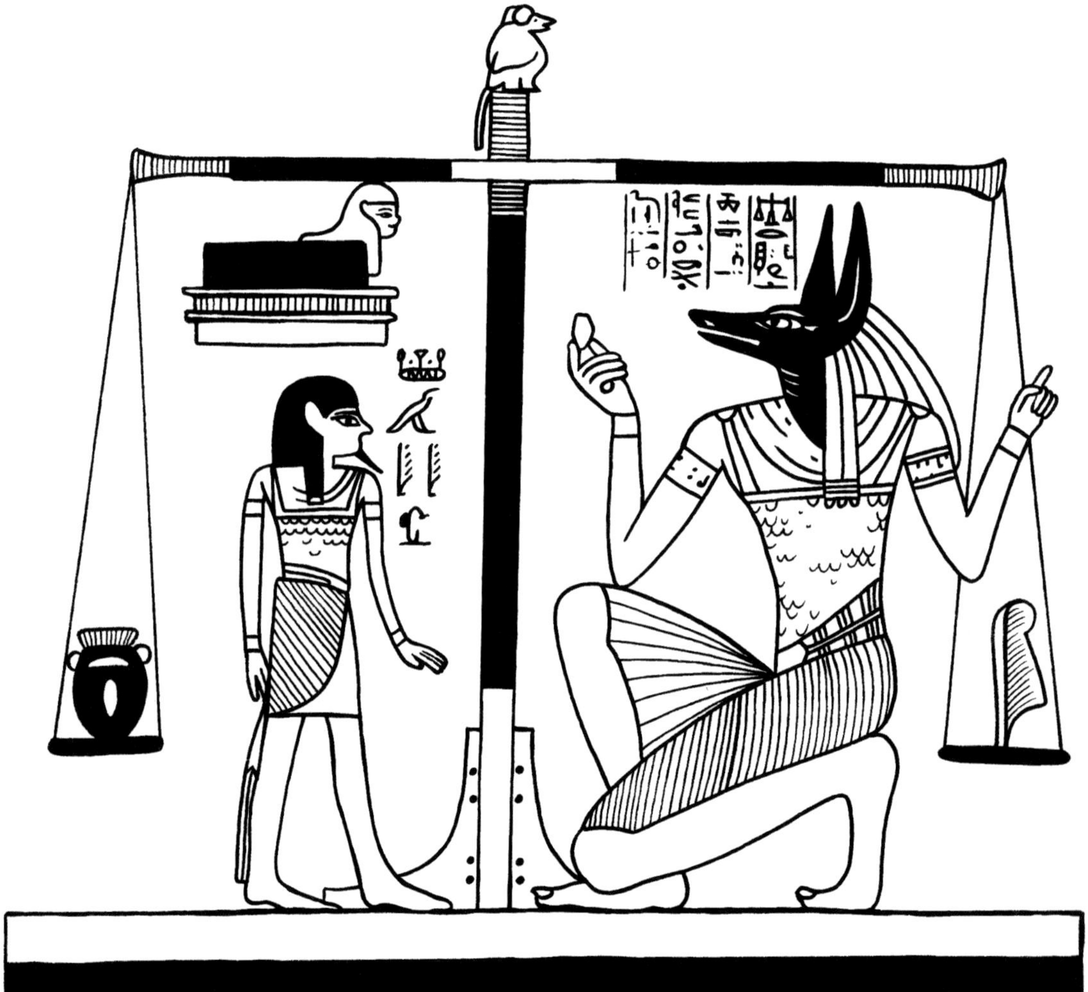

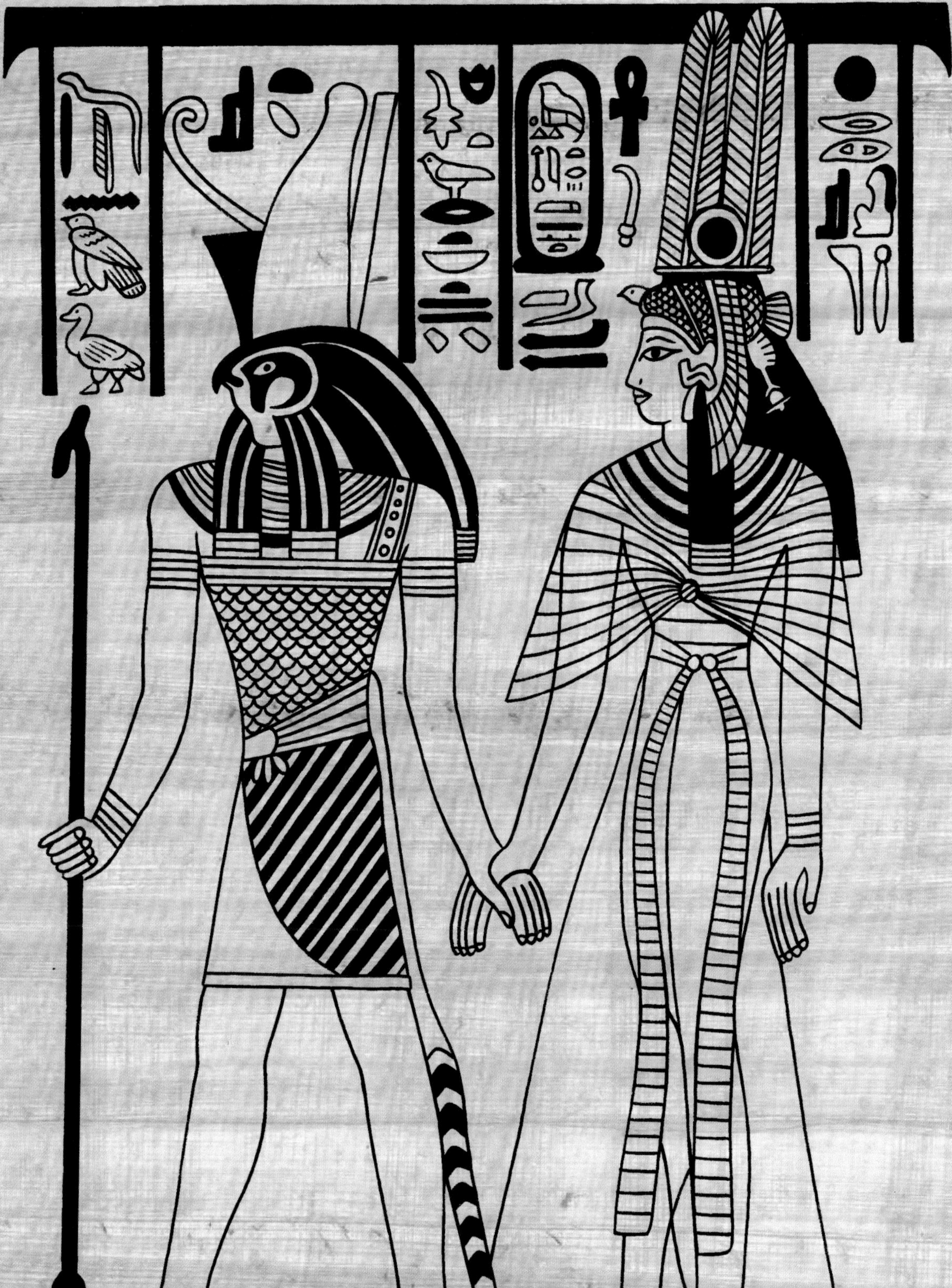

# Indien

## Künste im Wandel

Obwohl die indische Landmasse weitaus kleiner als die unserer letzten Station Afrika ist, so haben 5.000 Jahre Kunstgeschichte auch hier eine gewaltige Vielfalt an Stilen und Formen hervorgebracht. Sie ausführlich zu behandeln würde ganze Bücher füllen. Die ältesten Funde indischer Kunst, die bei Ausgrabungen in Zentralindien zutage gefördert wurden, sind Schätzungen zufolge 20.000 Jahre alt. Darunter befinden sich auch Felsmalereien, die Menschen, Tiere und Jagdszenen darstellen.

Bereits im 3. Jahrtausend v. Chr. entstand im heutigen Pakistan die Indus-Kultur, die neben Ägypten und Mesopotamien zu den frühesten Hochkulturen der Menschheit zählt. Vor allem Statuen aus Stein und Bronze zeugen von der großen Kunstfertigkeit der damaligen Menschen. Die ältesten bekannten Buchillustrationen Indiens stammen aus dem 11. Jahrhundert n. Chr., einer Zeit, in der sie noch nicht auf Papier, sondern auf Blättern und Birkenrinde angefertigt wurden.

Im Verlauf der Geschichte wurde Indien immer wieder von unterschiedlichen Einwanderungs- und Eroberungswellen erfasst, die die dortige Kunstwelt in neue Richtungen lenkten. Islamische Einflüsse und die britische Kolonialzeit etablierten ihrerseits zuvor unbekannte Stilmittel und wurden mit den traditionellen indischen Techniken vermischt.

Aufgrund der gewaltigen Auswahl an indischen Formsprachen habe ich mich bei der Anfertigung von Bildbeispielen auf die eher klassischen Stile konzentriert oder besser gesagt auf jene, die nach europäischer Vorstellung am prägnantesten sind.

Ich persönlich assoziiere mit indischer Kunst vor allem stilisierte florale Elemente wie Blätter und Ranken sowie die Darstellung von Göttern, die häufig über gedoppelte Körperteile oder Tierköpfe verfügen. Anders als bei den griechischen und ägyptischen Figuren finden sich in der indischen Kunst auch häufig frontale Perspektiven.

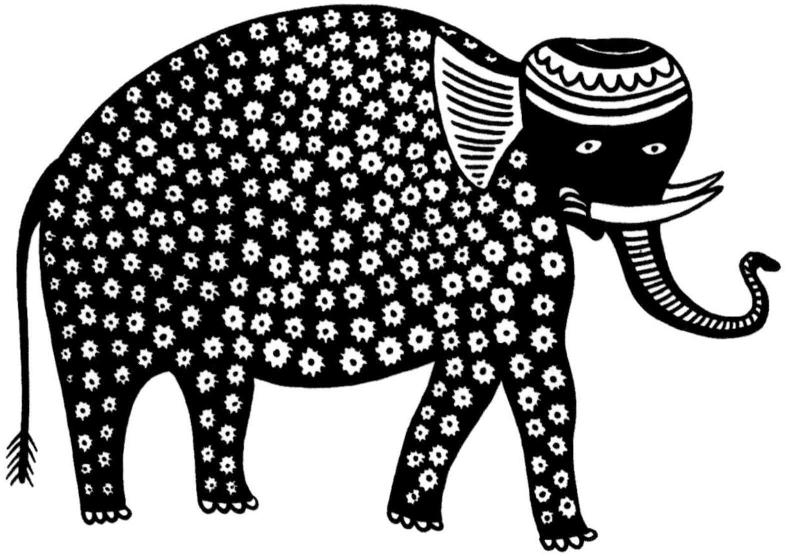

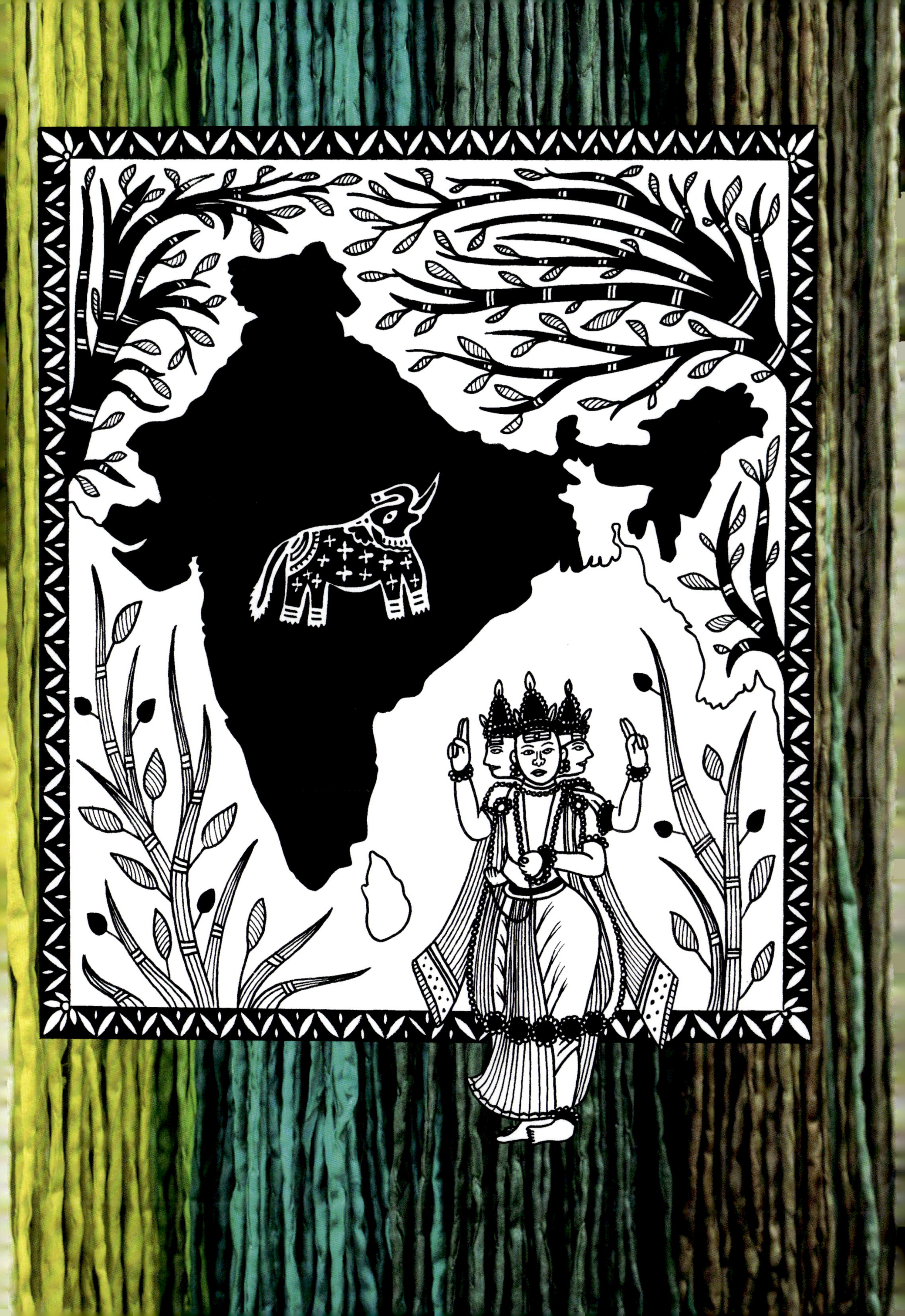

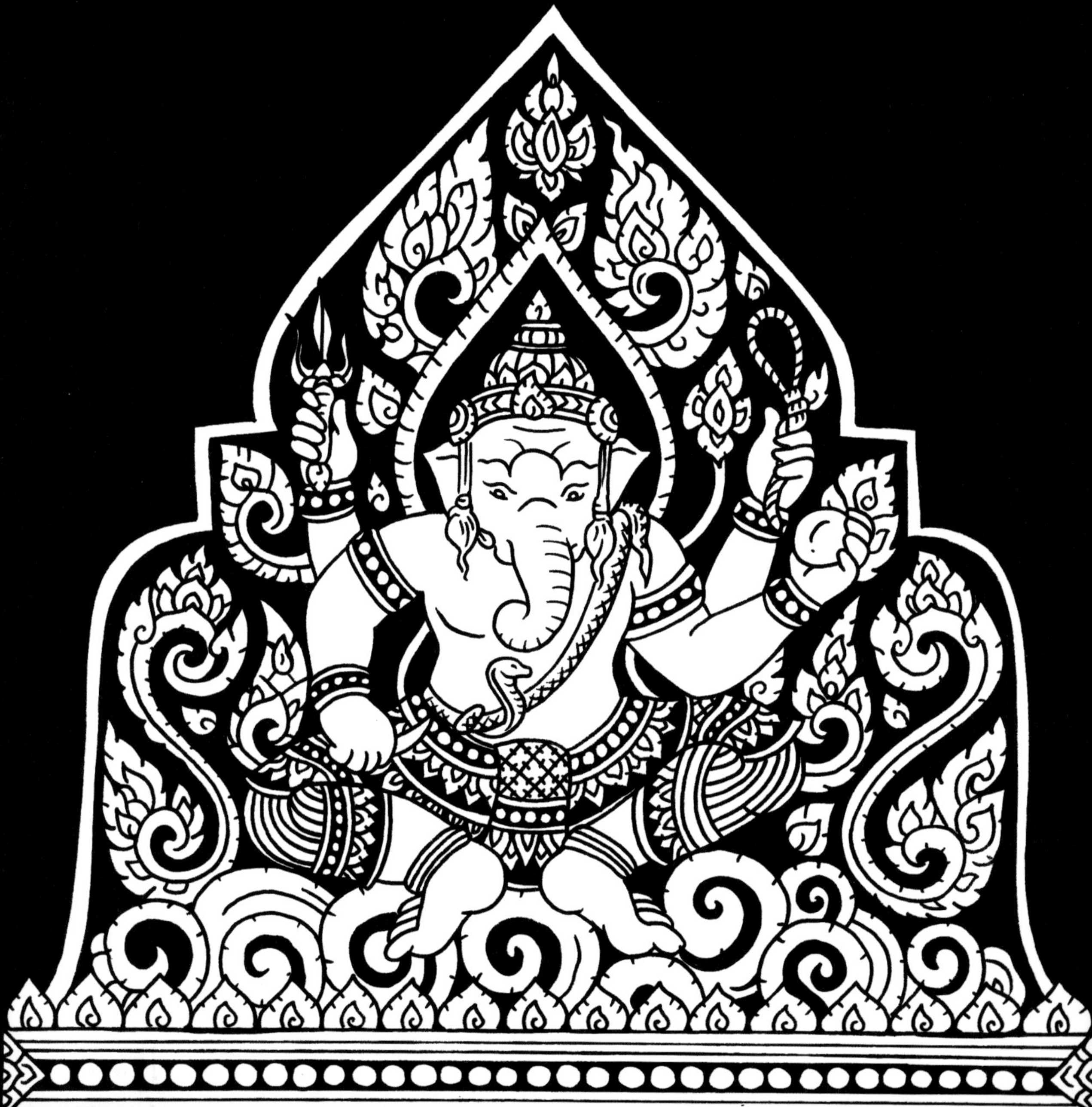

Das Beispiel auf der linken Seite enthält gleich eine Vielzahl der zuvor erwähnten typischen Stilmittel auf einmal. Es zeigt den indischen Gott Ganesha. Er gilt als Beschützer von Wahrheit und Weisheit, Erfolgsbote und Beseitiger von Hindernissen. Außerdem soll er ein guter Tänzer sein. Besonders hervorstechend sind natürlich sein Elefantenkopf und die vier Arme, in deren Händen er unterschiedliche Gegenstände hält. Ruhig und schier unerschütterlich sitzt er da. Wie ein Fels in der Brandung oder eben wie ein Elefant. Die Figur wird von einer Vielzahl an ornamentalen Elementen umrahmt, die im Zusammenspiel ein komplexes Geflecht aus Details und Überlagerungen erzeugen, aber durch die klaren Außenlinien dennoch zu einem geschlossenen Gesamtbild verschmelzen.

Mein Tipp: Arbeite dich von außen nach innen und überlege dir zunächst eine verhältnismäßig einfache Grundfigur, z.B. ein Blatt, eine Blüte oder ein Tier. Es ist dabei gar nicht so wichtig, Proportionen und anatomische Genauigkeit akribisch umzusetzen. Sobald du dein Motiv definiert hast, kannst du es mit geschwungenen Linien und Pflanzenmustern füllen, deren Formen dem Umriss deiner Hauptfigur folgen und die sich gegenseitig ergänzen. Je feinteiliger du vorgehst, desto besser. Du kannst entweder das gesamte Motiv füllen oder dich, wie bei den rechts abgebildeten Kühen, auf bestimmte Abschnitte beschränken.

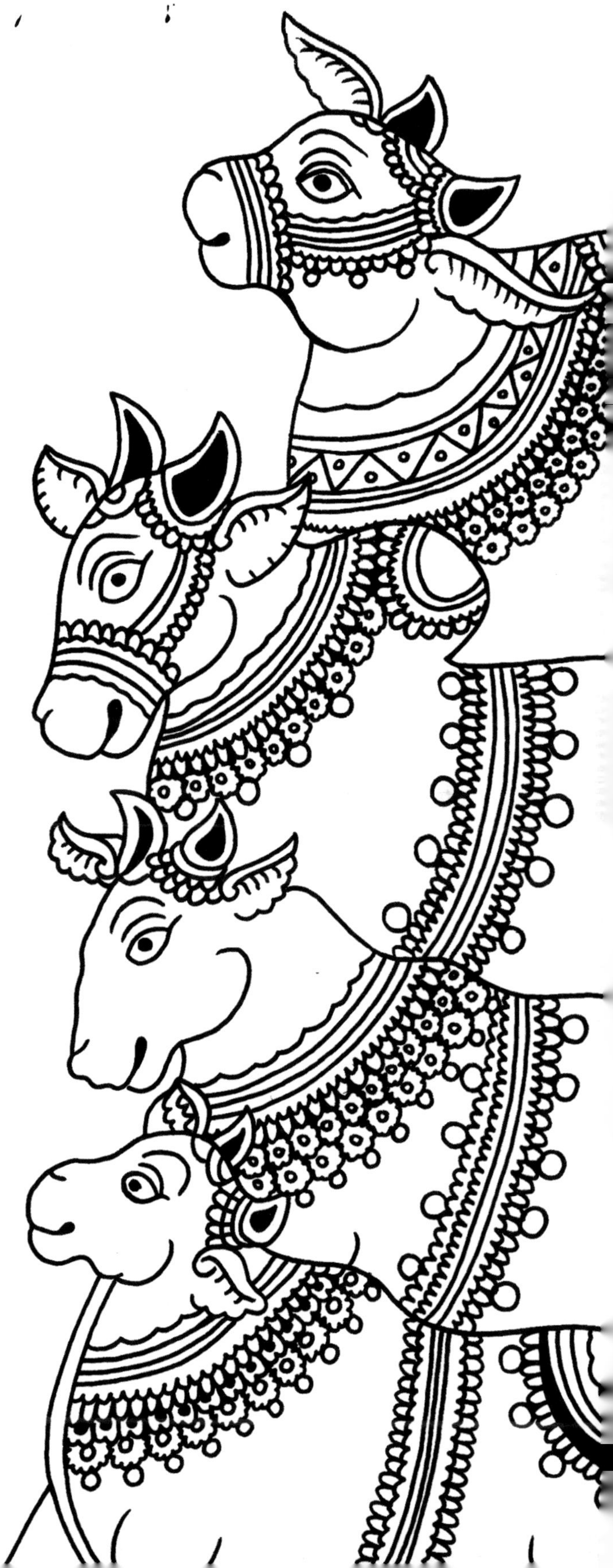

# Japan

## Sagen und Mythen in Tusche

Die japanische Kunst ist vielgestaltig und facettenreich. Sie reicht bis ins 10. Jahrtausend vor Christus zurück und umfasst die Töpferkunst, die Schwertschmiedekunst, plastische Skulpturen und die Tuschemalerei, auf die wir hier den Fokus legen wollen.

Grundsätzlich ist es wichtig, die Prinzipien, die der japanischen Formensprache zugrunde liegen, zumindest ansatzweise zu verstehen. Anders als in Europa, wo die Kunst vor allem eine dekorative Bedeutung hat, soll die japanische Kunst einen Gebrauchswert transportieren. So sind es Alterungsprozesse und Abnutzung, die Objekte wie Teetassen oder Schalen erst wirklich wertvoll machen.

Die Tuschemalerei, »Sumi-e« oder »Suibokuga« genannt, wurde im 12. Jahrhundert aus China übernommen und entwickelte sich schließlich zu einer typisch japanischen Kunstform. Obwohl die Technik zunächst einen vornehmlich meditativen Hintergrund hatte, drang sie schon bald in viele andere Schaffensbereiche vor und wurde von Mönchen, Gelehrten und Samurai-Kämpfern gleichermaßen genutzt. Anders als bei der Kalligrafie werden die Linien beim Sumi-e nicht konzentriert und betont langsam, sondern spontan und kraftvoll aufs Papier gesetzt. Dabei gilt es als erstrebenswert, die Anzahl der Linien so gering wie möglich zu halten und sich auf das Wesentliche zu reduzieren. Eine Vorskizze gibt es nicht und jeder einzelne Strich ist unkorrigierbar. Daher geht dem eigentlichen Zeichnen zumeist eine intensive Überlegungs- oder Meditationsphase voraus.

Das Wort »Sumi« bedeutet übersetzt »schwarze Tusche«. Das angehängte »e« steht für »Malerei«. Damit ist Japan definitiv eine Pflichtstation auf unserer Reise und sicherlich auch eine der wichtigsten in der Geschichte von Tinte und Tusche.

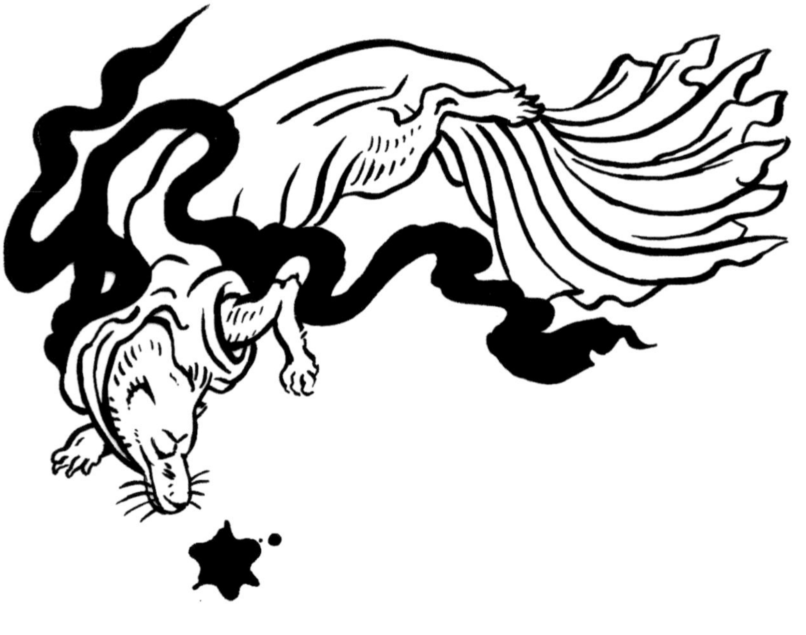

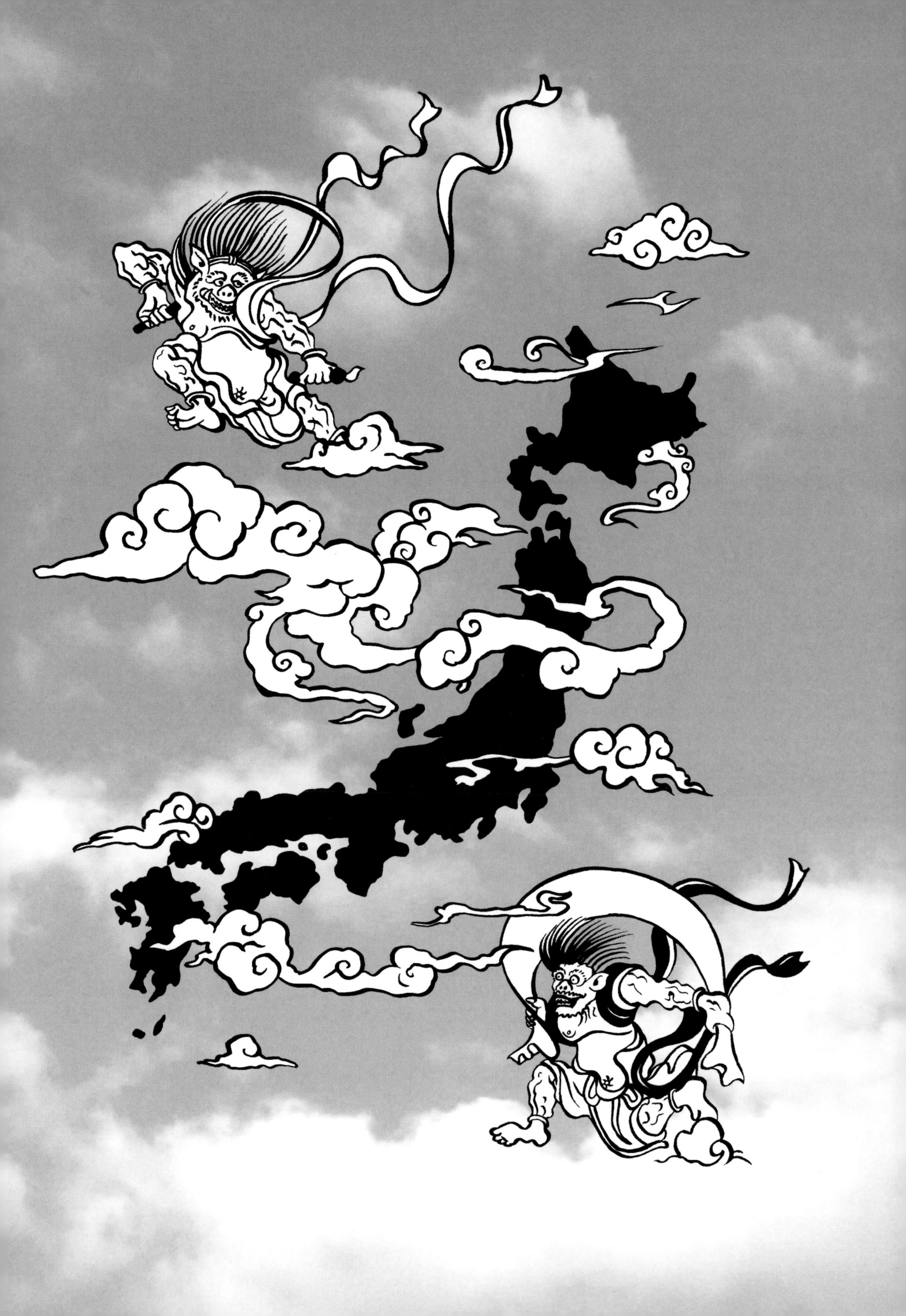

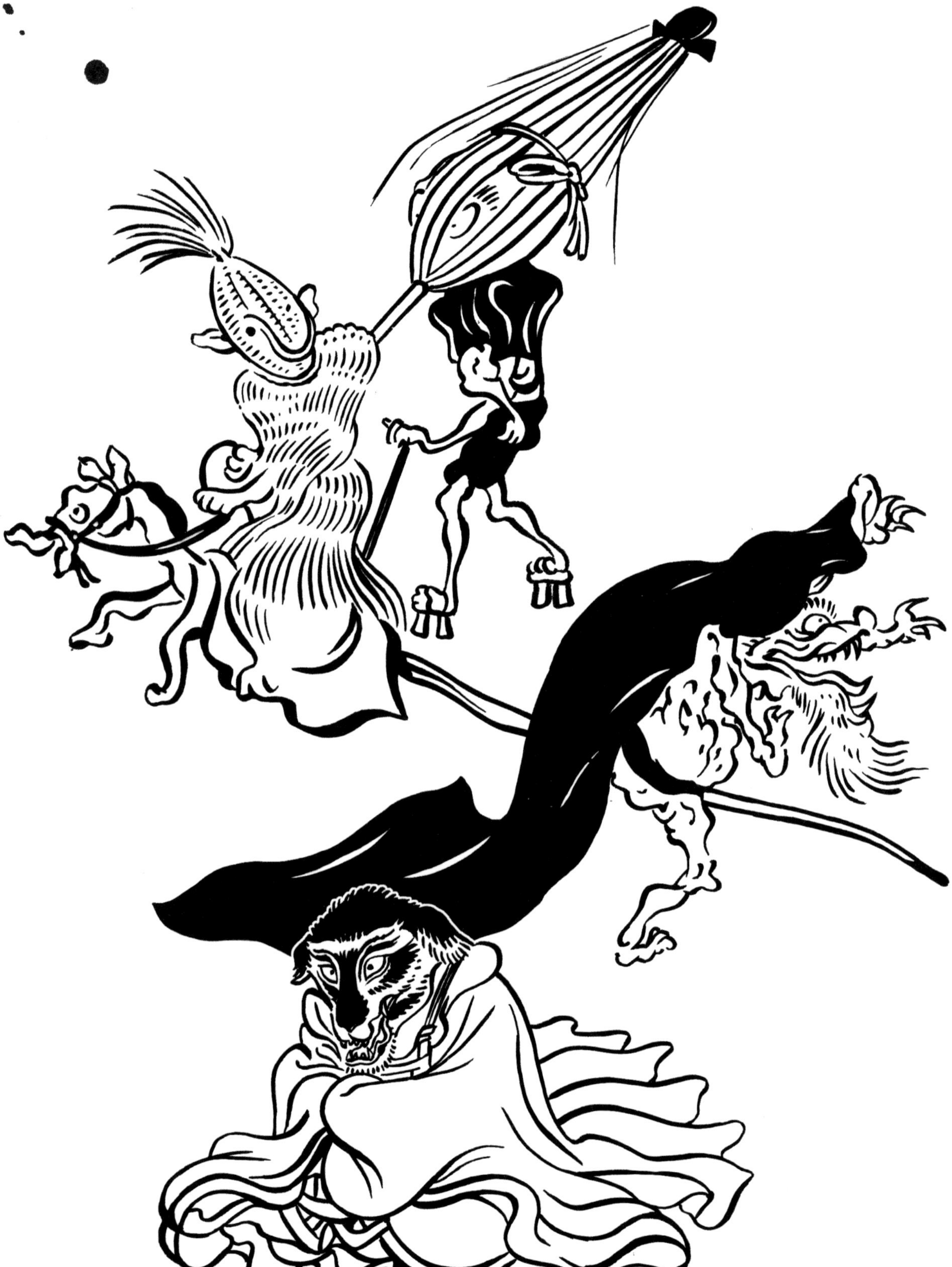

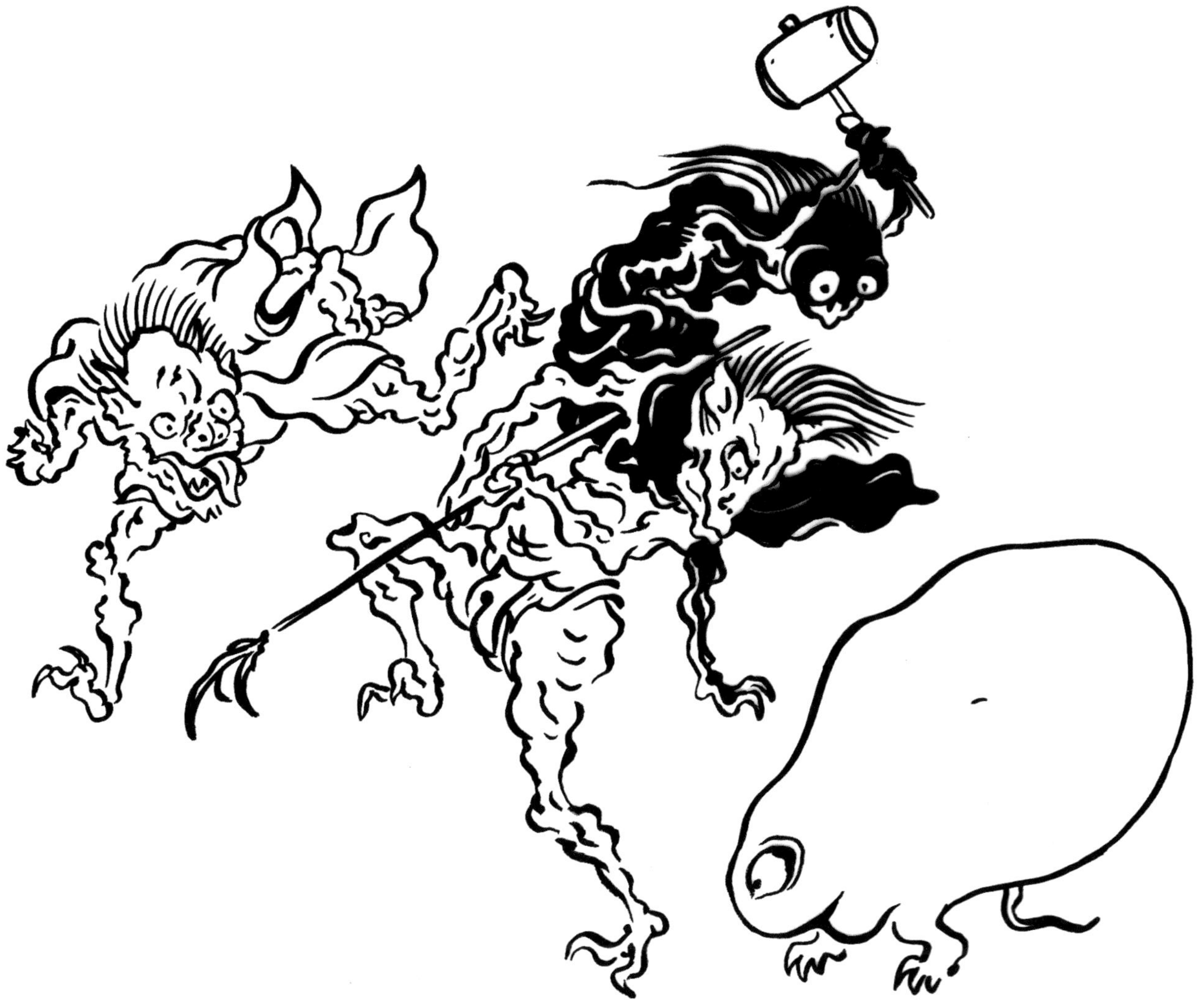

Die japanische Kultur ist von allerlei Göttern, Geistern und Dämonen bevölkert, die selbstverständlich auch in der Kunst eine bedeutende Rolle spielen. Viele der Kreaturen erinnern tatsächlich an jene Wesen und Charaktere, die wir aus dem modernen Manga- und Anime-Genre kennen. Wenn du also auf der Suche nach Inspiration für ungewöhnliche Figuren bist, wirst du garantiert fündig werden, sobald du dich mit japanischer Mythologie befasst.

Die abgebildeten Beispiele zeichnen sich durch die vielen kleinen Einzellinien und den variierenden Duktus aus. Du kannst für diesen Look sowohl einen klassischen Pinsel mit spitz zulaufendem Kopf verwenden als auch einen entsprechenden Marker, der ähnliche Eigenschaften hat (Pinselspitze).

黒 白

schwarz weiß

Für die traditionelle japanische Maltechnik benötigst du neben Tusche und Papier nach Möglichkeit noch einen Kalligrafiepinsel. Bevor es losgeht, versuch dir dein Motiv so deutlich wie möglich vorzustellen. Denk immer daran, dass es bei diesem Stil nicht darum geht, die reale Welt darzustellen, sondern deine ganz individuelle Interpretation von ihr. Der eigentliche Zeichenprozess sollte verhältnismäßig zügig vonstattengehen: Setze die Striche energisch und zielgerichtet.

Indem du den Zeichenwinkel, den Wasseranteil in deiner Tusche, die Strichstärke und die Geschwindigkeit beim Zeichnen variierst, kannst du verschiedene Farbnuancen und sogar räumliche Tiefe erzeugen.

Für die Beispiele auf der linken Seite habe ich wiederum einen Pinsel-Marker verwendet. Auch ein mit verdünnter Tinte gefüllter Wassertank-Stift ist eine tolle Alternative, mit der du sehr ähnliche Ergebnisse erzielen kannst. Durch eine leichte Neigung der Zeichenunterlage lässt du deine Linien verlaufen.

Tusche

インク

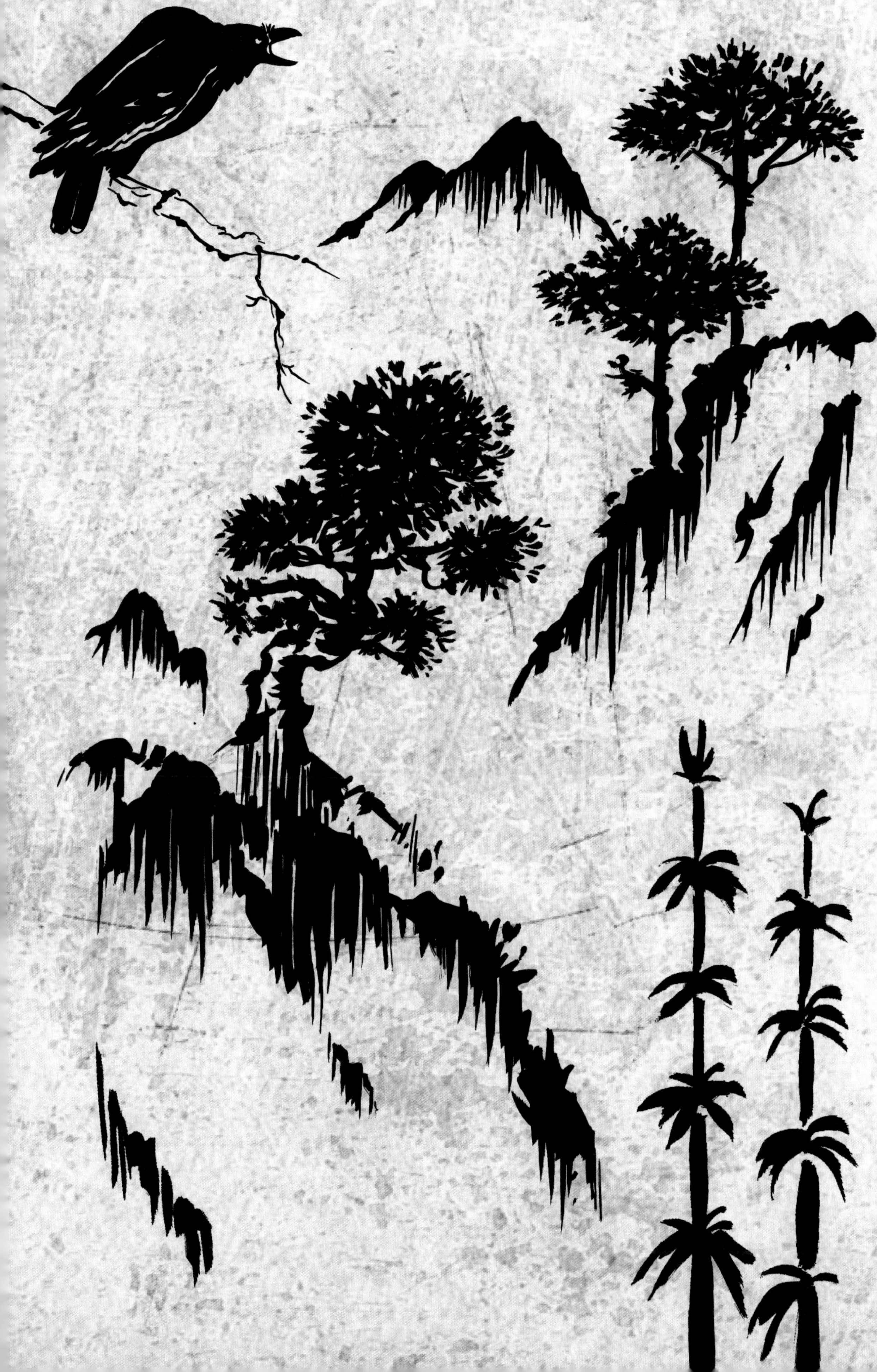

# Australien

## Traumzeit mit Papier und Tinte

Die Kunst der Aborigines, der Ureinwohner Australiens, gehört zu einer der ältesten unseres Planeten. Erste Felsmalereien reichen bis zu 40.000 Jahre in die Vergangenheit zurück.

Für die Aborigines ist Kunst weitaus mehr als Kommunikation und Selbstverwirklichung. Sie ist Spiritualität, Lehre, Identität und eng mit der Traumzeit verknüpft, der australischen Schöpfungsgeschichte, die von der Entstehung der Welt, der unterschiedlichen Landschaften und ihrer Bewohner berichtet.

Hervorstechende Merkmale der Aborigine-Kunst sind u.a. fließende stilisierte Formen, die oft gewählte Vogelperspektive und der Verzicht auf Plastizität und räumliche Tiefe, mit der Menschen und Tiere dargestellt werden. Dazu kommen die Verwendung unterschiedlicher Muster und das sogenannte Dot-Painting, wobei Ornamente und Figuren aus einzelnen Punkten bestehen. Das Spektrum der verwendeten Materialien ist weit gefächert. Es gibt Motive, die auf Felsen gemalt oder geritzt werden, Zeichnungen im Sand, auf Rindenstücken oder auf der Haut und die zeremonielle Verzierung von Kleidungsstücken, Waffen und Musikinstrumenten wie dem traditionellen Didgeridoo.

Auch die Aborigine-Kunst von heute beruht auf der alten Kultur. Seit den 1930er-Jahren haben sich daraus viele unterschiedliche Kunstformen entwickelt, die sich u.a. mit der australischen Landschaft oder kritisch mit der Rassentrennung auseinandersetzen.

Für mich war der künstlerische Zwischenstopp in Australien ein ganz besonderes Erlebnis. Sogar als Außenstehender, der so wenig von der Kultur und den Gebräuchen der Aborigines versteht, kam ich doch nicht umhin, während des Zeichnens der vielen Punkte und Linien, aus denen sich nach und das eigentliche Motiv ergab, eine geheimnisvolle Kraft zu spüren. Wie bei einer Meditation, begannen die Gedanken zu fließen, sich zu beruhigen und ließen die Zeit wie im Fluge vorüberziehen. Es ging hierbei weniger um das Endergebnis als vielmehr um den Weg dorthin.

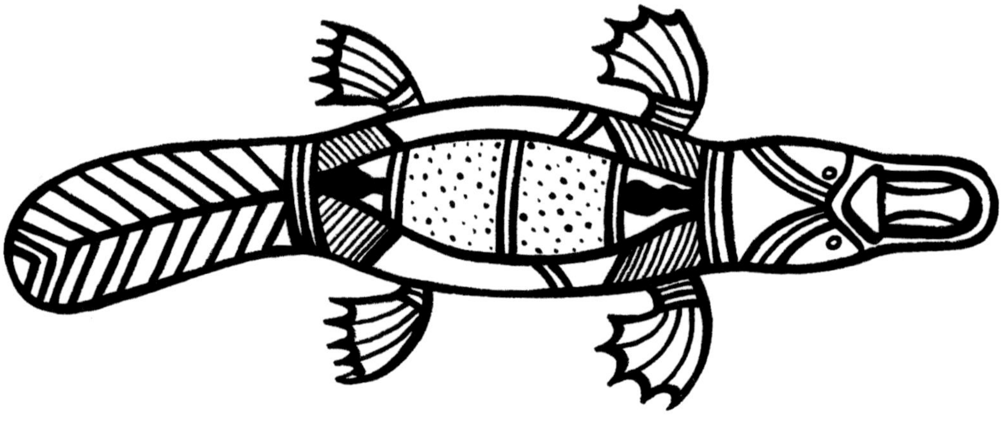

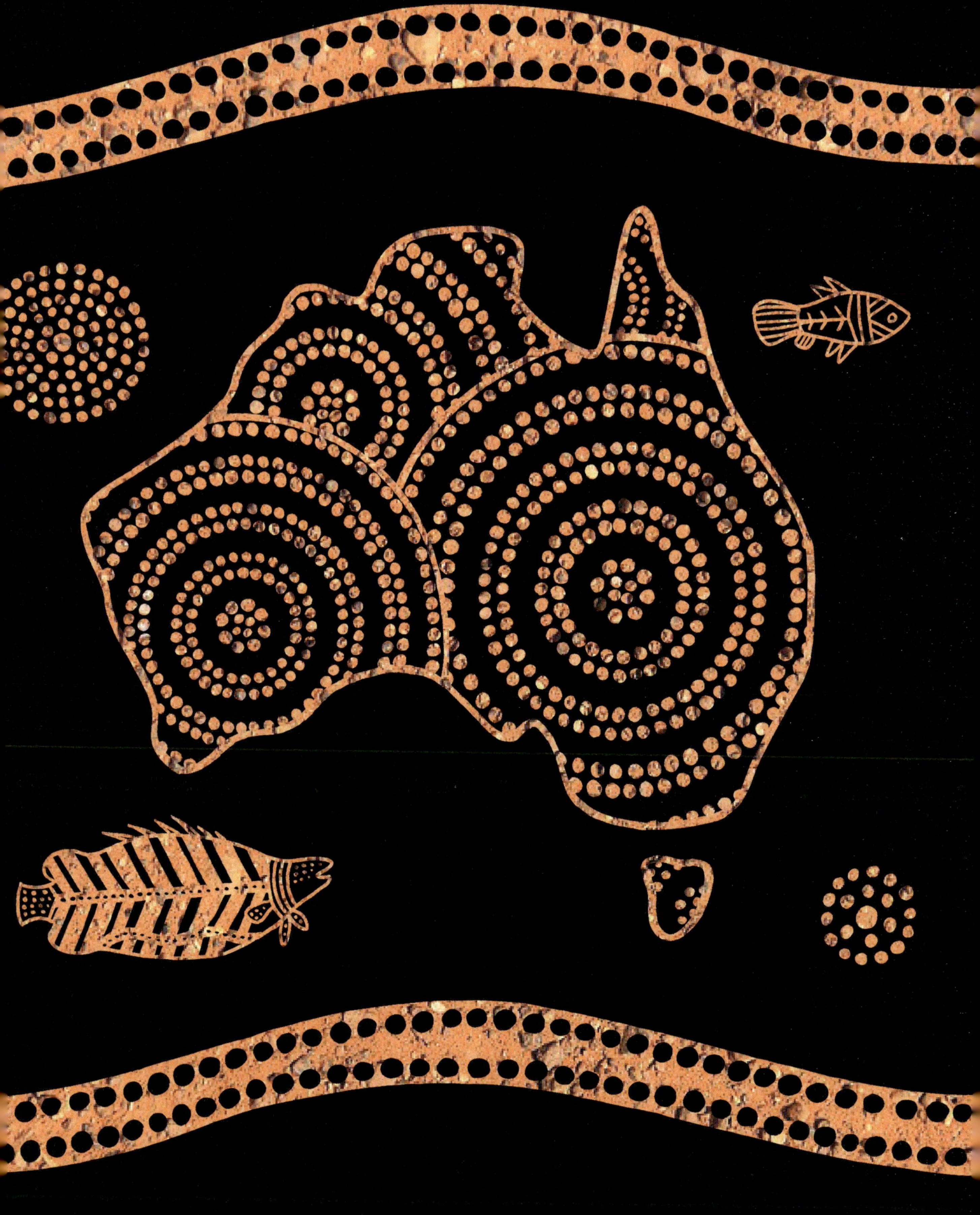

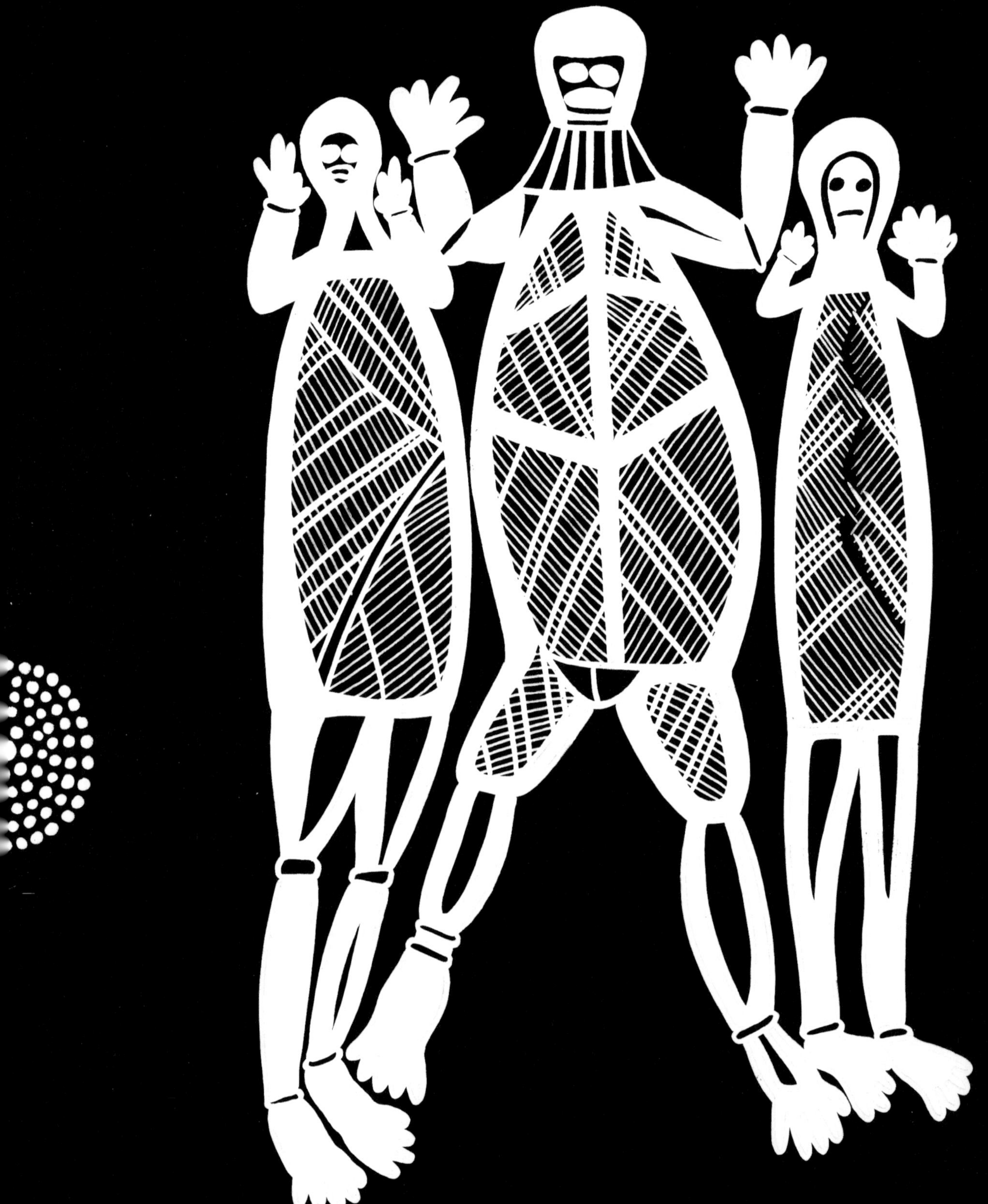

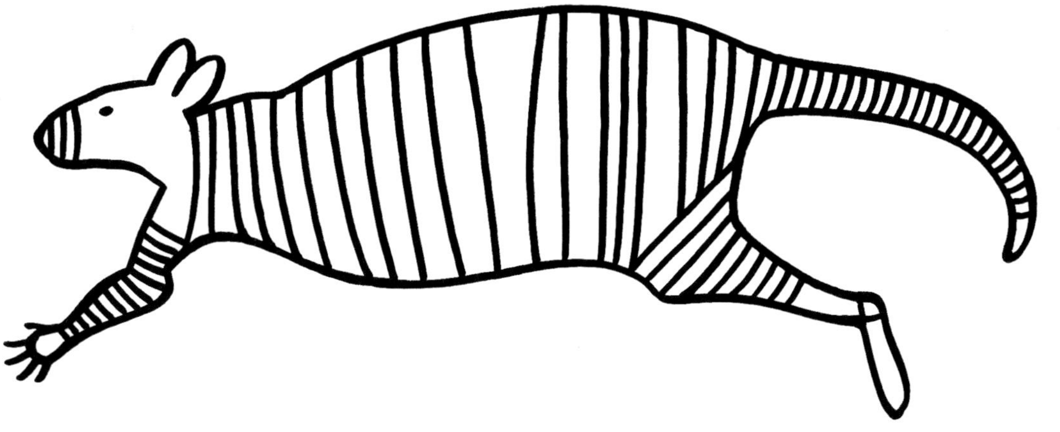

Diese Darstellungen von Geisterwesen und Kängurus machen deutlich, dass es beim Arbeiten in der Aborigine-Ästhetik weniger darum geht, die anatomische Genauigkeit zu beachten, als vielmehr darum, eine spirituelle Interpretation abzubilden. Das Motiv wird grob in seiner Gesamtheit umrissen und mit Linien versehen, die interessante Muster bilden. Ganz besonders reizvoll ist hierbei die Verwendung des Negativ-Effekts (siehe auch Seite 44), wodurch sich die geheimnisvolle Ausstrahlung der Figuren nochmals intensiviert. Auch die Aborigines malen häufig mit hellen Farben auf dunkleren Untergründen.

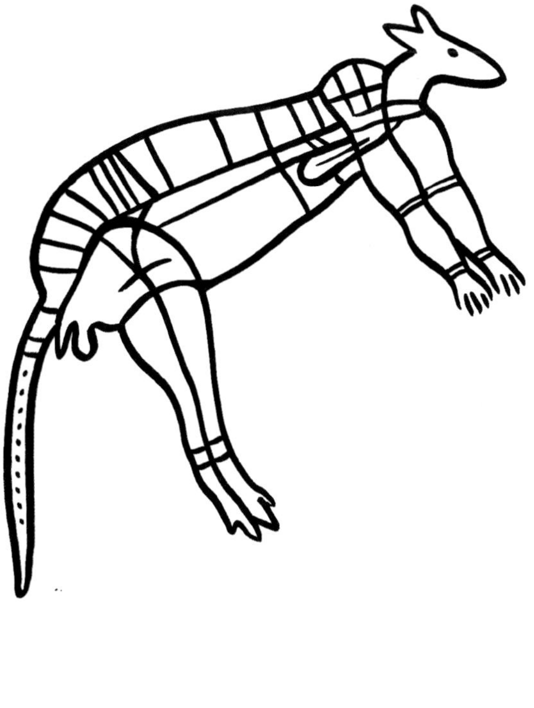

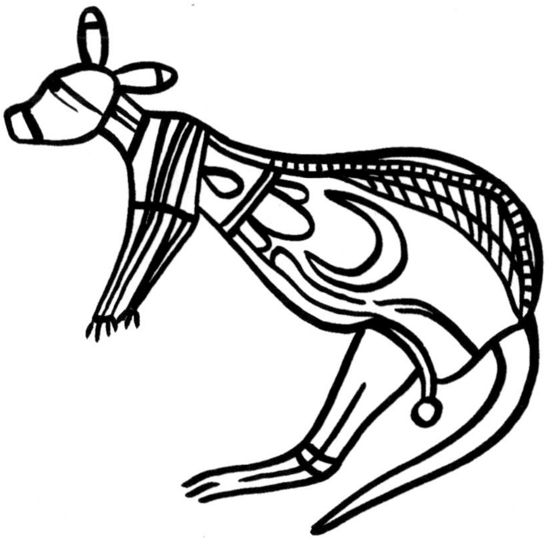

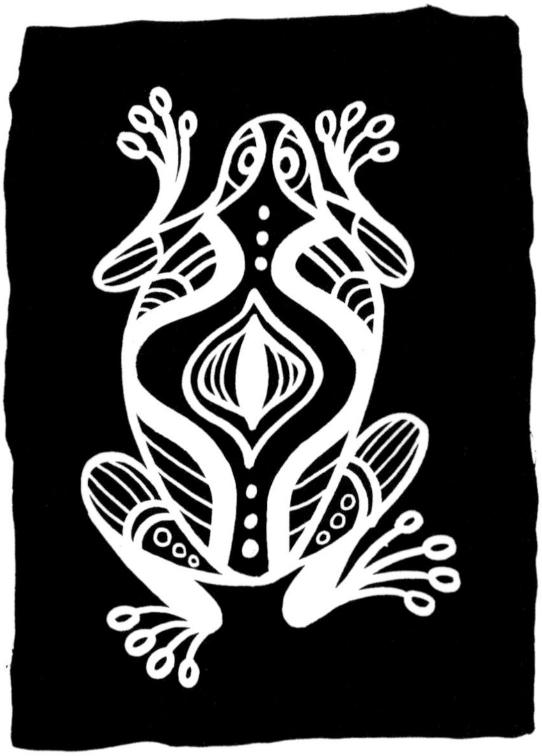

Die australische Kunst und ihre ungewöhnliche Ästhetik bietet eine Menge Inspiration für eigene Werke. Dabei kannst du dich natürlich von den Vorlagen lösen und ganz eigene Motive kreieren.

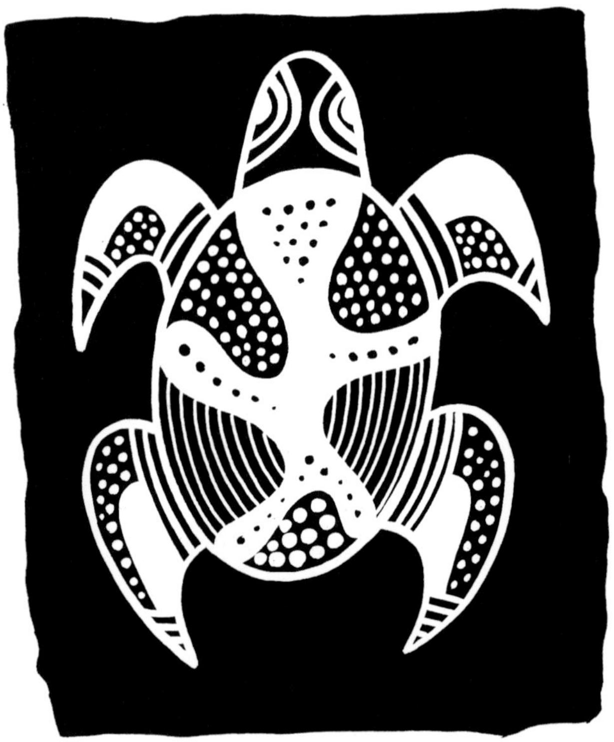

Wähle einfach ein Tier, das dir gefällt, und zeichne es in der Vogelperspektive. Die Formen sollten relativ einfach gehalten sein. Auf dieser Grundlage kannst du den Kopf, den Körper und die einzelnen Gliedmaßen mit Punkt- und Strichmustern verzieren, bis dein Motiv gefüllt ist. Auch die Umgebung kann abstrakte Formen enthalten (siehe das Krokodil rechts).

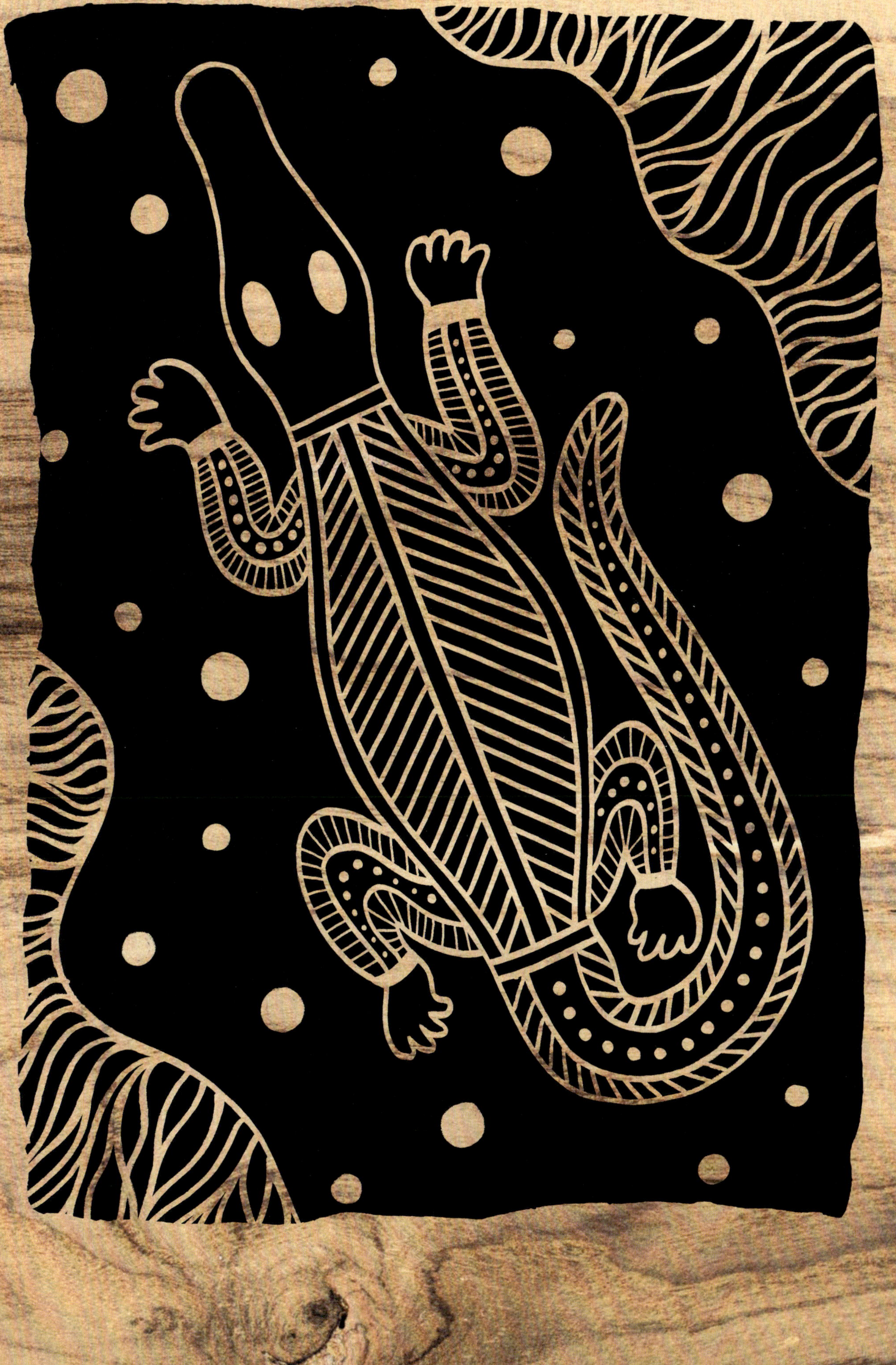

# Neuseeland

## Kunst vom anderen Ende der Welt

Von der traditionellen Malerei der Maori, der Nachfahren jener Pioniere, die vor ca. 700 Jahren als erste Menschen Neuseeland besiedelten, existieren nur wenige Beispiele. Experten und Historiker vermuten, dass die Malerei im Vergleich zu anderen Kunstformen, wie dem Weben, Schnitzen oder Tätowieren, eine eher untergeordnete Rolle in der Kultur dieses Volkes spielte. In erster Linie diente die ursprüngliche Maori-Kunst der Verzierung von Objekten. Dazu gehörten Paddel und Kanus, Wakas genannt, sowie die vertikal verbauten Dachbalken der Versammlungshäuser.

Felsenmalereien sind noch älter und stammen aus dem 15. Jahrhundert. Es war die Zeit, in der die ersten Polynesier Neuseeland erreichten und eine vollkommen unberührte und einzigartige Welt vorfanden, die nahezu ausschließlich von Vögeln bevölkert war. So wurden in Höhlen und auf Felswänden die Darstellungen sowohl menschlicher als auch vogelartiger Kreaturen gefunden wie des Riesen-Moas oder des Harpagornis, des gewaltigsten Adlers aller Zeiten. Weitere Motive sind die Taniwha-Figuren, neuseeländische Fabelwesen, die an Schlangen oder drachenartige Geschöpfe erinnern.

Die Formensprache ist stilisiert und verhältnismäßig einfach gehalten. Die Figuren sind linienumzogen und teilweise mit Farbe gefüllt. Besonders typisch ist das sogenannte Koru-Design, das auf die fließenden, ornamentalen Formen der sich entrollenden Silberfarnwedel zurückzuführen ist und auch bei den traditionellen neuseeländischen Tattoo-Motiven immer wieder auftaucht.

Die klaren, schwarz gefüllten Formen, Muster und Ornamente der Maori-Kunst sind wie geschaffen, um sie mit Tusche zu zeichnen, weshalb Neuseeland unbedingt einen Abstecher auf unserer Ink-Reise wert ist.

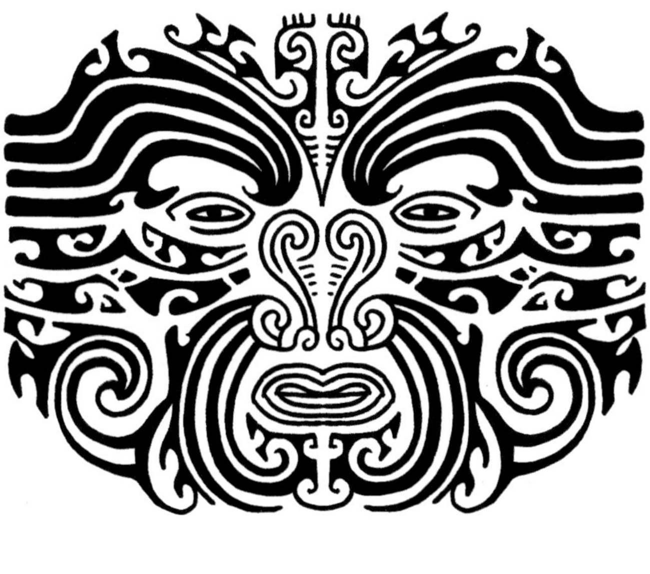

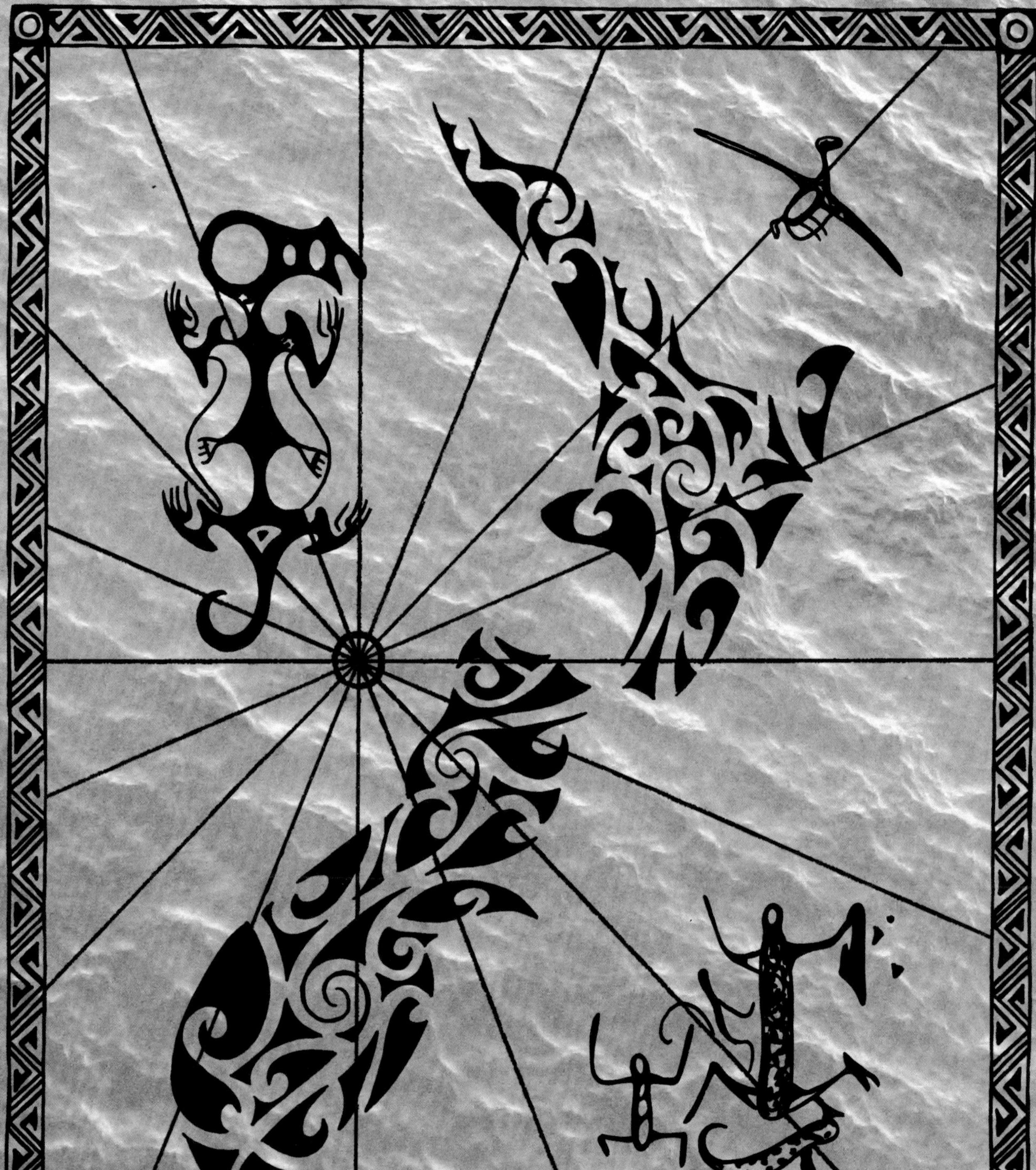

# Peru

## Eine vergessene Kultur und ihre gewaltigen Spuren

Von Neuseeland aus überqueren wir den Pazifischen Ozean und erreichen schließlich die neue Welt, wo uns gleich mehrere aufregende Orte erwarten, die wir besuchen wollen. Den Anfang macht Peru, das Reich der untergegangenen Inka-Kultur.

Die peruanische Kunst der Gegenwart ist auf zwei tragenden Säulen errichtet. Zum einen gibt es die alten Traditionen, die aus der präkolumbischen Zeit stammen und noch bis heute erhalten sind. Die andere Seite gründet sich auf den Einfluss der spanischen Eroberer. Im Zuge ausgedehnter Missionierungen, wobei es zu einer Vermischung des Inka-Glaubens mit dem Katholizismus kam, veränderte sich auch die Kunst. So entstand bereits am Ende des 16. Jahrhunderts unter europäischer Führung die Malschule von Cuzco im gleichnamigen Ort. Sie gilt als Zentrum der peruanischen Malerei, möglicherweise sogar der von ganz Südamerika. Die indigenen Männer wurden gezielt geschult und bekamen dabei Vorgaben, nach denen sie ausschließlich religiöse Motive für die Missionierung malen mussten. Später begannen die Künstler auch eigenständiger zu arbeiten und bildeten vermehrt ursprünglichere Themen und Motive wie die einheimische Tierwelt oder traditionelle Kleidung in ihren Bildern ab. Dies war der Beginn einer neuen Stilbewegung, der den zugegebenermaßen recht einfallslosen Titel »Stil der Malschule von Cuzco« hat. Allerdings wollen wir uns im Rahmen unserer Zeichenreise mehr auf die traditionellen Stile Perus konzentrieren.

Neben der Web- und Töpferkunst hatten die Inka vor allem die Metallverarbeitung perfektioniert. Sie verarbeiteten so viel Gold, dass das Inka-Reich oft auch nur als Goldland bezeichnet wurde.

Die tierischen Motive auf dieser Doppelseite sind an den Stil der sogenannten Nazca-Linien angelehnt, riesenhafte Scharrbilder, die nur aus der Luft sicht- und erkennbar sind und von denen es über 1.500 verschiedene gibt. Sie stellen unterschiedliche Tiere, wie Affen und Vögel, dar und einige von ihnen sind 20 km lang. Zweifellos waren die Inka Begründer einer hochentwickelten und komplexen Zivilisation, deren Kunst einzigartig und von ganz besonderem ästhetischem Reiz ist.

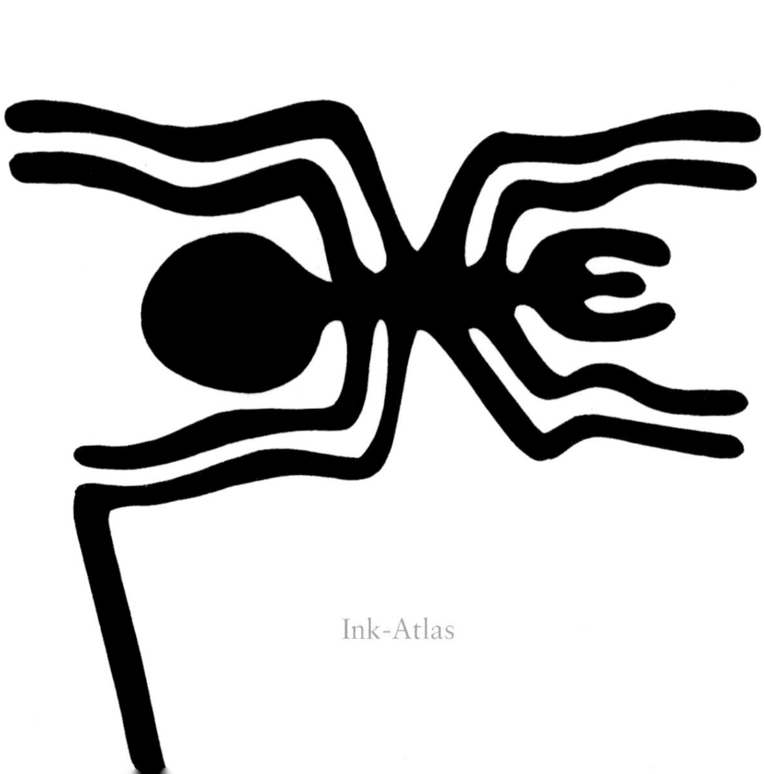

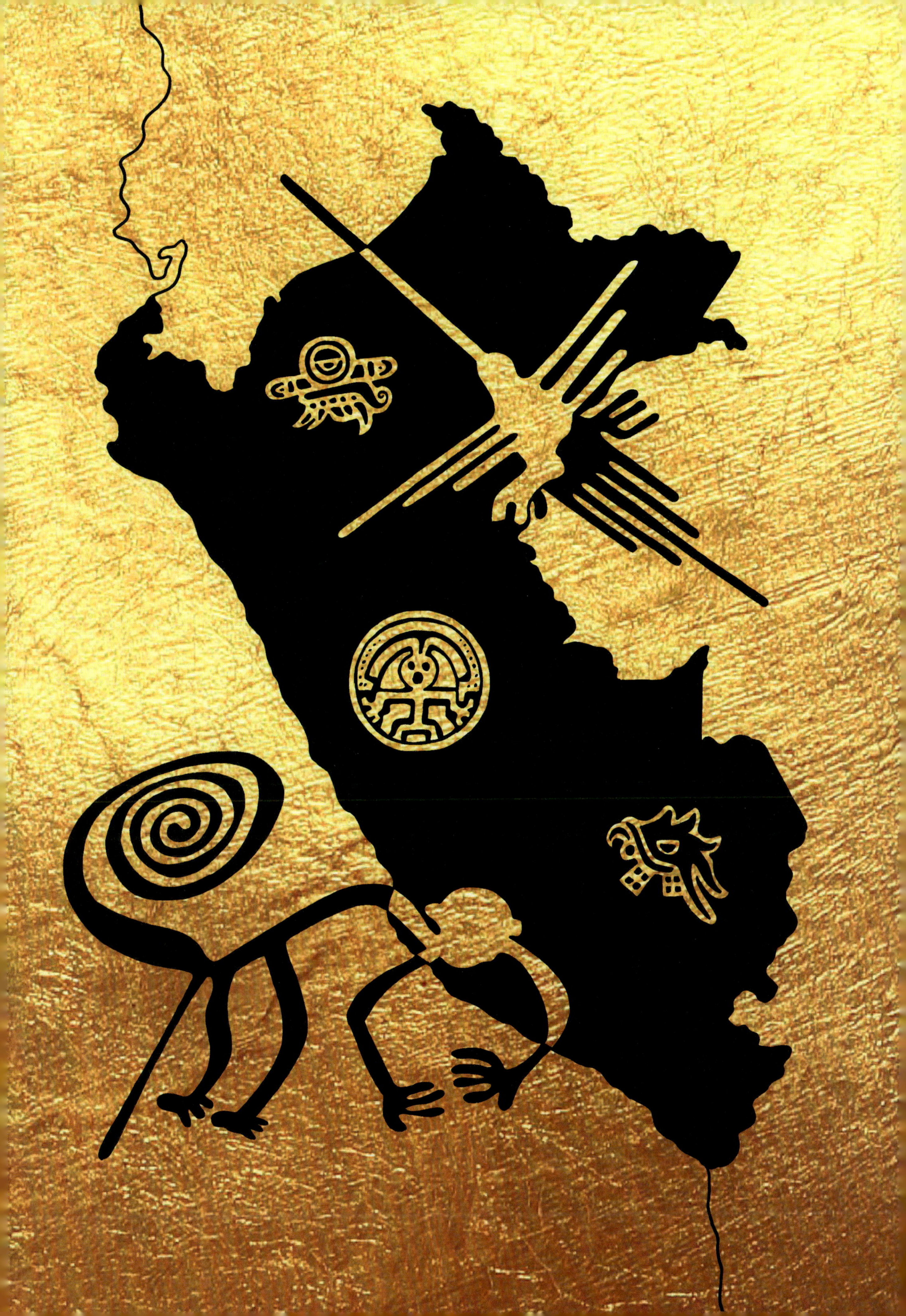

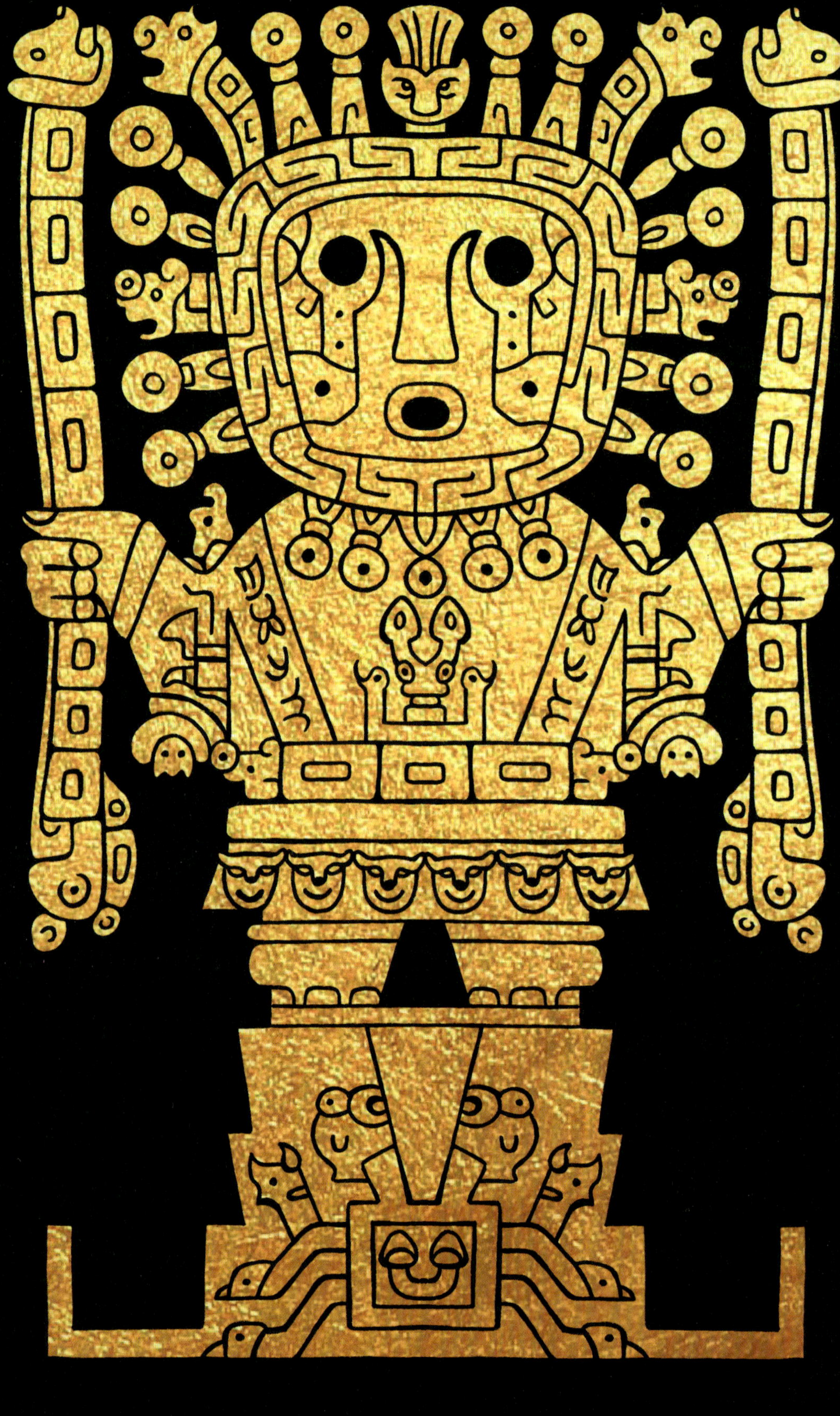

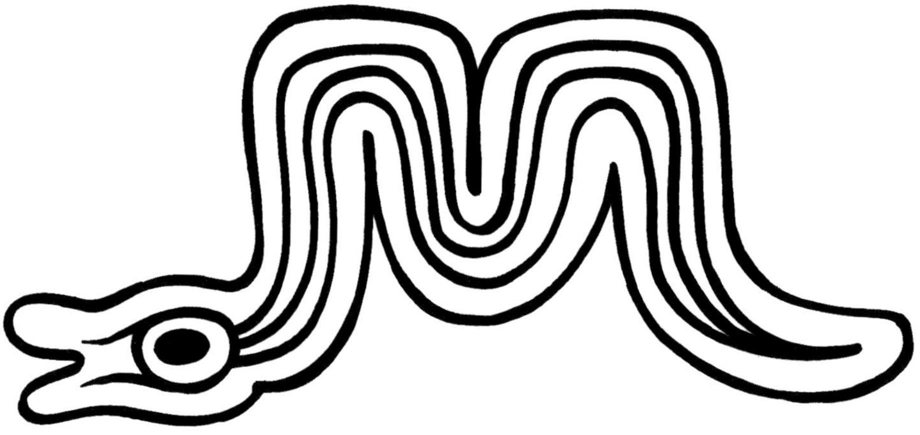

Die Stilisierung der peruanischen Inka-Figuren ist vielfältig und sehr individuell. Das linke Motiv zeigt meine zeichnerische Version eines goldenen Götzen mit allerlei Verzierungen und Mustern, die sich sehr gut für eine Interpretation mit Tusche anbieten. Außerdem habe ich für eine perfekte Symmetrie der beiden Bildhälften den Spiegeltrick angewendet. Das heißt, ich habe nur die eine Hälfte der Figur gezeichnet, sie dann gescannt und digital mit einem gespiegelten Gegenstück versehen. Die beiden unteren Figuren zeigen die Darstellung von Inka-Kämpfern in aufwendigen Gewändern, mit bemalten Gesichtern und fantasievollen Helmen auf den Köpfen. Interessant finde ich die Tatsache, dass sich die meisten alten Kulturen überall auf der Welt bereits sehr früh auf eine Stilisierung und auf Abstraktionen konzentriert haben, anstatt einen vermutlich auch mit damaligen Mitteln durchaus umsetzbaren Realismus anzustreben. In gewisser Weise erinnern mich die Krieger wie auch die oben abgebildete Schlange in ihren Formen und Proportionen an die Comic-Figuren unserer Zeit.

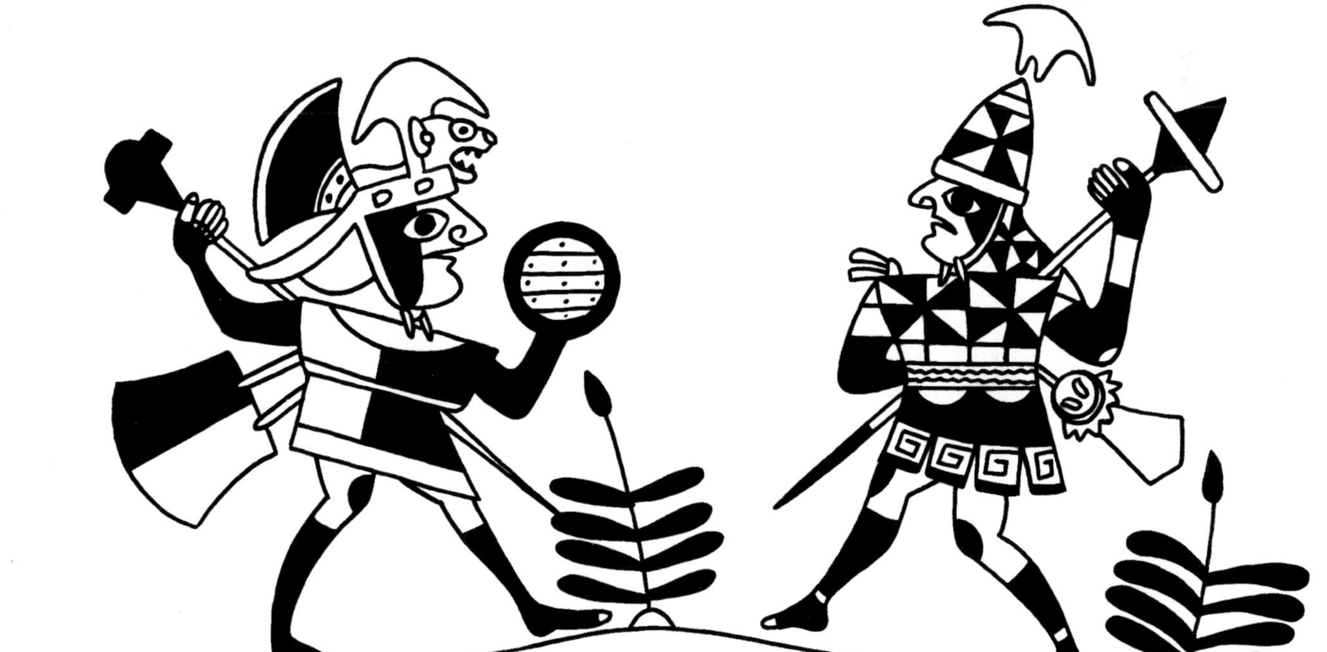

# Mittelamerika

## Große Kunst und blutige Vergangenheit

Mythen und Legenden ranken sich um die geheimnisvollen Urheber jener Kunst, die wir nun besuchen. Auf dem Höhepunkt ihrer Macht herrschten sie über weite Teile Zentralmexikos, bis sie schließlich vor mehr als 500 Jahren von dem spanischen Eroberer Hernan Cortés nahezu vollständig ausgelöscht wurden. Willkommen im Reich der Azteken.

Im Zuge der Eroberung und Unterwerfung Mittelamerikas durch die Spanier wurden auch die aztekischen Kunst- und Kultgegenstände verstreut. Viele von ihnen haben ihren Weg in europäische Museen gefunden, darunter Skulpturen, Schmuck, Schilde, Mosaikmasken und vor allem die Federkunst, die in enger Verbindung zu den aztekischen Göttern stand. Wegen ihrer großen symbolischen Bedeutung waren sie für das indigene Volk weitaus wertvoller als Gold oder Edelsteine.

Es gibt viele verschiedene Ausdrucksformen, derer sich die Azteken in ihren künstlerischen Gewerken bedienten. So weist das Räuchergefäß der Fruchtbarkeitsgöttin Chalchiuhtlicue wuchtig und fantasievoll gemeißelte Merkmale auf, während die Zeichnungen von Bildschriften, den sogenannten Codices (unten), fast comicartige Züge haben. Unter den Artefakten gibt es auch gruselige Stücke wie durchbohrte Schädel. Mit ihnen huldigten die Azteken ihren Ahnen und erwiesen ihnen Respekt. Noch makaberer erscheinen uns die konservierten Herzen, heilige Opfer, die den Menschen bei lebendigem Leibe herausgerissen wurden.

Auch wenn dem einen oder anderen jetzt eventuell ein kalter Schauder über den Rücken läuft, so besitzen die aztekischen Kunstobjekte und Darstellungen einen einzigartigen Zauber. Wie schon von anderen vergangenen Kulturen und Zivilisationen können wir auch von den Azteken sehr viel über Bildsprache, Komposition und Stilistik lernen und dadurch unsere eigenen Ausdrucksmöglichkeiten bereichern.

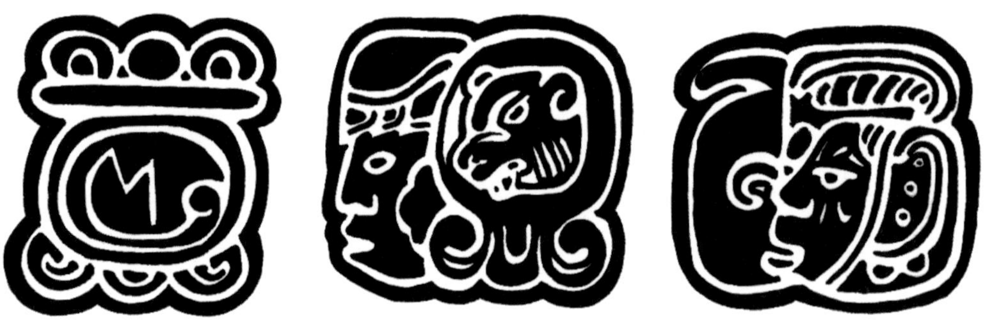

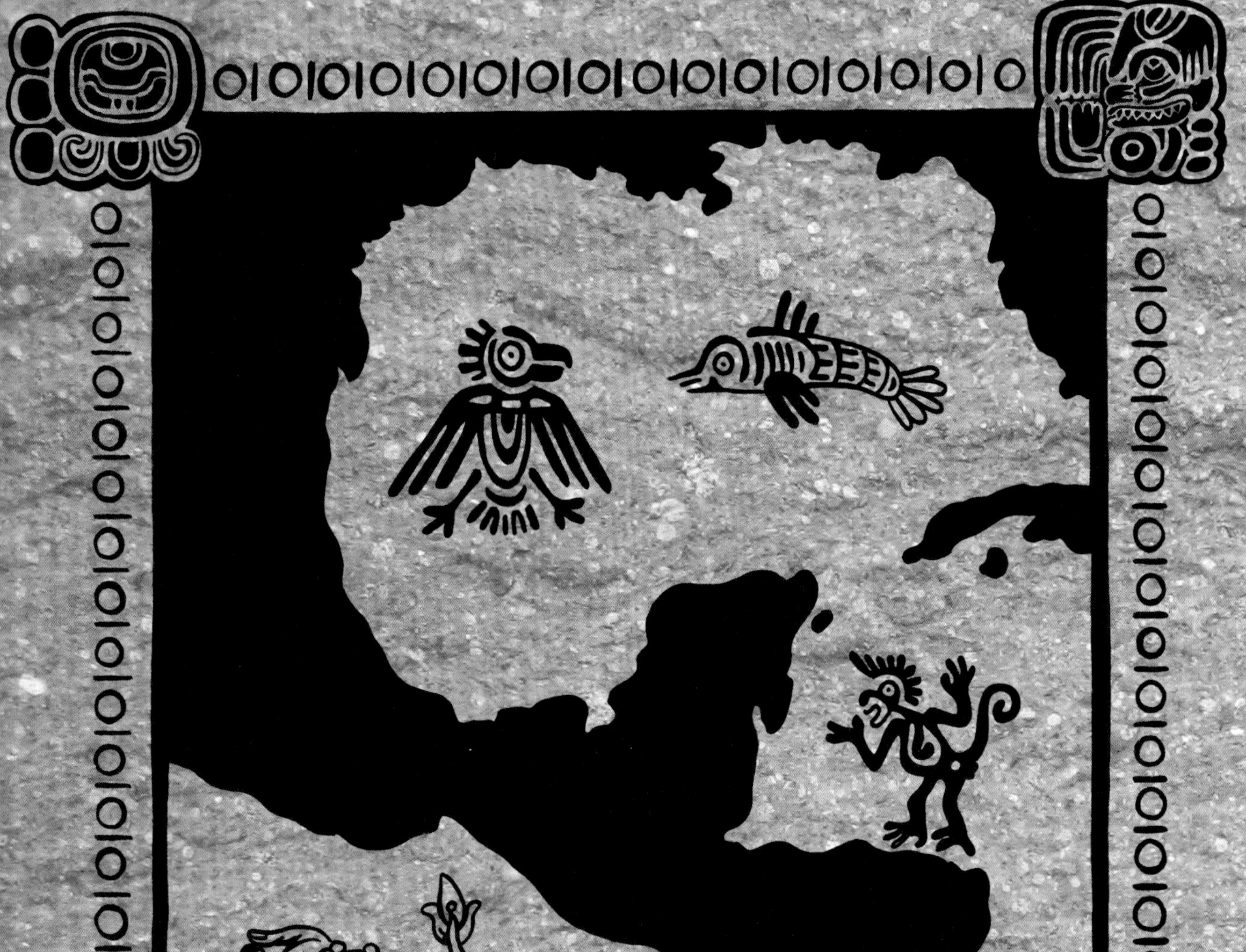

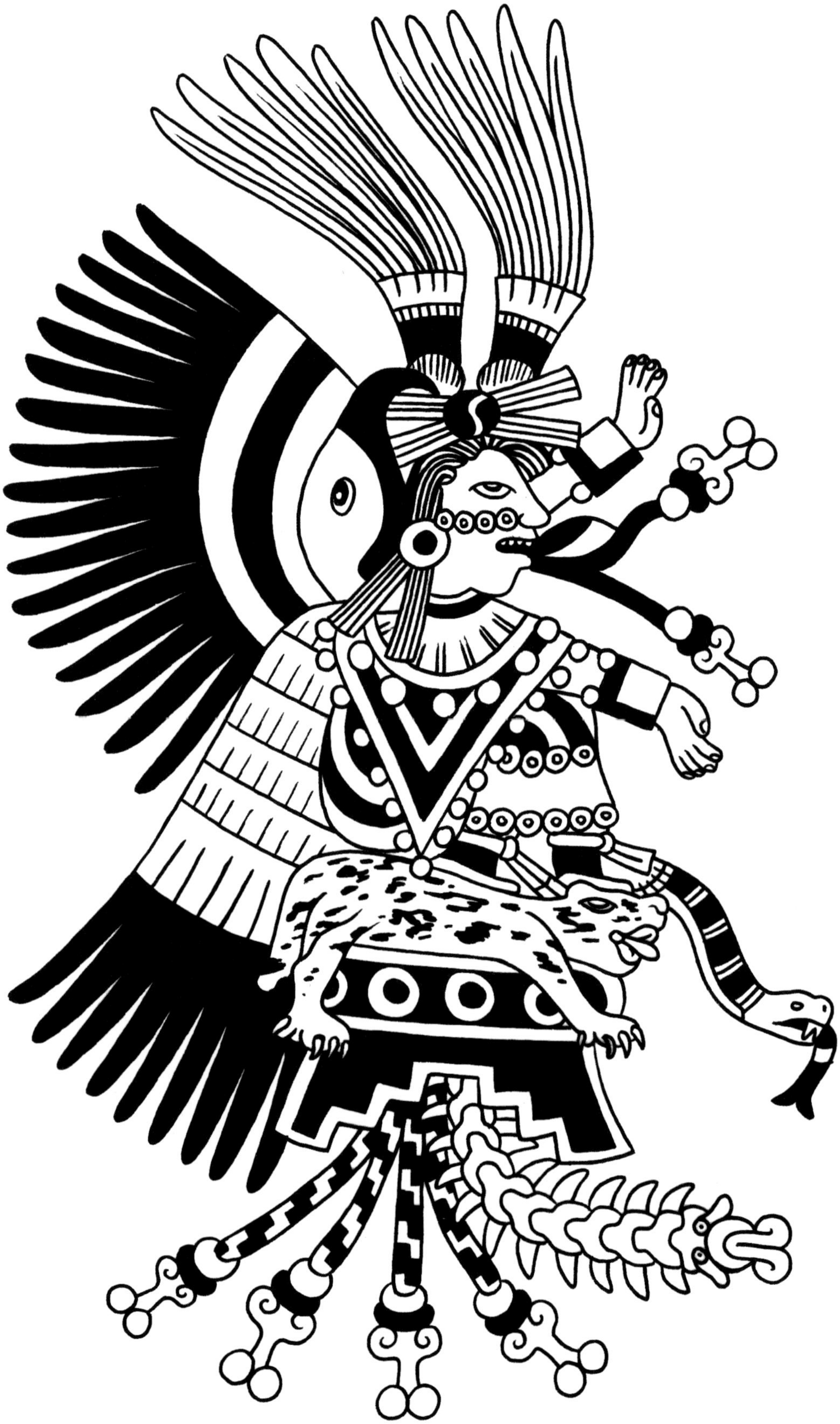

Hier haben wir ein paar Beispiele aztekischer Figuren, wie man sie als Zeichnungen oder Malereien an Tempelwänden gefunden hat. In mancher Hinsicht weisen sie gewisse Parallelen zu anderen Darstellungen wie u.a. denen der ägyptischen Figuren auf, obwohl sich beide Zivilisationen ganz unabhängig voneinander entwickelt haben. Auch hier werden die Menschen im Profil dargestellt und wirken in ihrer Körperhaltung eher steif.

Anhand der abgebildeten Beispiele wird sehr gut deutlich, wie du allein durch die Verteilung heller und dunkler Flächen eine tolle Variation erreichen kannst. Zeichne dafür am besten erst alle wichtigen Linien, bevor du entscheidest, welche Bereiche du schwarz einfärbst. Beachte dabei ein ausgewogenes Verhältnis, damit dein Bild kompositorisch im Gleichgewicht bleibt.

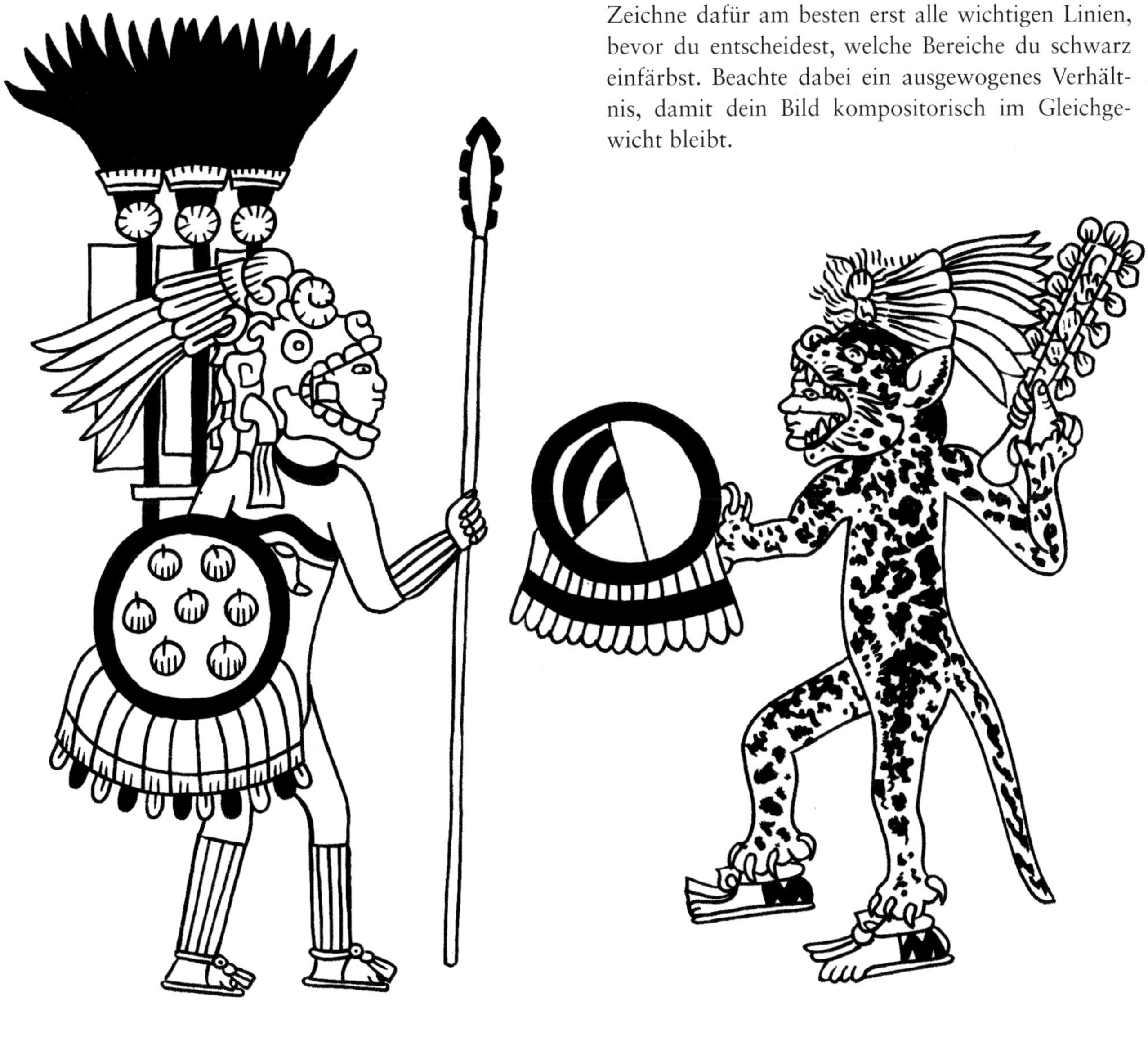

# Arktis

## Kunst in Eis und Kälte

Wir gehen weiter nach Norden, durchqueren die Vereinigten Staaten von Amerika, Kanada und erreichen schließlich die eisigen Gefilde von Alaska. Hier, in einer scheinbar unwirtlichen Welt aus Schnee und Eis begegnen wir einem Volk, dessen Kunstgeschichte uralt und jung zugleich ist, den Inuit.

Die Vorfahren dieser indigenen Volksgruppe wanderten vermutlich vor ungefähr 3000 Jahren v. Chr. aus Asien über die Beringstraße nach Alaska. Von dort aus besiedelten sie auch andere Regionen und drangen sogar bis nach Grönland vor. Die damaligen Menschen lebten in einer Jagdkultur und erlegten sowohl alle möglichen Arten von Meeressäugern wie Robben und Wale als auch größere Landtiere, beispielsweise Karibus und Eisbären. Pfeil und Bogen sowie Harpunen gehörten zu den wichtigsten Jagdwaffen. Weil sie immer wieder größere Strecken über Land- oder Wasserwege zurücklegen mussten, bedienten sie sich unterschiedlicher Transportmittel: Kajaks oder der traditionellen Hundeschlitten. Das Nomadenleben ließ es kaum zu, aufwendige Kunstgegenstände herzustellen und mit sich zu führen – es sei denn, sie hatten einen praktischen Nutzen. Selbst der Begriff »Kunst« existierte in der Inuit-Sprache nicht. So wurden in der Regel nur alltägliche Gegenstände mit Verzierungen und Dekorationen versehen. Die wenigen Materialien für derlei Tätigkeiten beschränkten sich auf die natürlich vorkommenden Rohstoffe wie Steine, Geweihteile oder das Elfenbein von den Stoßzähnen der Walrosse und Narwale.

All das änderte sich erst, als die Menschen begannen, in festen Siedlungen zu leben, was gegen Ende der 1940er-Jahre der Fall war. Der zunehmende Kontakt zur weißen Bevölkerung, die häufig auch Auftraggeber waren, sowie eine gezielte Förderung zur Erschließung neuer Einnahmequellen legten den Grundstein für neue künstlerische Tätigkeiten. Heute sind die Inuit auf dem internationalen Kunstmarkt fest mit ihren Werken etabliert, die zusammengefasst als »zeitgenössische kanadische Inuit-Kunst« bezeichnet werden. Wir betrachten also eine Kunstrichtung, die weniger als 100 Jahre alt ist, aber dennoch auf eine Jahrtausende alte Tradition zurückblicken kann.

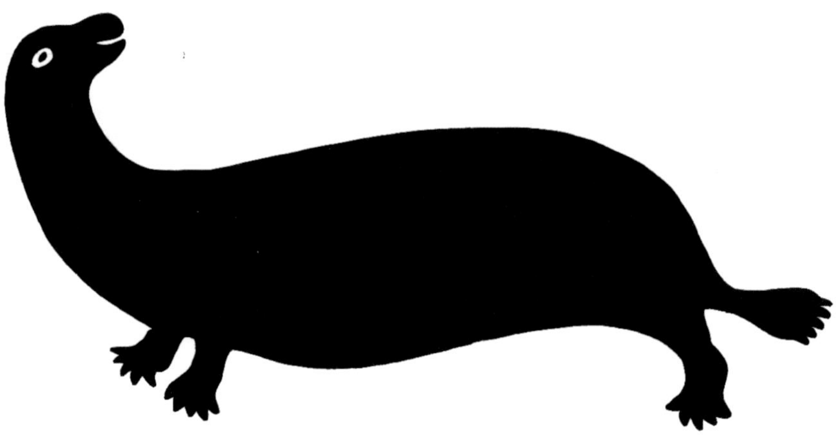

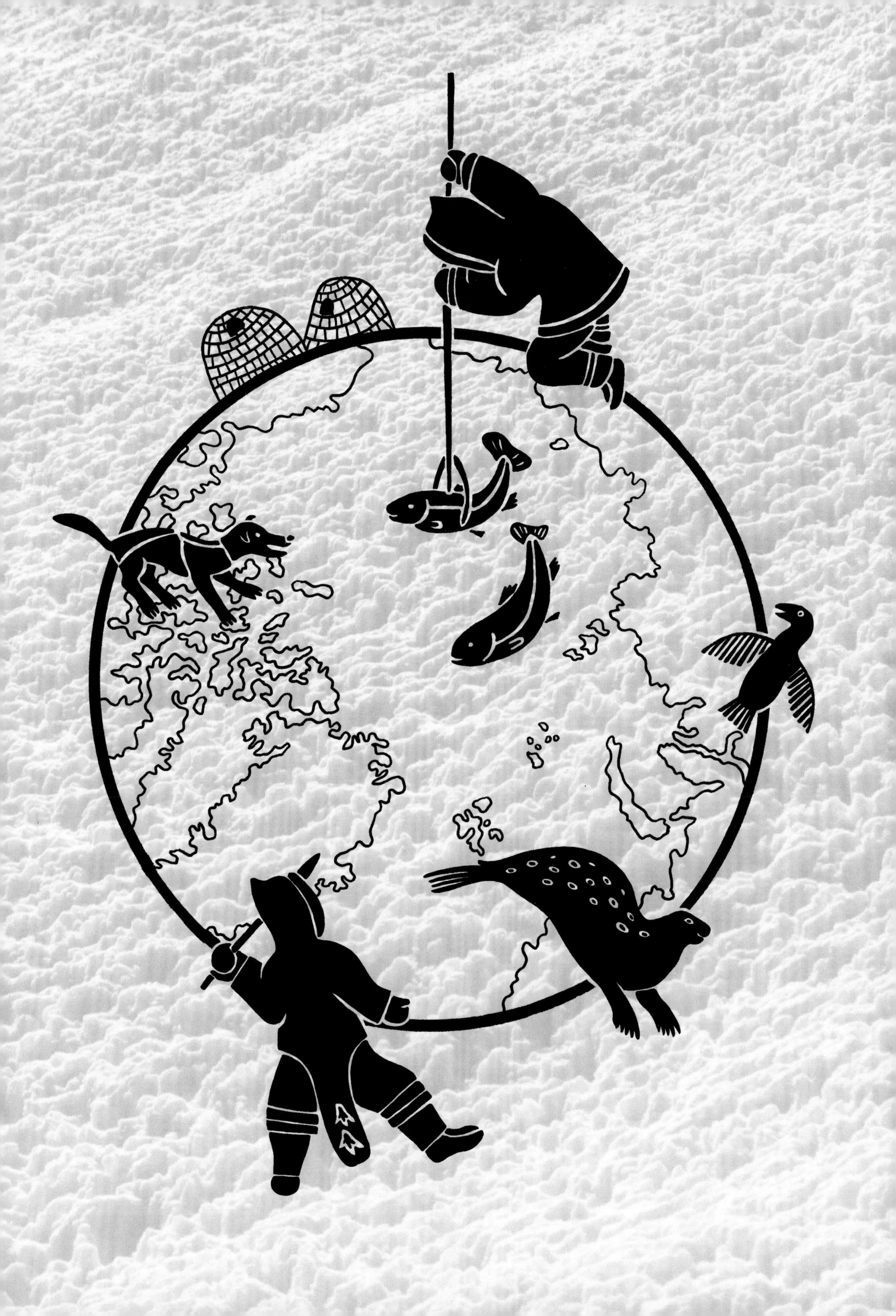

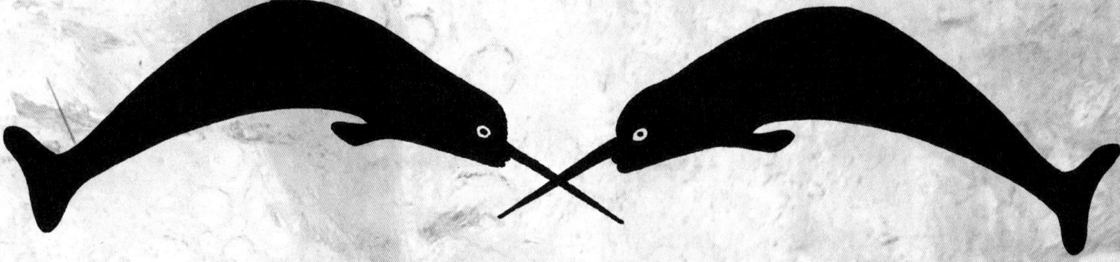

Die zeitgenössische Kunst der Inuit besticht durch die Kombination aus Detailgenauigkeit und Ursprünglichkeit. Beliebte Motive sind Tiere der einheimischen Fauna: Eisbären, Vögel und Robben. Sie werden häufig in Form von Skulpturen aus traditionellen Materialien wie Marmor, Dolomit, Quarz und Speckstein umgesetzt. Andere Figuren zeigen menschliche Jäger, Fischer oder Familien. Heutzutage werden die Skulpturen zumeist nicht mehr mit Hammer und Meißel, sondern unter Zuhilfenahme elektrischer Werkzeuge geschaffen. Anders als in der europäischen Kultur, wo das Motiv im Vordergrund steht und ein dafür geeignetes Material gewählt wird, ist es bei den Inuit-Künstlern der Stein oder Stoßzahn, der durch seine Form entscheidet, welche Skulptur daraus entsteht.

Die Stilistik der Inuit-Figuren und Bilder lässt sich gut für eigene Zeichnungen mit Tinte nutzen. Prägnant sind hierbei besonders die einfachen, schwarz gefüllten Formen, die abstrahierte, aber dennoch klar erkennbare Motive abbilden. Der Aufbau aus unterschiedlichen Einzelflächen, die durch einen kleinen Steg voneinander getrennt sind, erinnert an die Vorgehensweise der alten Griechen.

Jetzt allerdings ist deine Fantasie gefragt. Wie wäre es z.B. mit einer ganzen Ansammlung arktischer Tiere? Eine Walschule? Die Eisbären-Großfamilie? Es liegt bei dir!

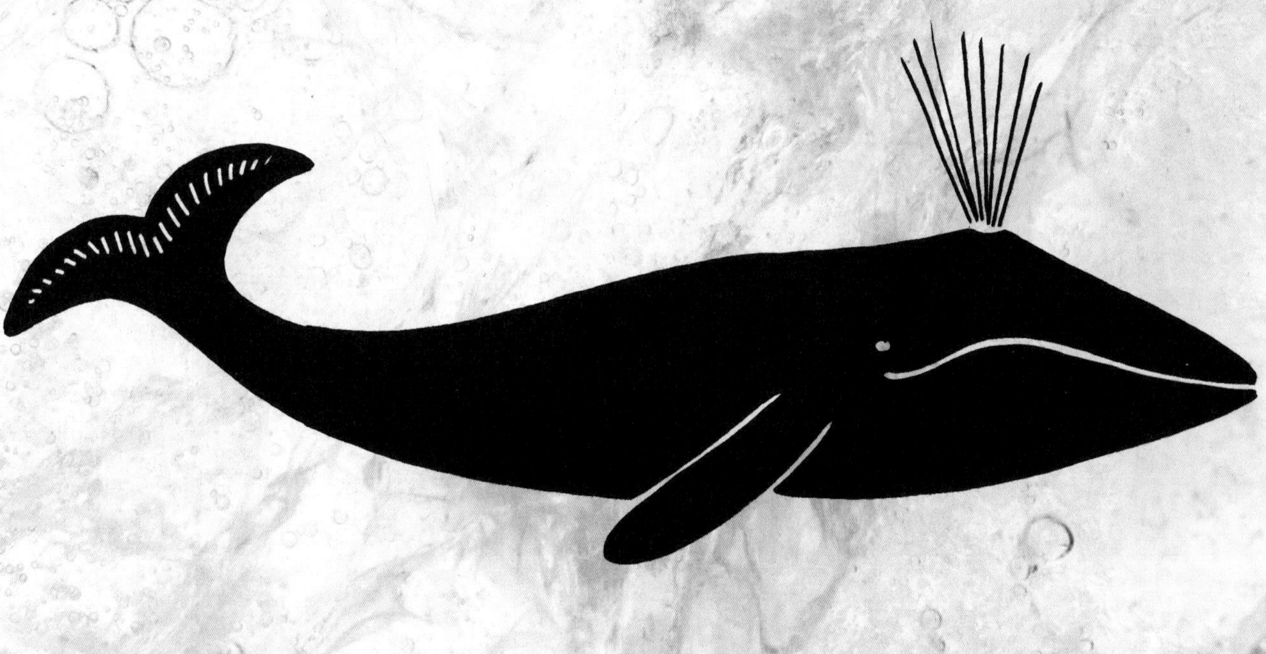

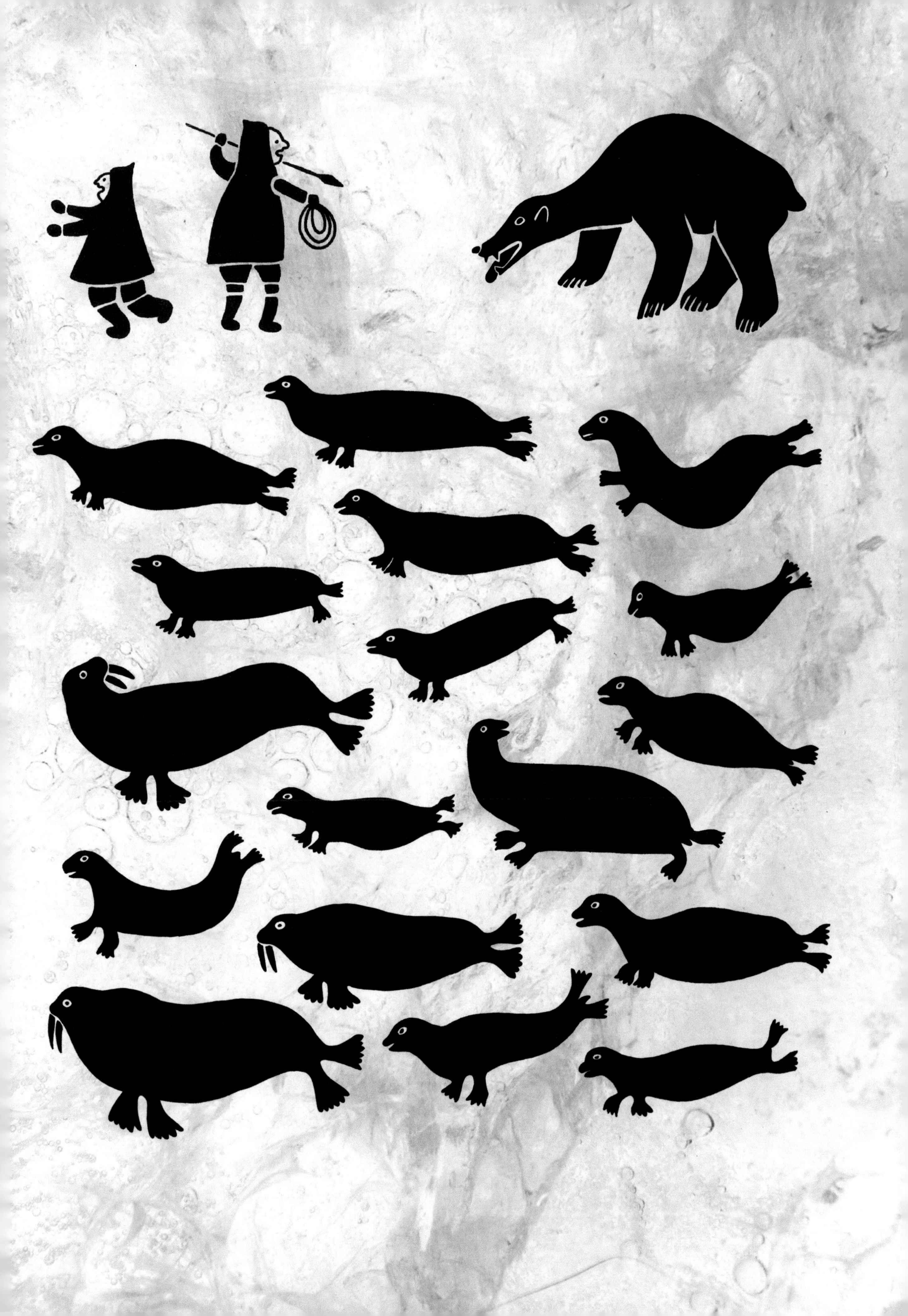

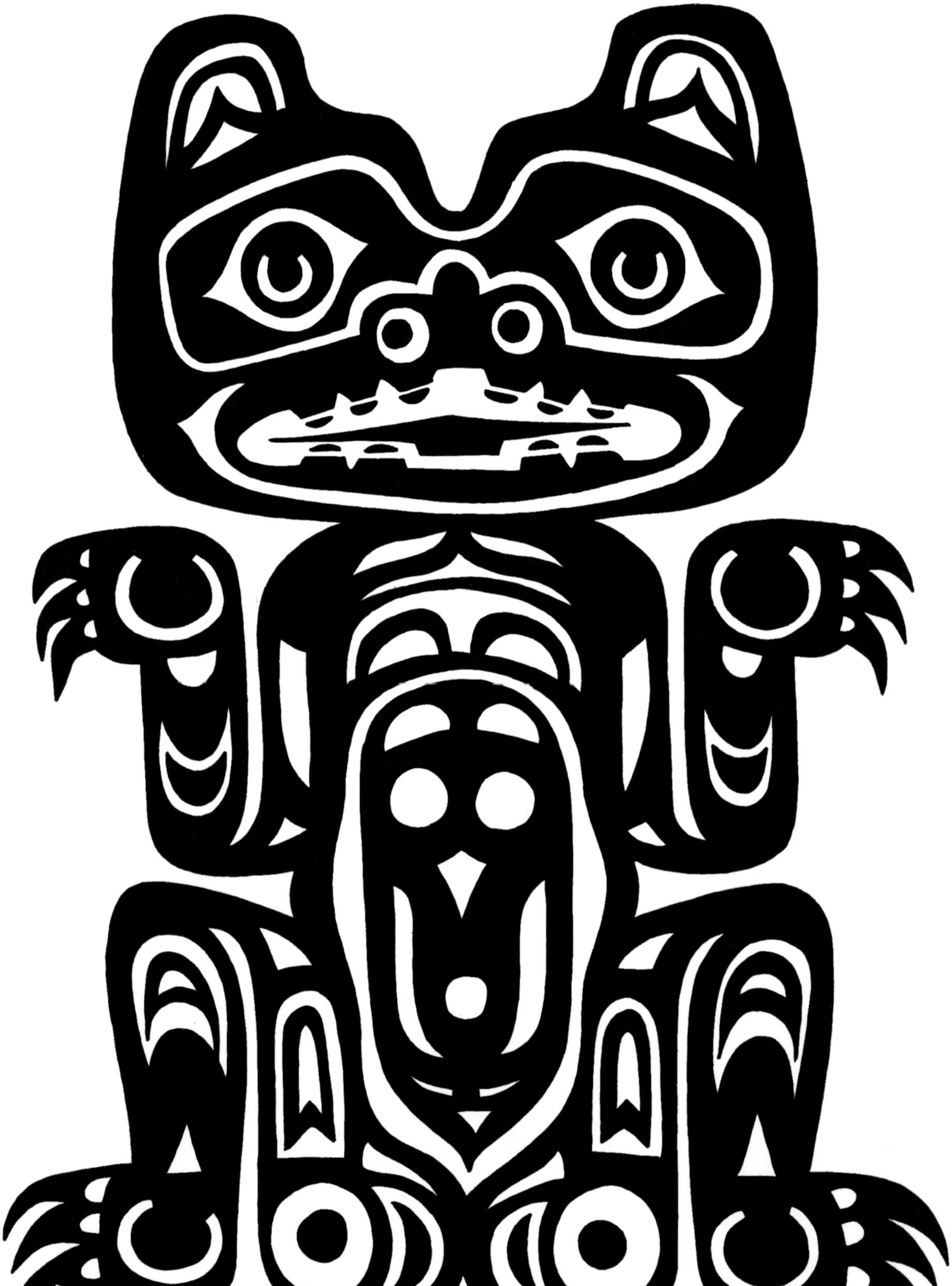

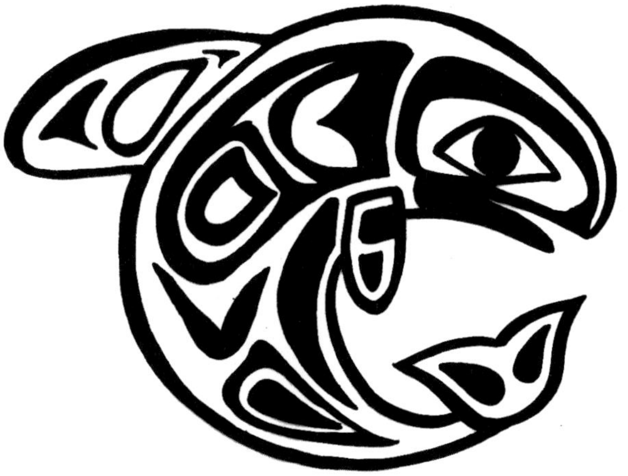

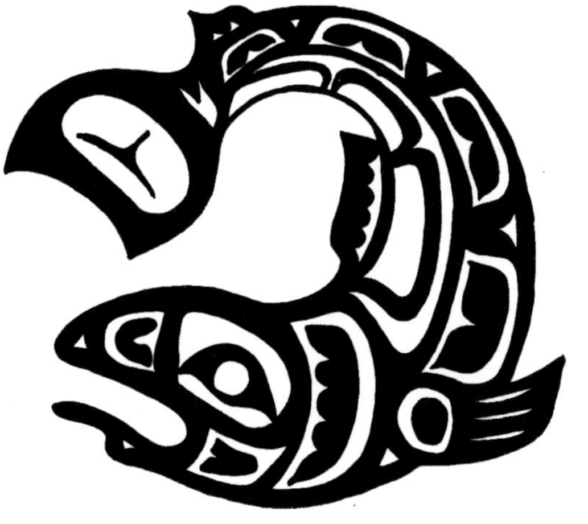

Wenn wir uns die nordischsten aller Künste ansehen, dürfen wir definitiv nicht die Totems aus Alaska vergessen, die noch einmal anders sind als die Werke der Inuit, die wir zuvor betrachtet haben. Häufig von tierischer Gestalt, repräsentieren Totems eine mythische Verbindung zwischen den Menschen und bestimmten Naturerscheinungen. Sie können sowohl die Gestalt eines Lebewesens, aber auch die eines Berges oder Flusses haben. In unserem Fall wollen wir den Schwerpunkt natürlich weniger auf den spirituellen Inhalt legen, als uns vielmehr auf den visuell-stilistischen Ausdruck konzentrieren. Bei den abgebildeten Beispielen sind mir insbesondere die tropfenförmigen Muster und Grundfiguren aufgefallen, mit denen die Tiere versehen sind. Außerdem sind die Linien zumeist sehr kräftig ausgeprägt, sodass der Schwarzanteil überwiegt. Vor allem Fische und Wale bieten sich als Motiv an, da die bevorzugten Ornamente für diesen Stil mit den fließenden Körperformen der Tiere bestens harmonieren.

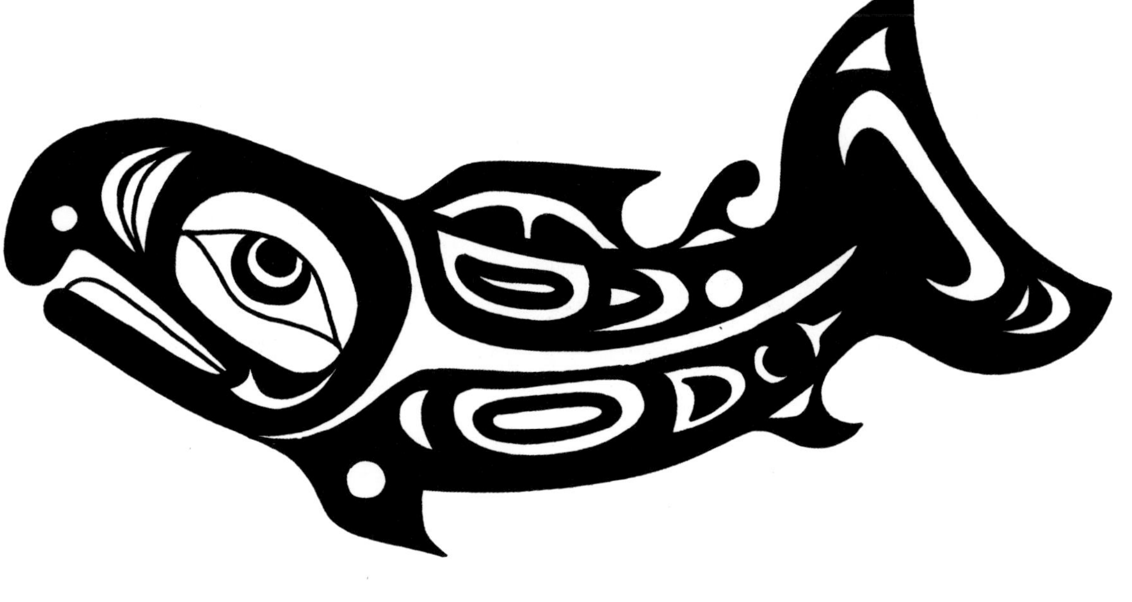

# Norwegen
## Im Land der Drachenboote

Die letzte Etappe führt uns nach Skandinavien, genauer gesagt nach Norwegen, ins Land der Wikinger. Dieses bemerkenswerte Volk war und ist nicht nur für begnadete Seefahrerkünste bekannt, sondern auch für seine Kunstfertigkeit.

Beliebte Motive des skandinavischen Mittelalters waren stilisierte Drachen und andere Fabelwesen, die aus dem keltischen und germanischen Raum stammten. Die Wikinger fertigten Runensteine, Schmuckobjekte, verzierte Waffen und kunstvoll geschnitzte Drachenköpfe, mit denen sie ihre Schiffe verzierten. Holz, Stein, Silber und Bronze waren die bevorzugten Werkstoffe. Zwischen dem 8. und dem 11. Jahrhundert erreichte die Kultur der Wikinger ihre Blütezeit, in der sich gleich sechs unterschiedliche Kunststile entwickelten.

Der Oseberg-Stil, für den florale Elemente, Blätter und Ranken sowie geometrische Formen (Kreise, Spiralen und Dreiecke) typisch sind, ist nach einem historischen Wikingerschiff benannt, das du in Oslo im Museum besichtigen kannst.

Für den Borre-Stil sind der Greif, häufig mit frontal blickenden Augen und dreieckigem Kopf dargestellt, sowie die Verwendung von Flechtbandornamenten typisch.

Der nächste Stil hat seinen Namen von den Königsgräbern von Jelling und wird folglich Jelling-Stil genannt. Bei ihm finden sich neben floralen und geometrischen Elementen vor allem Runenkreuze und Tierdarstellungen.

Löwen, Vögel und Schlangen sind herrschende Motive des Mammen-Stils. Die Darstellung von Weinranken gilt als Beleg für den wachsenden Einfluss europäischer Nachbarländer.

Der Ringerike-Stil weist viele Parallelen zum Mammen-Stil auf. Der Vormarsch des Christentums lässt zudem das Kreuzmotiv immer populärer werden.

Zu guter Letzt ist noch der Urnes-Stil zu nennen, der sich als eine Übergangsform von der nordischen Kunst zur Romanik beschreiben lässt. Besonders prominent waren die ineinander verschlungenen Tiermotive.

Damit wären wir nicht nur am Ende der Wikinger-Kunststile angelangt, sondern auch am Ende unserer Ink-Reise. Viele interessante Stationen liegen hinter uns, und sie waren nur eine kleine Auswahl all der Möglichkeiten, die dich für deine eigenen Tuschezeichnungen inspirieren sollen. Jetzt ist es an dir, zu entscheiden, welche Stilrichtungen dir am besten gefallen und was du ausprobieren oder kombinieren möchtest. Ich hoffe, du hattest Spaß und wirst noch viele andere Orte und Kunststile genauer unter die Lupe nehmen.

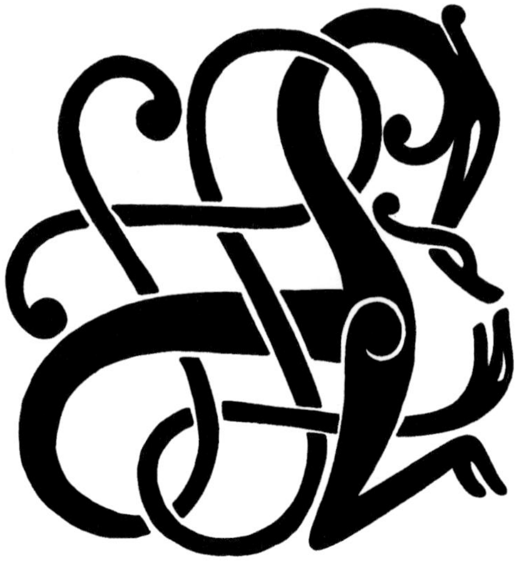

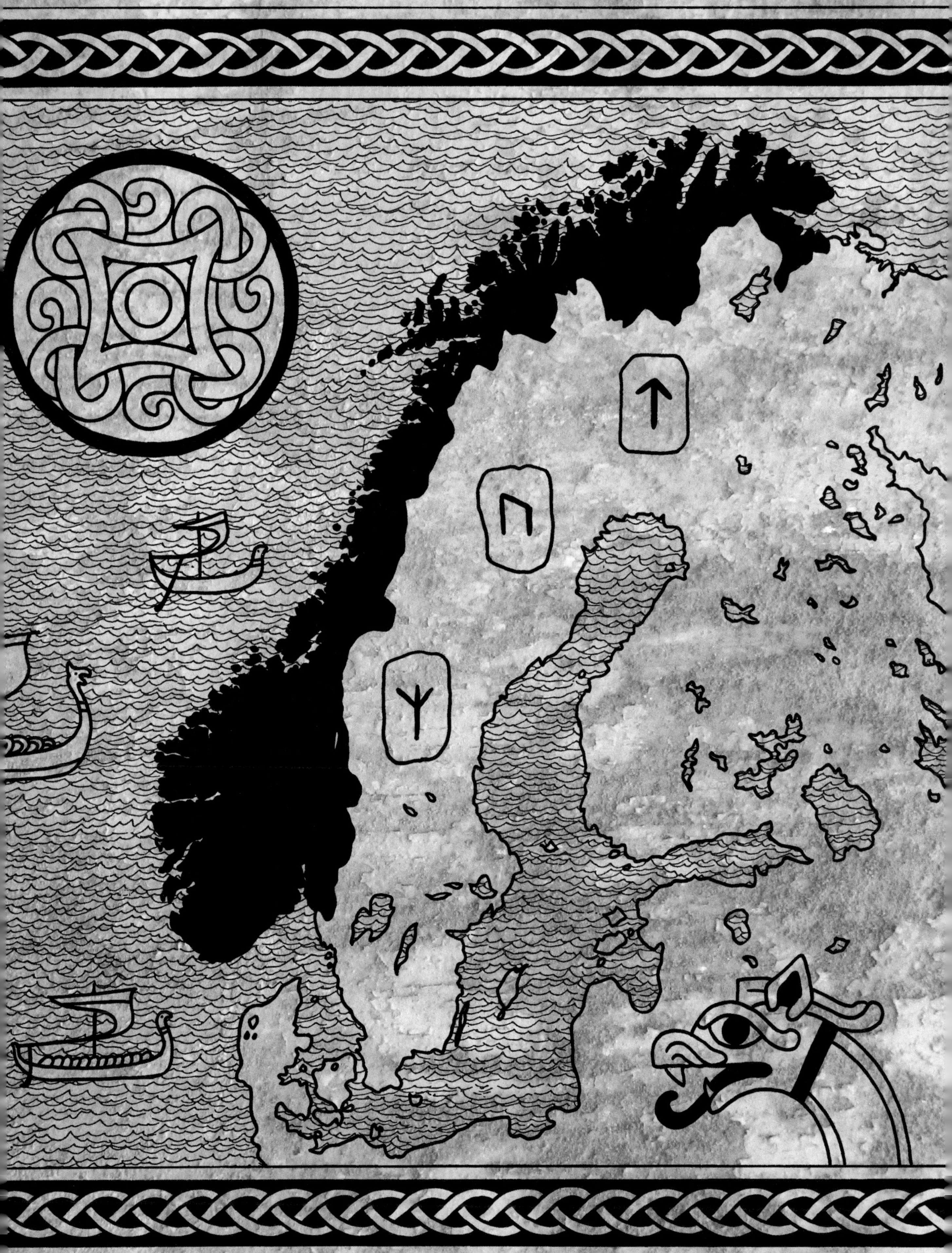

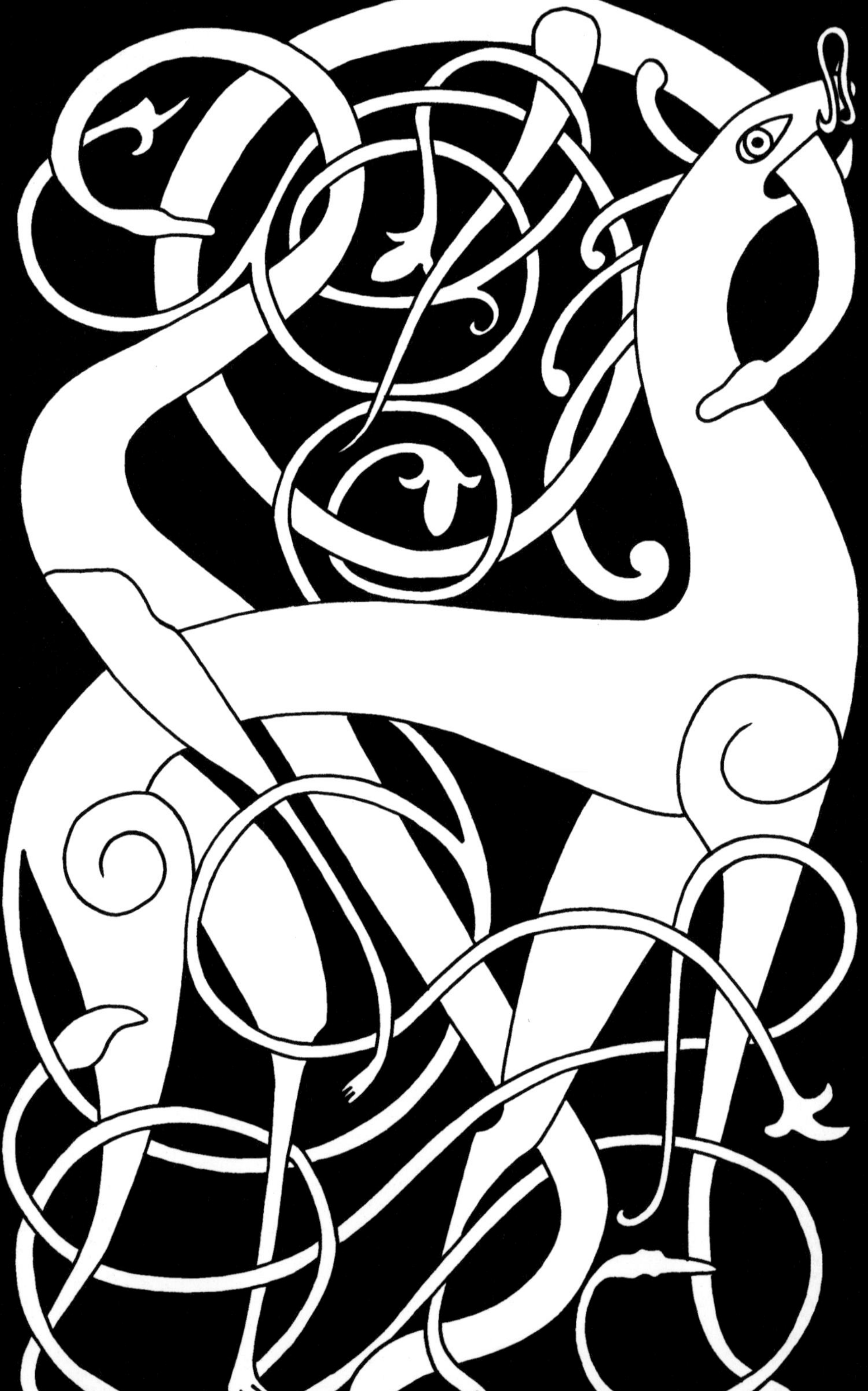

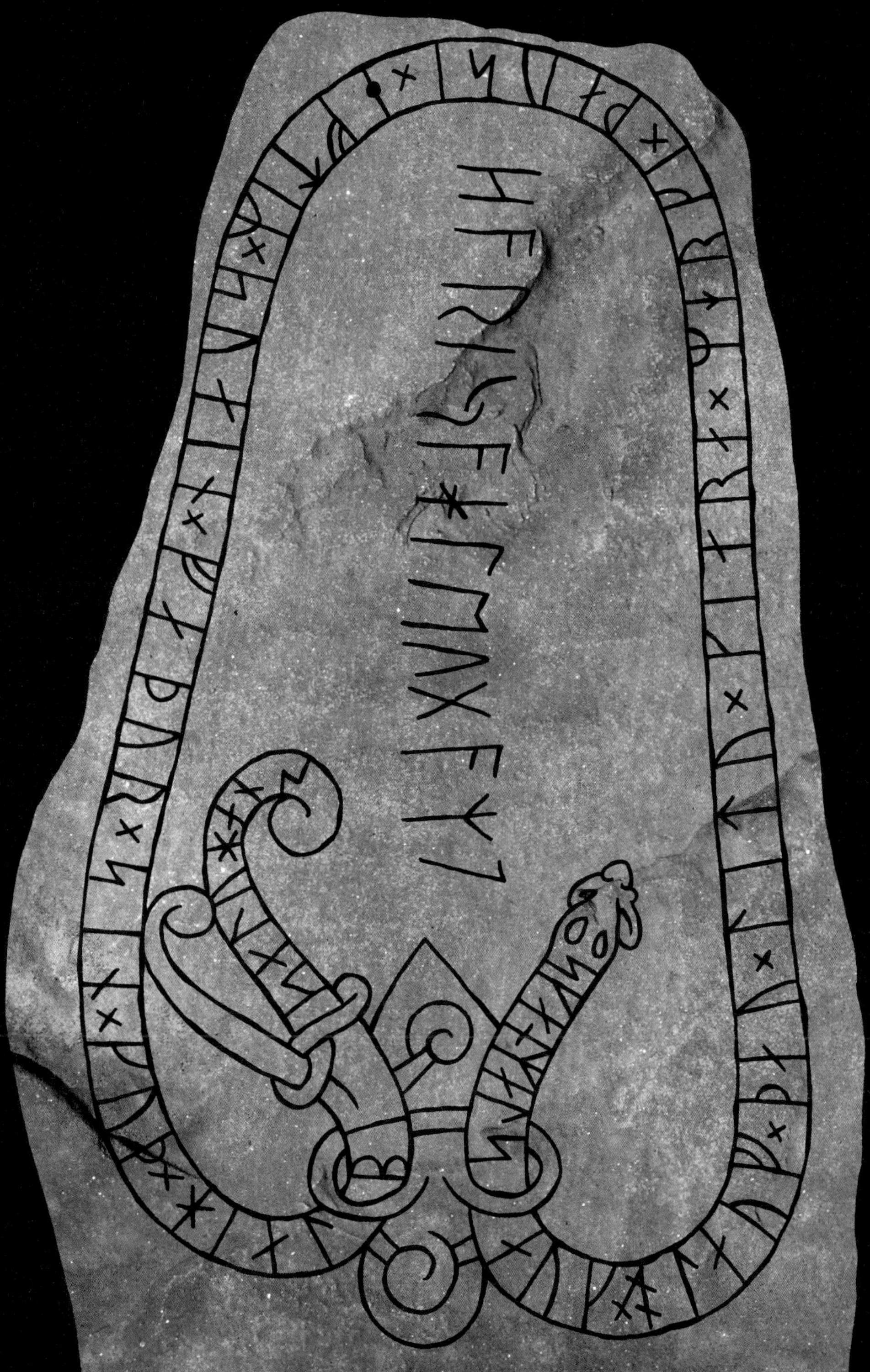

# 3

# Tusche-Träume

## Aufbruch in die Fantasie

Nach der aufregenden Reise durch die Kulturen und Künste dieser Welt ist es nun an der Zeit, eine weitere Expedition zu starten. Es geht zu fernen Orten jenseits der Realität, wo die Logik und der Alltag auf den Kopf gestellt werden und du niemals weißt, wohin dich dein Weg führen wird. Es ist eine Reise durch die Fantasie.

Das Einzige, was wir im Gepäck haben, sind ein paar Pinsel, Markerstifte, einige Bogen Papier, ein Glas Tinte und eine gute Portion Vorstellungskraft. Mehr brauchen wir nicht. Doch sei gewarnt: Es ist gut möglich, dass diese Reise niemals endet und du ständig neue Pfade entdeckst, auf denen du weitergehst. Das jedenfalls ist mein größter Wunsch für dich, denn es bedeutet, dass du deine Leidenschaft für das Zeichnen entdeckt hast, die dich befähigt, tolle und einzigartige Dinge zu erschaffen. Mit großer Wahrscheinlichkeit wirst du von Zeit zu Zeit auch Steine auf deinem Weg finden, die dich straucheln und an den eigenen Fähigkeiten zweifeln lassen. Doch auch diese Phasen gehören dazu, und du wirst umso stärker und besser werden, wenn du diese Hürden überwunden hast. Überall auf der Welt findest du fantastische Künstler, die genauso fühlen wie du, von denen du lernen und Inspiration schöpfen kannst. Du bist nicht allein auf deinem Weg. Ich frahe dich also: Bist du bereit für den zeichnerischen Wahnsinn?

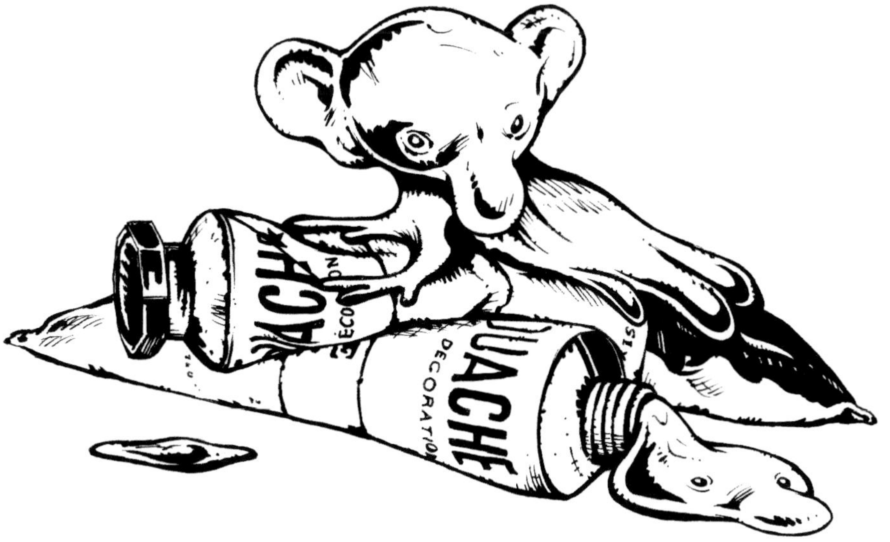

## Freiräume schaffen

### Sich nicht einengen lassen

Du hast total Lust, dich an den Schreibtisch zu setzen und ein wenig zu zeichnen, aber immer wieder kommt etwas anderes dazwischen? Hausaufgaben. Wohnungsputz. Die Steuererklärung oder Einkäufe. Ein anderes Mal hast du dagegen durchaus Zeit, aber keine Energie mehr. Es ist ein Teufelskreis, der immer mehr Frustration aufbauen kann. Umso wichtiger ist es, dass du selbst aktiv wirst und dein Leben gestaltest – auch wenn es für den Anfang nur kleine Veränderungen sind. Ansonsten bleibst du in deinem Alltag gefangen und endest womöglich wie diese traurigen Tiere in ihren gläsernen Gefängnissen.

Zum Anfang solltest du dir deine Träume und Wünsche ganz bewusst vor Augen führen. Stell dir einfach nur vor, wie du dich hinsetzt und deine Zeichenmaterialien vor dir ausbreitest. Im nächsten Schritt geht es um die Definition deiner Ziele. Was möchtest du mit deiner Kunst erreichen? Welche Stilistik trifft deinen Geschmack? Ziehe dabei auch gerne die Werke anderer Künstler zurate, und suche dir Beispiele heraus, die dir gefallen. Wenn du diese Fragen geklärt, die Richtung bestimmt und Motivation getankt hast, geht es schließlich an die konkrete Umsetzung deines Vorhabens. Das Wichtigste ist, dir zunächst ein gewisses Maß an Zeit für deine kreative Arbeit einzuräumen. Für den Anfang vielleicht nur eine halbe Stunde, etwa morgens nach dem Aufstehen oder am Abend. Diese Zeit sollte zu einem festen Bestandteil deines Tages, zur Routine, werden, die du nicht jedes Mal hinterfragst. Es ist die Zeit, in der du etwas für dich machen darfst und alles andere ausblendest. Suche dir fürs Zeichnen nach Möglichkeit einen ruhigen Platz, an dem du dich wohlfühlst. Auch Musik, eine Tasse Tee oder ein Stück Schokolade sind erlaubt. Falls du nur extrem wenig Zeit freischaufeln kannst, ist es umso wichtiger, auf eine gewisse Regelmäßigkeit zu setzen. Nutze beispielsweise eine der vorangegangenen Challenges, z.B. eine Zeichnung pro Tag (siehe Seite 15), und du wirst merken, dass du deinen Zielen mit Zeit und Geduld immer näher kommst.

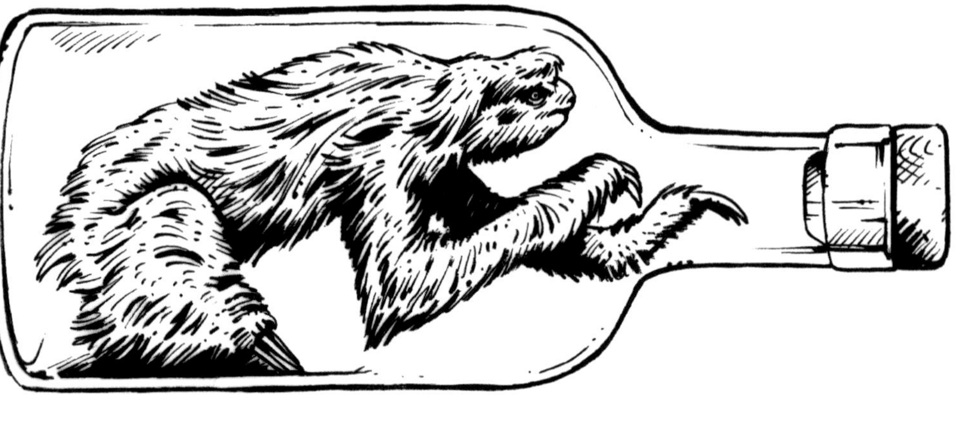

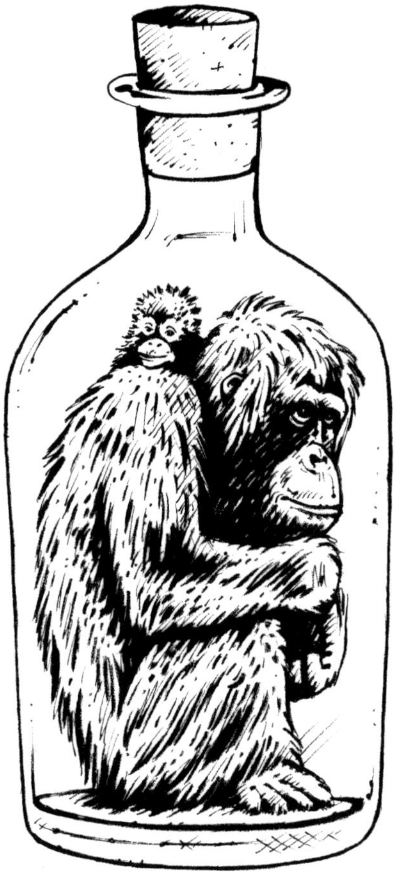

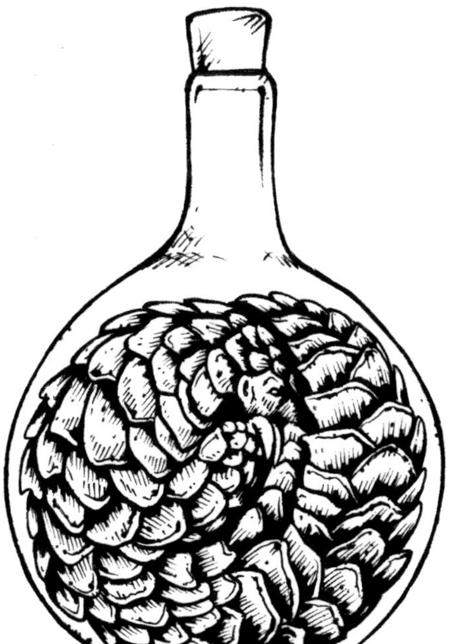

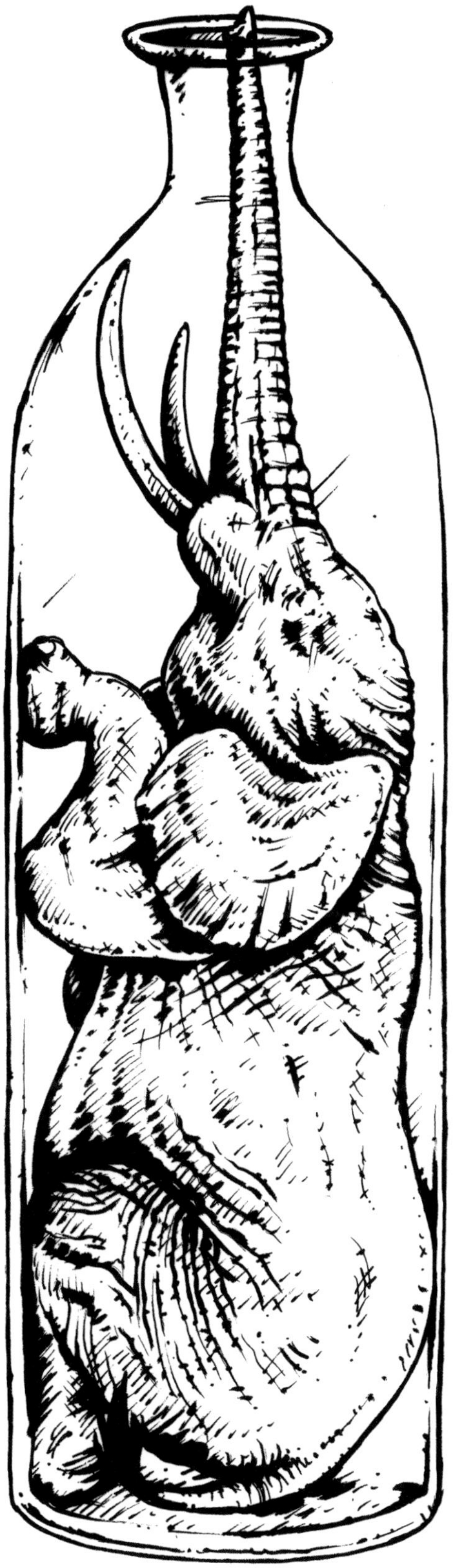

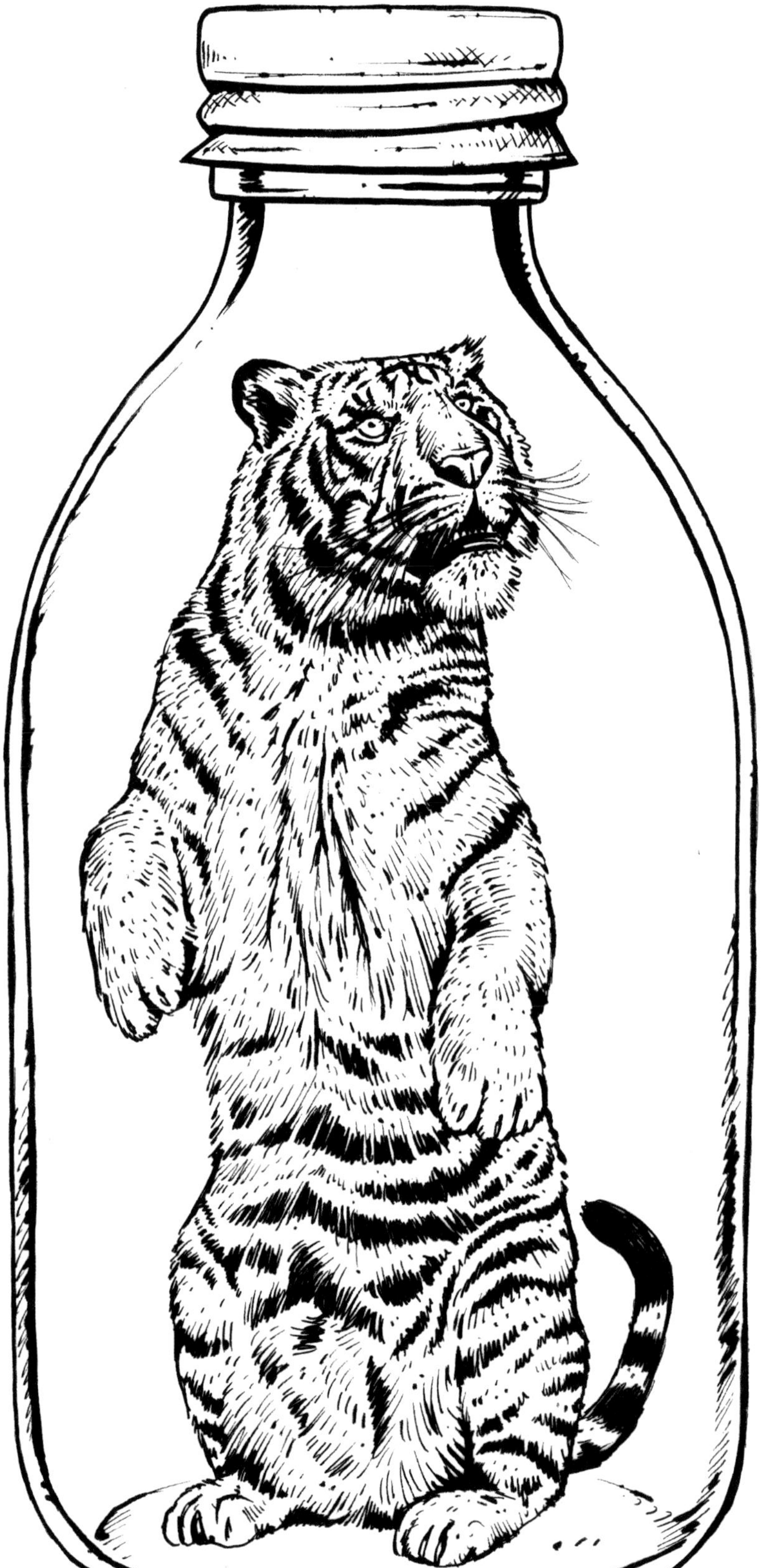

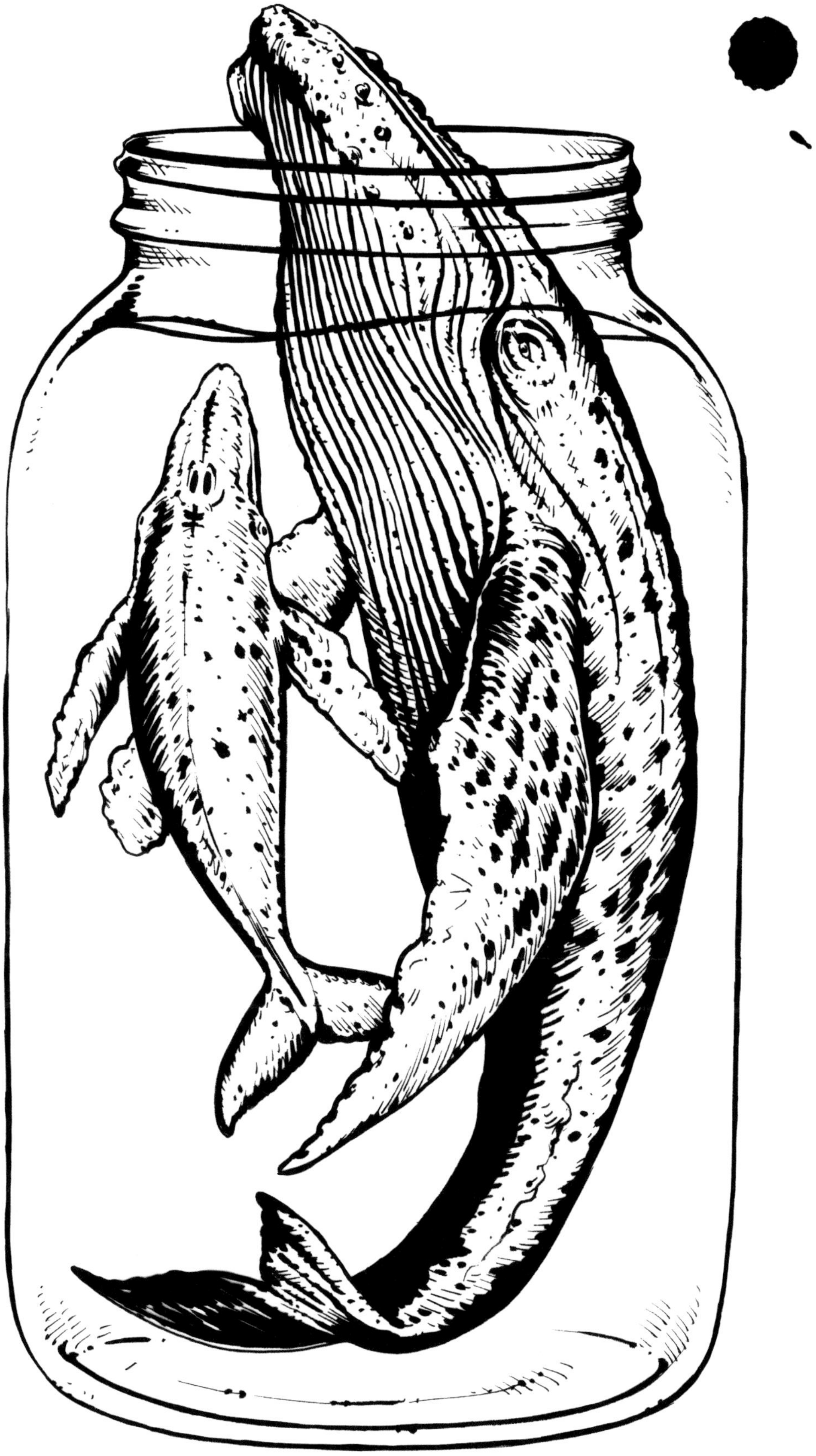

## Behutsam sein
### Nichts überstürzen

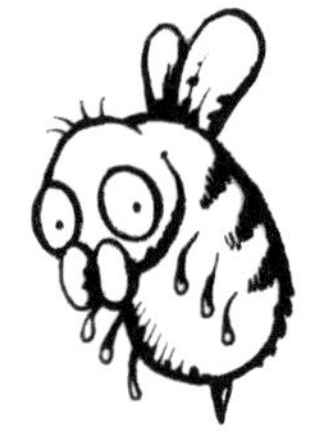

Wer übers Ziel hinaus schießt oder zu viel auf einmal will, kann nur verlieren. Diese Regel gilt auch beim Zeichnen, und zwar in gleich mehrfacher Weise. Zum einen sollten sich vor allem die Anfänger unter uns bewusst sein, dass die Entwicklung der eigenen künstlerischen Fähigkeiten nicht über Nacht passiert, sondern dass man zunächst Zeit und Energie investieren muss. Auch Anleitungen und Internet-Videos sind keine magischen Zauberformeln. Sicherlich ist es sinnvoll, wie ein Schwamm neues Wissen über Materialien, Techniken und Arbeitsabläufe aufzusaugen. Doch letzten Endes liegt es an dir, den Stift in die Hand zu nehmen und herauszufinden, welche Dinge für dich tatsächlich funktionieren. Bleibe also realistisch.

Ein weiterer wichtiger Punkt, an dem du es nicht übertreiben solltest, ist der Zeichenprozess selbst. Ich habe schon zu einem früheren Zeitpunkt erwähnt, dass es eine gewisse Herausforderung sein kann, ein Werk zu beenden und für fertig zu erklären. Irgendwo werden sich immer noch Stellen und Bereiche finden, wo ein Detail ergänzt oder eine Farbigkeit geringfügig optimiert werden kann. Die Frage ist dann, ob derartige Zusatz-Modifikationen wirklich notwendig sind. Wer es übertreibt und kein Ende findet, läuft Gefahr, ein Bild regelrecht zu überzeichnen und im schlimmsten Fall sogar zu ruinieren. Die Folgen sind endlose Korrekturarbeiten und Rettungsversuche, die die Sache nur noch schlimmer machen. Alles, was du bis dahin erarbeitet hast, wird wie von einem gewaltigen Stiefel zertreten.

Sei also geduldig, arbeite dich langsam und konzentriert vorwärts, wobei du dir immer wieder Zeit nimmst, den nächsten Schritt zu planen. Bei Unsicherheiten kann eine Pause oder eine Skizze weiterhelfen, mit der du Ideen durchspielst, ohne dein eigentliches Werk zu riskieren.

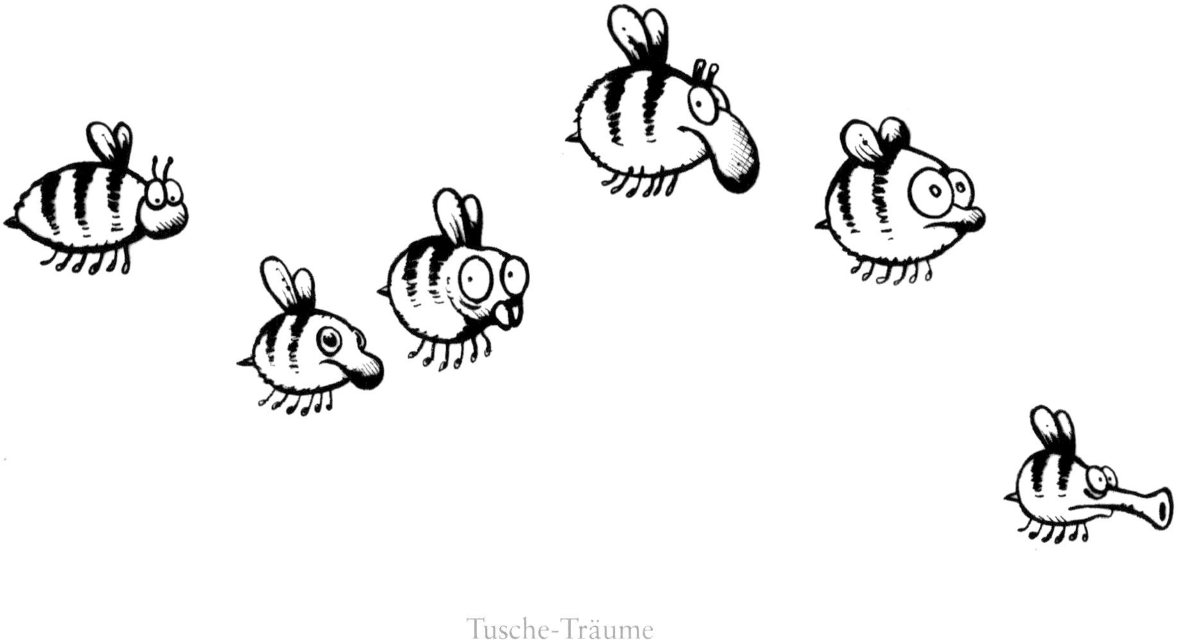

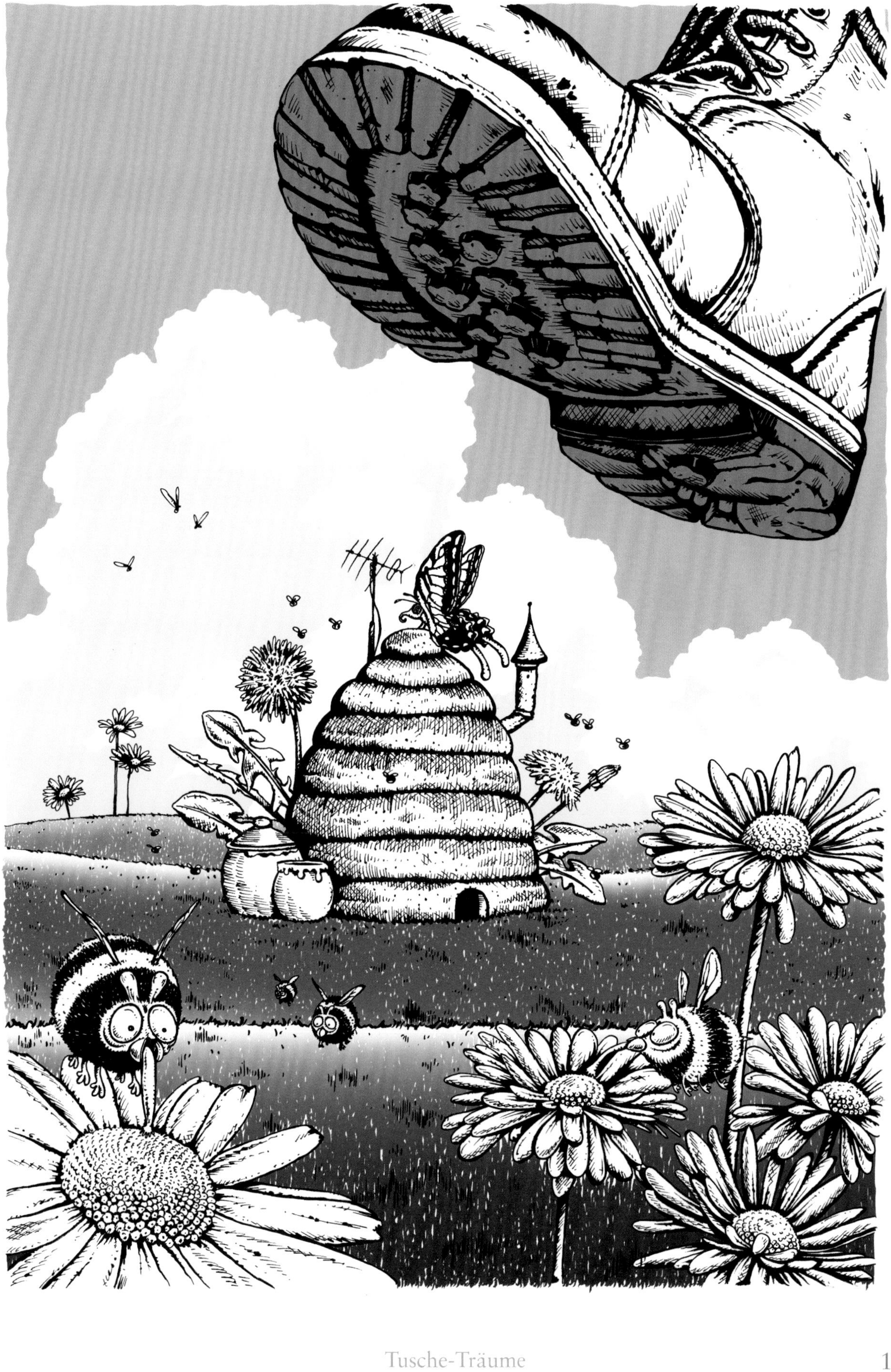

## Brainstormen und skizzieren

### Die Grundsteine

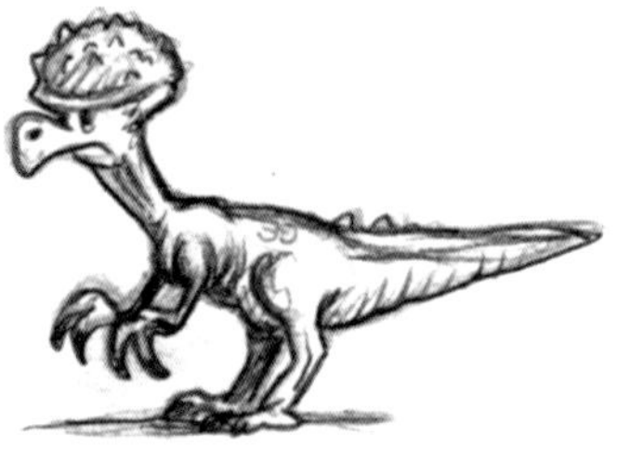

Bevor du einen unwiderruflichen Strich mit der schwarzen Tinte setzt, solltest du dir natürlich überlegt haben, was genau du eigentlich zeichnen möchtest. Damit will ich nicht sagen, dass bereits jedes einzelne Detail konzipiert und »in Stein gemeißelt« sein soll. Du kannst auch mit einigen Linien beginnen, eine Silhouette oder ein Auge zeichnen und sehen, was daraus wird. Dennoch, wenn du eine ungefähre Vorstellung hast, solltest du zunächst eine Skizze anfertigen, am besten mit dem Bleistift, um eventuelle Korrekturen und Ausbesserungen vornehmen zu können.

Für mich gehört das Skizzenbuch zur Grundausstattung und es ist fast überall mit dabei. Egal ob unterwegs beim Ausflug ans Meer oder beim Einkaufsbummel in der Stadt. Man weiß schließlich nie, wann sich die guten Ideen einstellen, und allzu oft kommt die Inspiration, wenn du am wenigsten mit ihr rechnest. Diese ersten Visualisierungen einer Idee müssen nicht unbedingt bis ins Detail ausgearbeitet sein, sondern sollen ihren wesentlichen Kern festhalten. Bei meinen eigenen Skizzen wähle ich meistens einen sehr cartoonesken Stil, der es mir erlaubt, anatomische und proportionale Richtigkeit auszublenden. Wenn es dann später an eine finale Umsetzung geht, lassen sich diese Aspekte immer noch recherchieren. Aber zum Zeitpunkt des Skizzierens möchte ich mich nicht allzu lange mit Nebensächlichkeiten aufhalten.

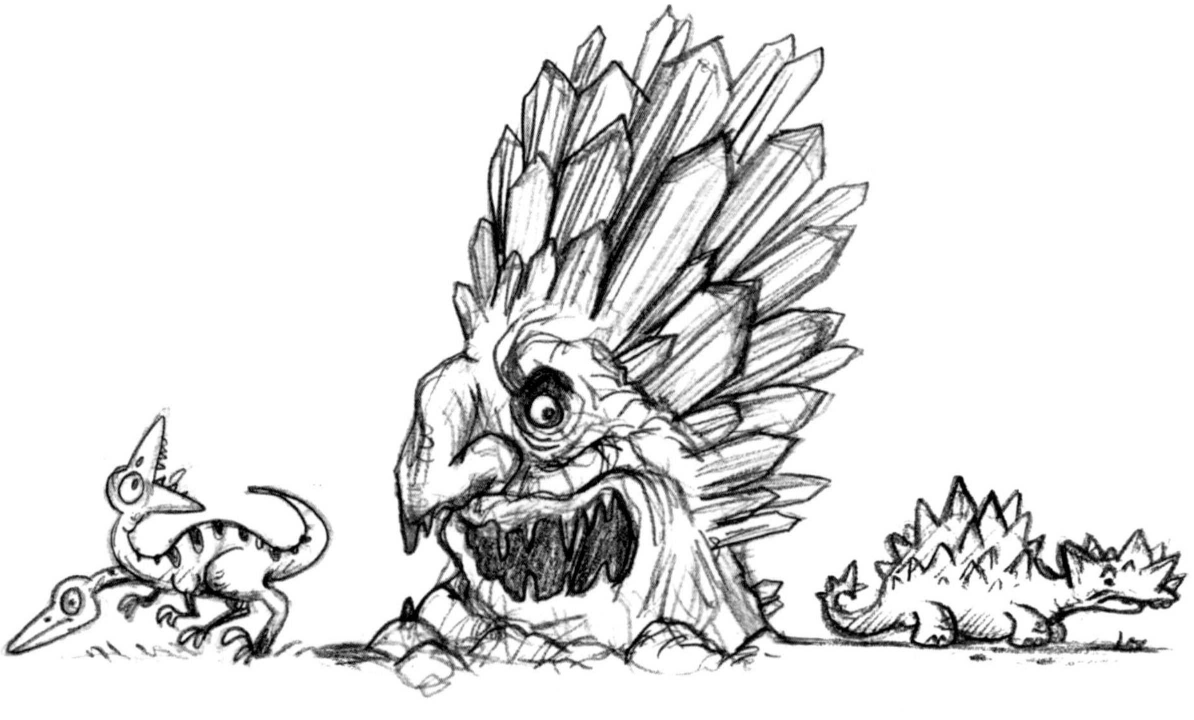

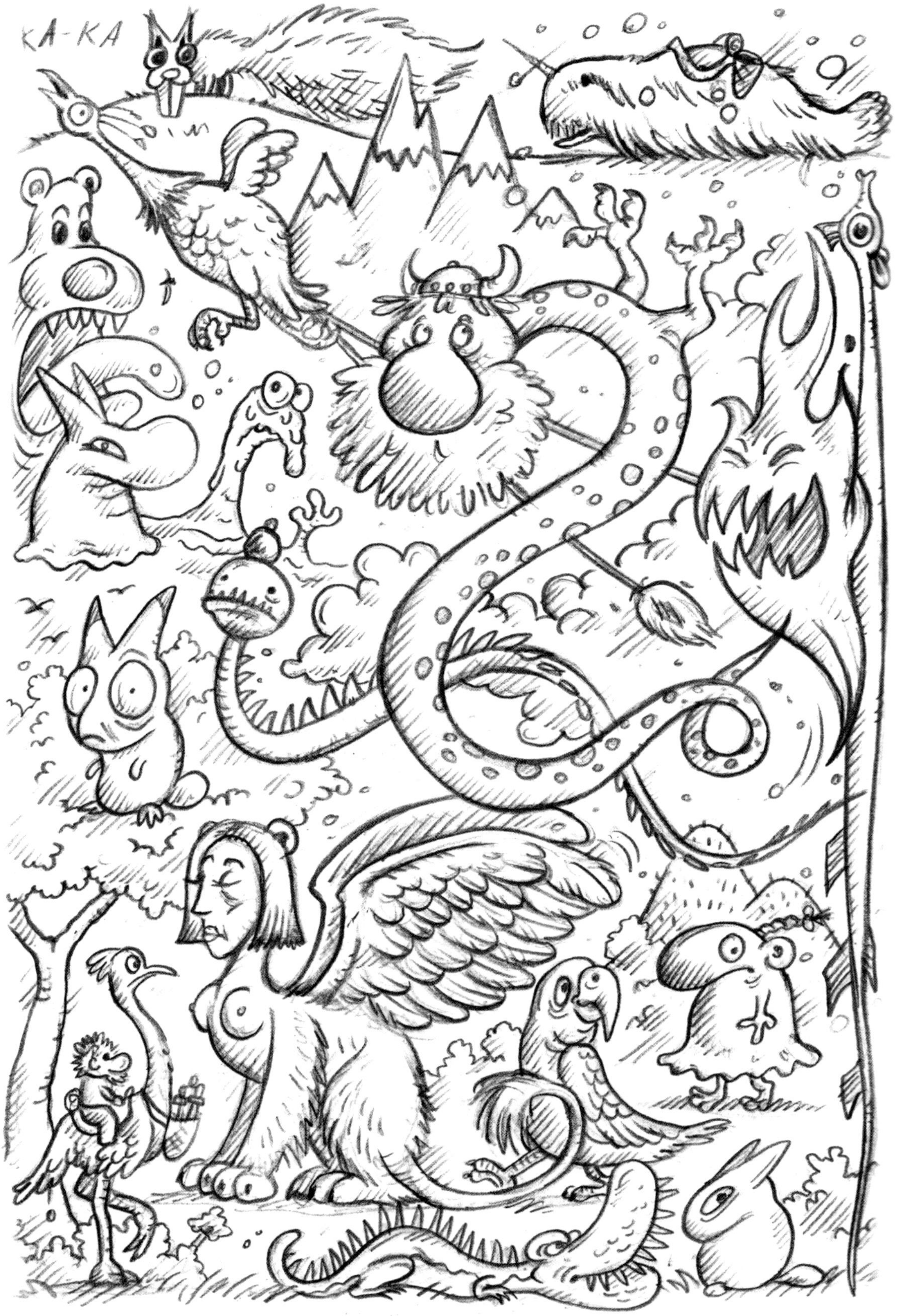
KA-KA

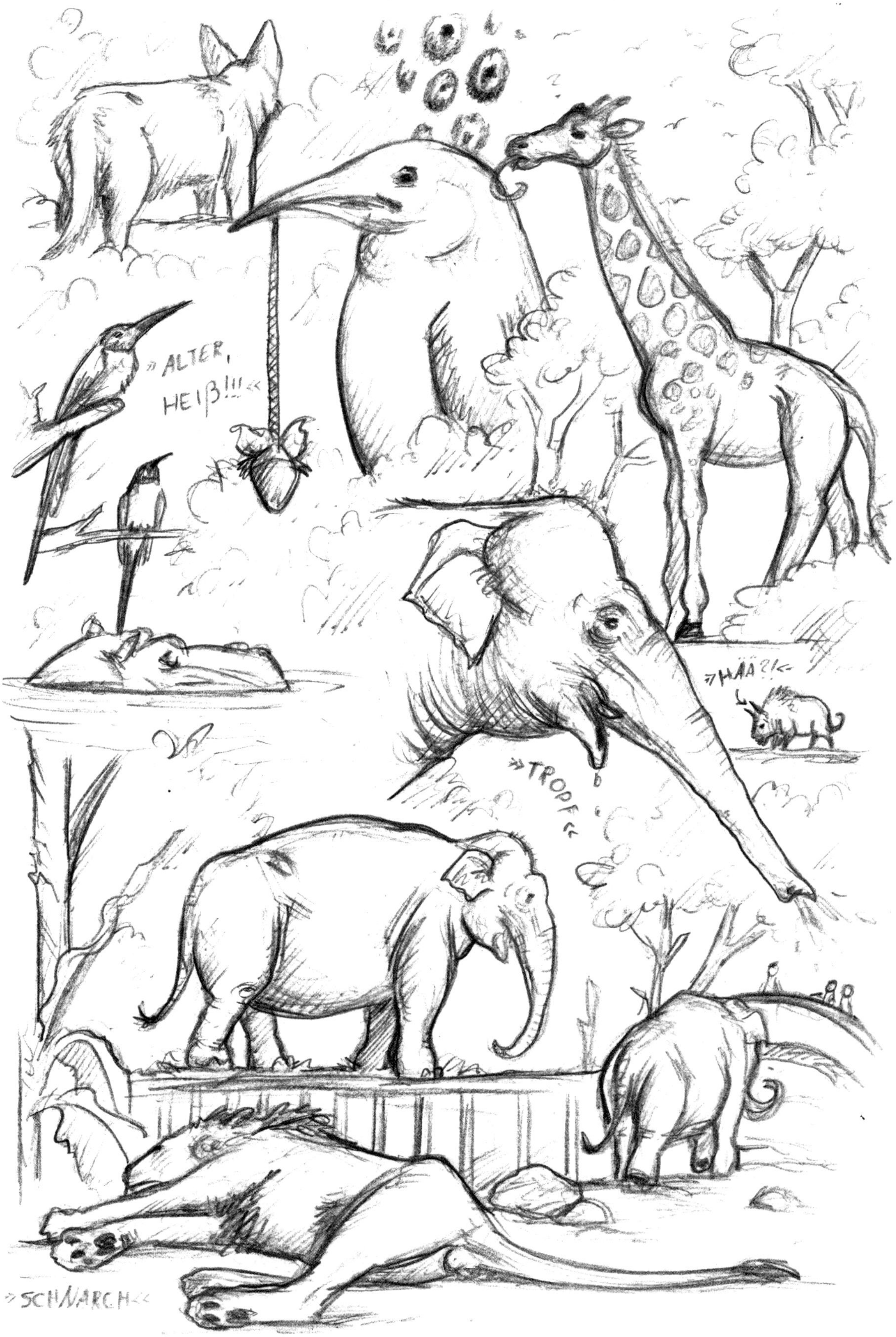
»ALTER, HEIß!!!«
»HÄÄ?!«
»TROPF«
»SCHNARCH«

## Expeditionen planen

### Der Stift als Wegbegleiter

Neben spontanem Skizzieren im Stadtpark oder im Bus kannst du natürlich auch planen, wo du gerne zeichnen willst. Besonders wenn du eine genaue Vorstellung von deinen Motiven hast, solltest du Orte aufsuchen, an denen du ganz konkretes Referenzmaterial findest. Was wäre für lebensechte Studien von Tieren besser geeignet, als sie sich live und in Farbe anzuschauen? Zoos, Tier- oder Wildparks sind nur einige von vielen Anlaufstellen. Auch in entsprechenden Museen oder Ausstellungen wirst du garantiert fündig.

Tipp: Versuch diese zeichnerischen Expeditionen auch einmal in der Gruppe zu planen. Entweder ihr legt euch unterschiedliche Stationen zurecht, die ihr gemeinsam besucht, oder aber ihr schwärmt aus und vereinbart einen bestimmten Treffpunkt, an dem ihr euch später zusammenfindet und die Ergebnisse präsentiert. Kreativer Austausch mit Gleichgesinnten ist eine tolle Möglichkeit, um neuen Input zu erhalten, Inspiration zu schöpfen und voneinander zu lernen.

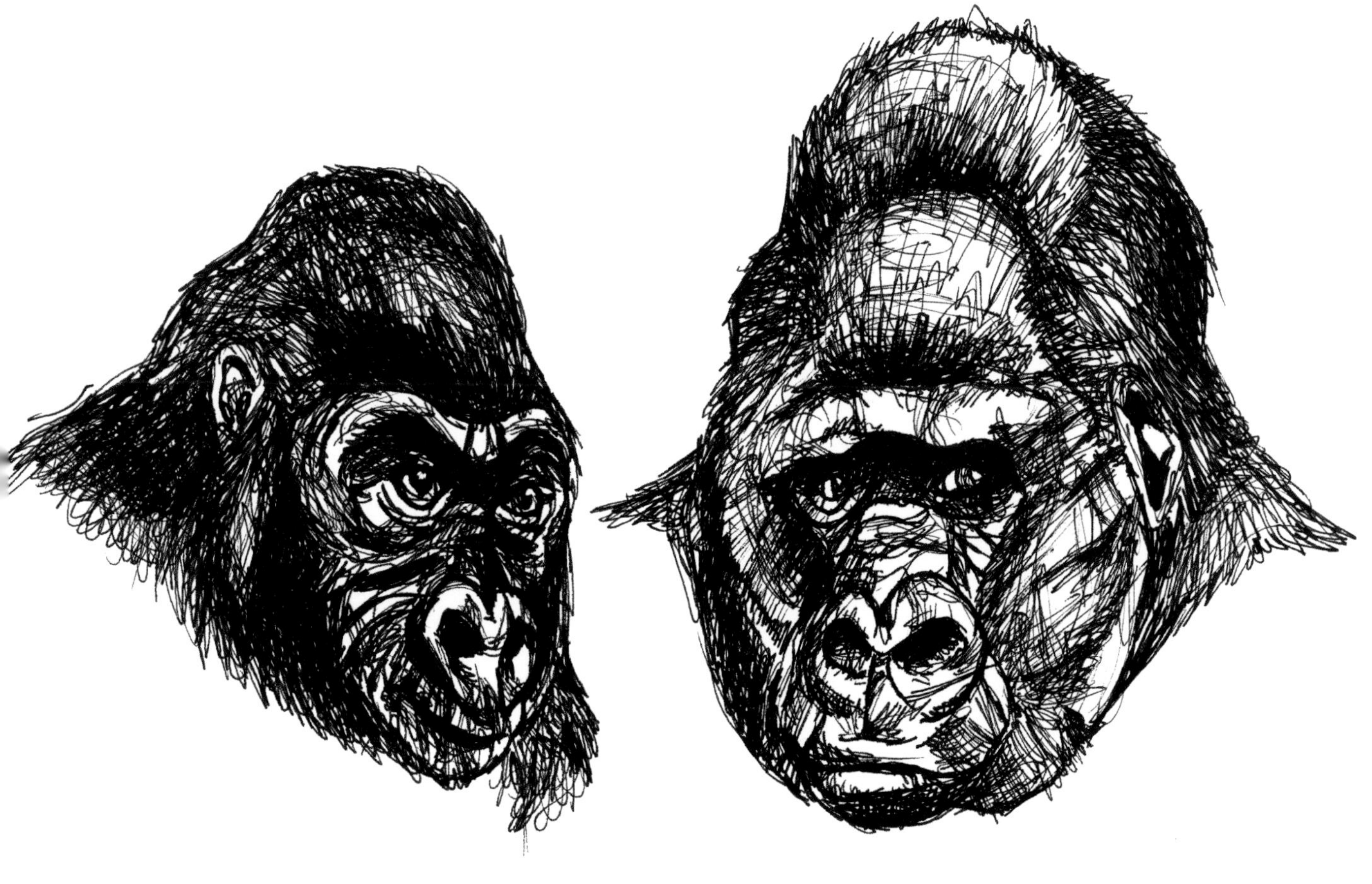

## Urban Sketching

### Mit Tusche durch die Stadt

Wenn du deinen kreative Ausflug lieber in die Stadt verlegen möchtest, ist das Urban Sketching bestimmt etwas für dich. Dabei handelt es sich um eine riesige Gemeinschaft von Künstlern, die Städte, Dörfer und sonstige Orte aufsuchen, um sie und die dort lebenden Menschen in ihren eigenen Interpretationen abzubilden. Meistens handelt es sich dabei um schnelle, reduzierte Skizzen ohne großen Materialaufwand. 2007 von dem amerikanischen Journalisten Gabriel Campanario aus Seattle ins Leben gerufen, ist aus der Bewegung inzwischen eine weltweite Community geworden, deren Mitglieder das Leben vor Ort möglichst so abbilden wollen, wie es ist. Alle können mitmachen: Hobby-Zeichner, professionelle Maler oder Illustratoren. Vielerorts gibt es mittlerweile feste Gruppen, die sich zum Zeichnen verabreden. Du kannst deine Werke, sofern du das möchtest, auch auf den sozialen Plattformen der Urban Sketchers teilen und auf diese Weise Teil der großen Bewegung werden.

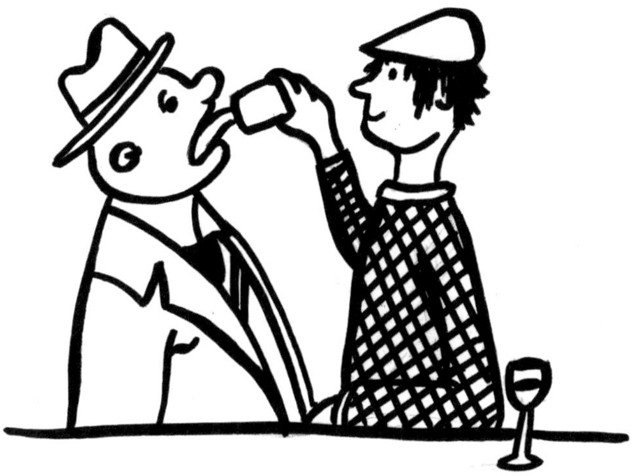

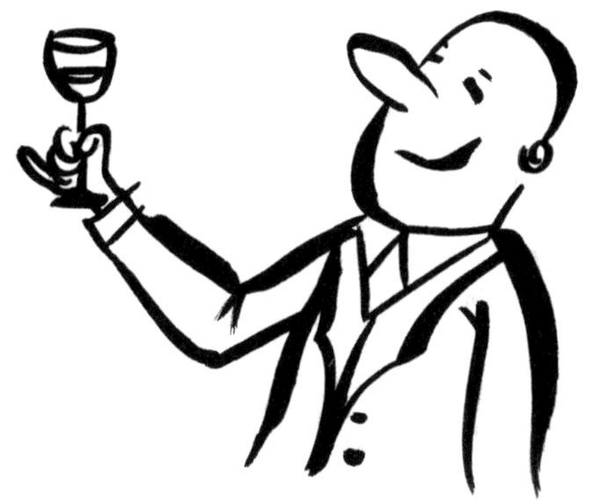

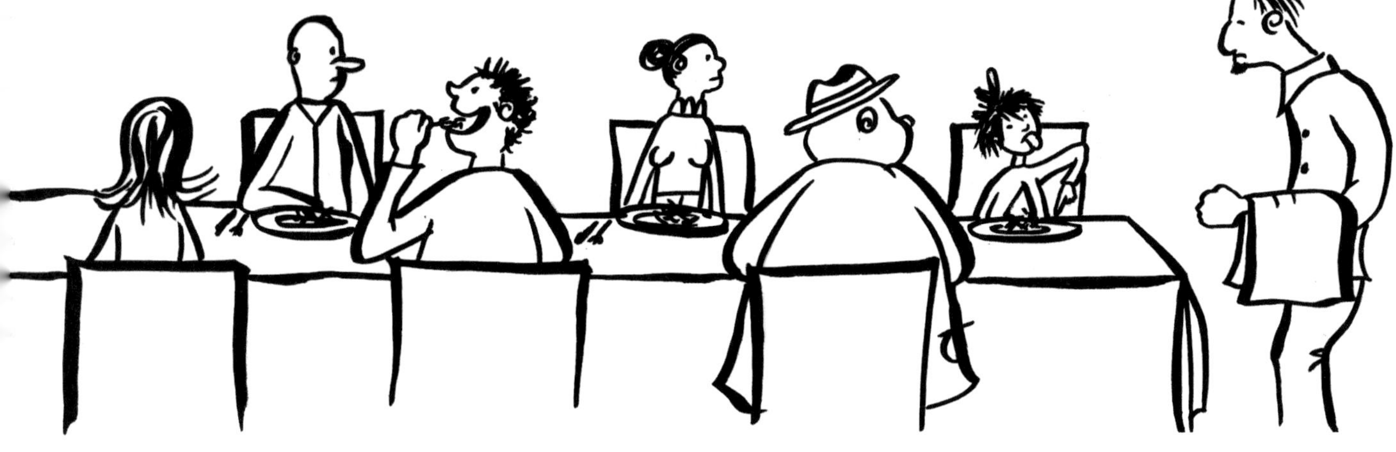

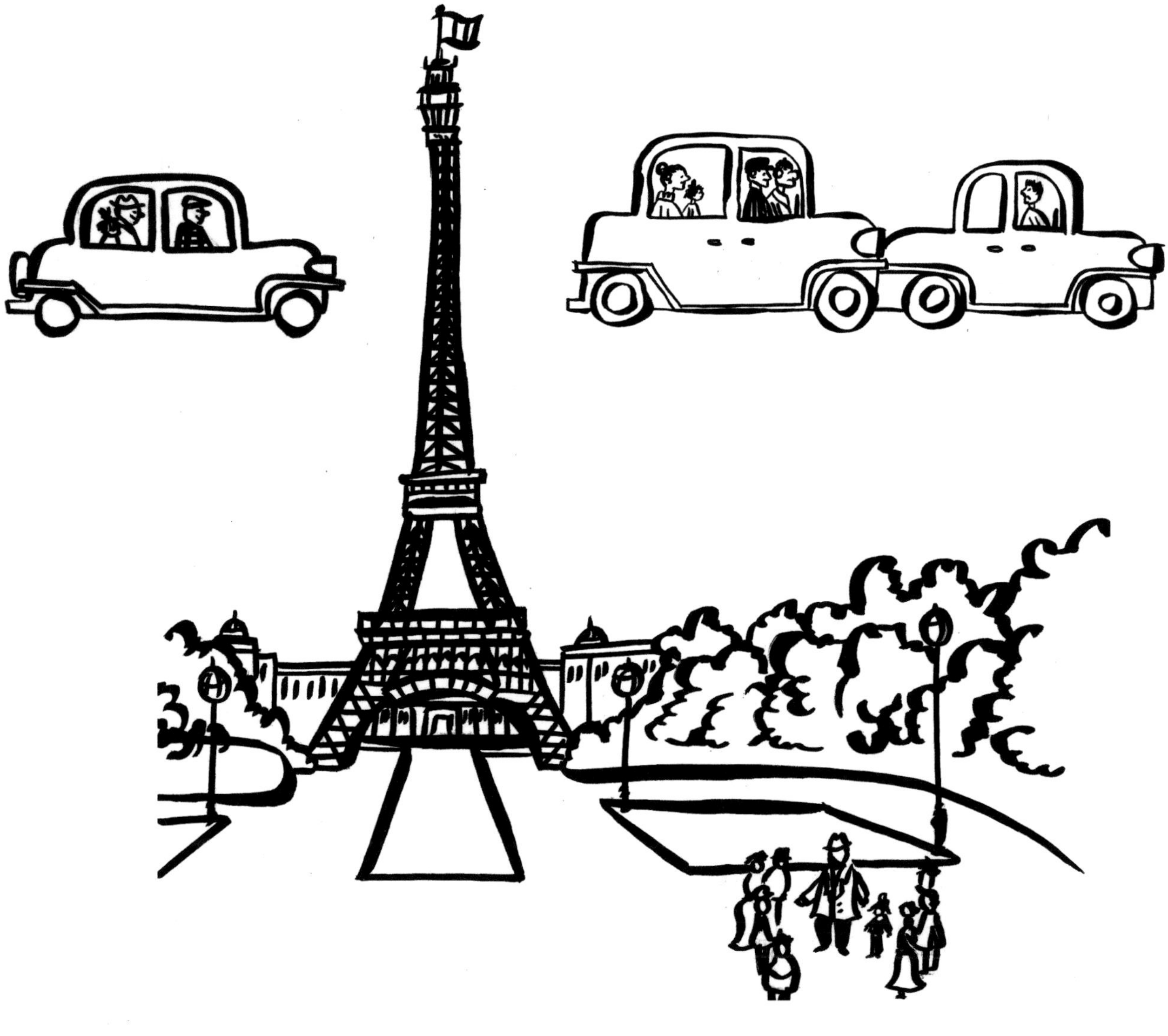
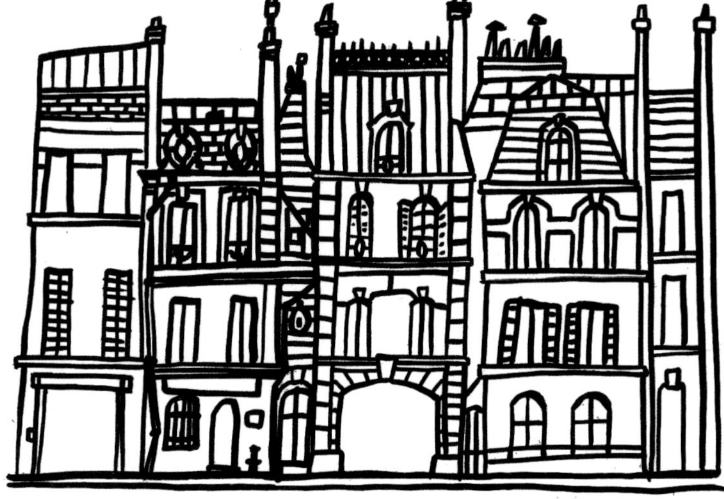
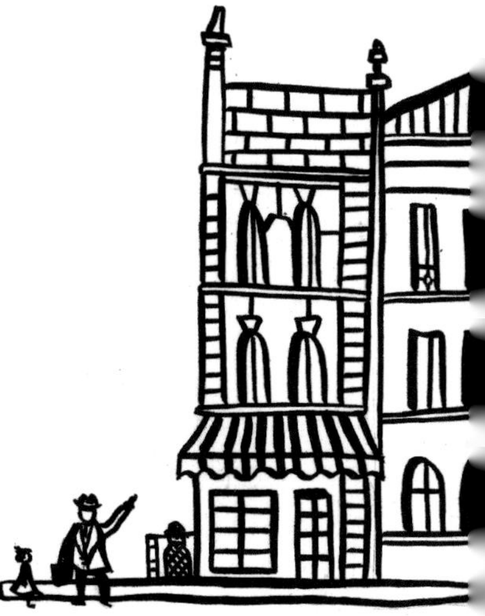

## Den Blick schärfen

### Das Ziel im Auge behalten

Ein waches Auge wird dir nicht nur helfen, deine Zeichnung an den richtigen Stellen weiterzuentwickeln und eine ausgewogene Gesamtkomposition zu erhalten. Es ist ebenso für eine Fähigkeit wichtig, die dem kreativ-künstlerischem Prozess vorausgeht: das Suchen und Finden von Inspiration. Wenn du mit offenem Blick durch die Welt gehst, kannst du deine Inspiration fast an jeder Straßenecke finden – im Café, beim Spaziergang im Park, am Arbeitsplatz oder im Fitnessstudio. Allzu oft sind es die kleinen, alltäglichen Situationen, aus denen die wirklich großen Ideen hervorgehen. In der U-Bahn tummeln sich die unterschiedlichsten Charaktere. Bei abendlichen Spaziergängen kannst du beeindruckende Lichtstimmungen erleben. Die Formen eines Wasserhydranten oder Briefkastens können die Grundbausteine für ein Raumschiffdesign sein. Am besten, du hast dein Skizzenbuch immer griffbereit oder hältst den jeweiligen Moment als Foto fest, um ihn zu einem späteren Zeitpunkt abrufen und noch einmal betrachten zu können.

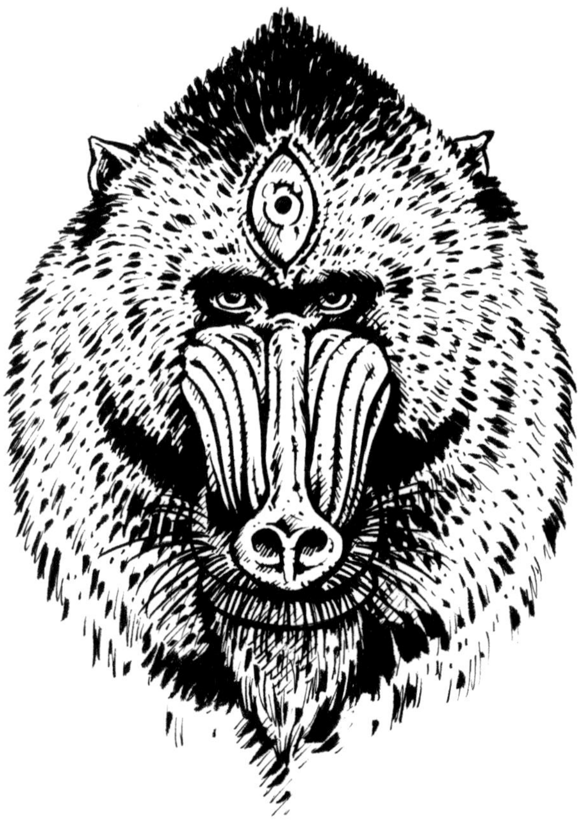

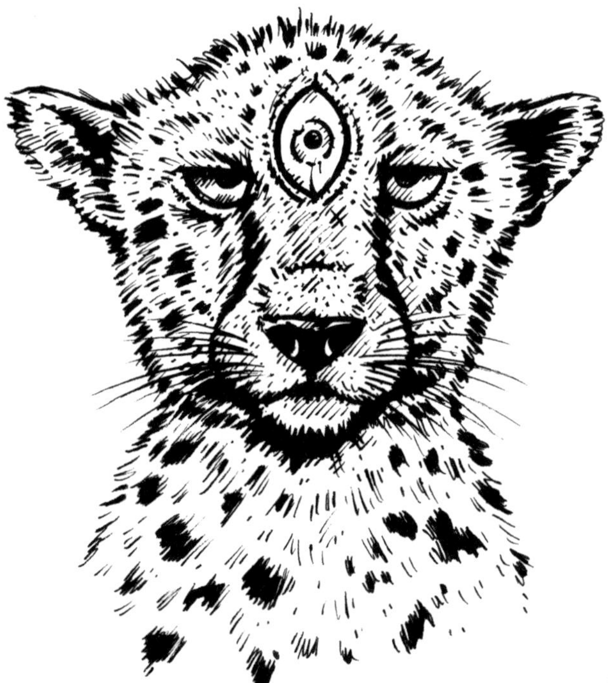

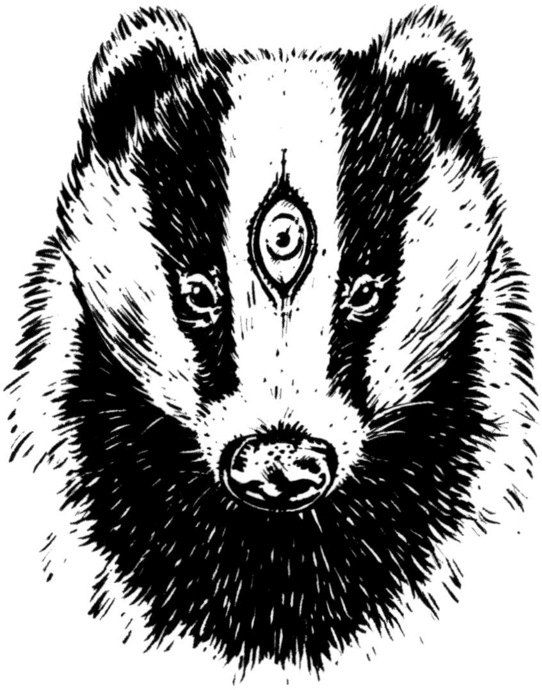

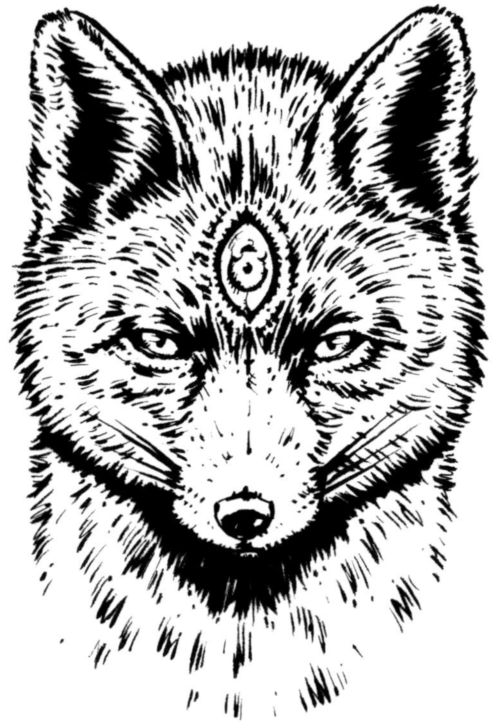

Während ich über den Inhalt zu diesem wichtigen Thema nachgedacht habe, kam mir plötzlich das sprichwörtliche dritte Auge in den Sinn, das mystisches Symbol für eine Wahrnehmung, die über das normale Sehen weit hinausgeht. Ich beschloss, aus diesem Konzept eine Serie zu machen und ein paar Tiere mit diesem besonderen Organ auszustatten. Für gewöhnlich ist das besagte dritte Auge unsichtbar, ein Umstand, den ich einfach mal ignoriert habe.

Was du bei keinem deiner Werke aus den Augen verlieren solltest, ist das große Ganze: Nur die Gesamtwirkung entscheidet darüber, ob ein Bild stimmig und wirkungsvoll ist oder nicht. Ein einfacher Trick ist die Betrachtung aus der Distanz oder im Spiegel. So erkennst du am schnellsten, wo eventuelle Ungleichgewichte in der Komposition liegen, ob die Verteilung von hellen und dunklen Flächen unausgewogen ist und ob du eventuell noch einmal Hand anlegen musst.

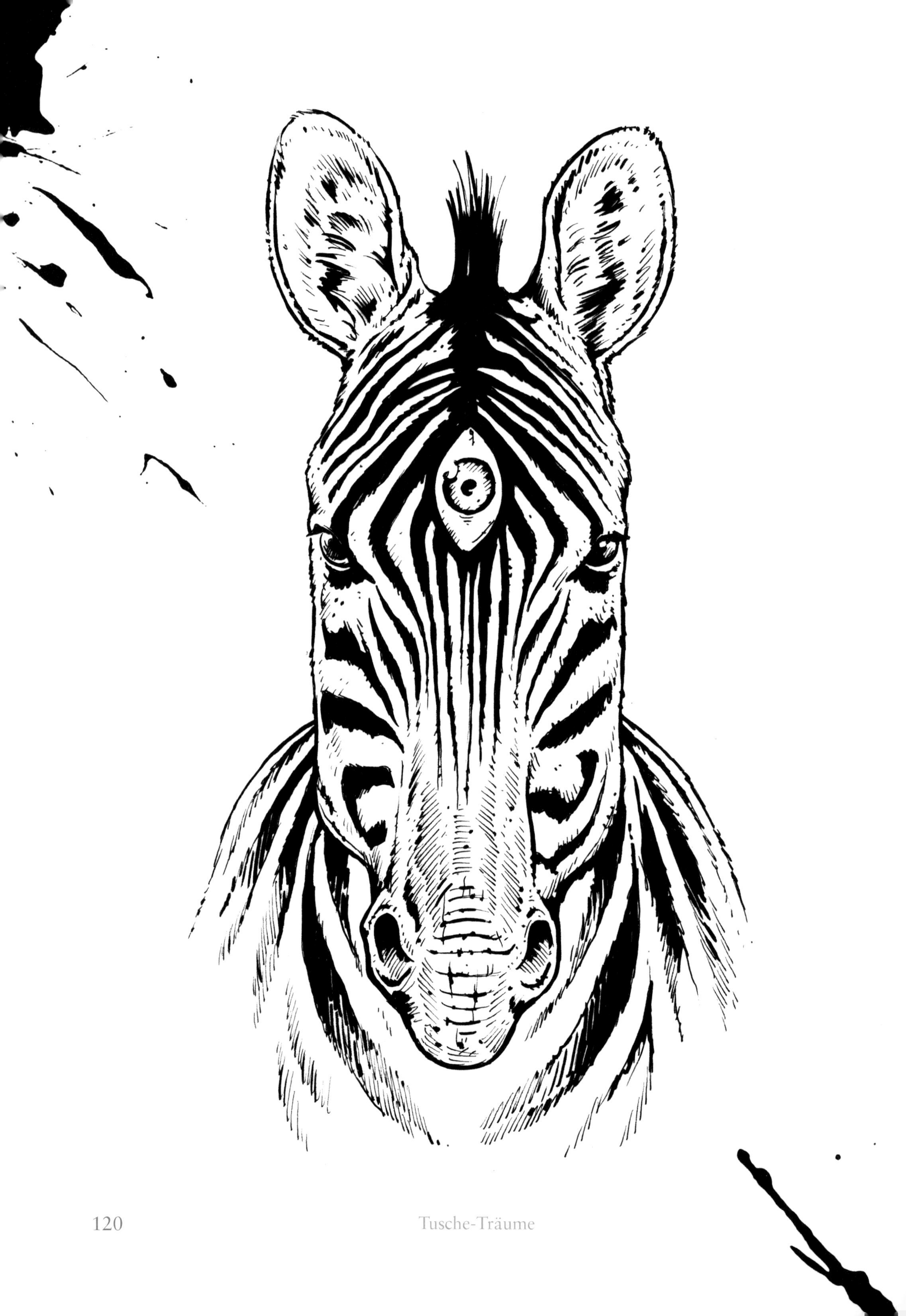

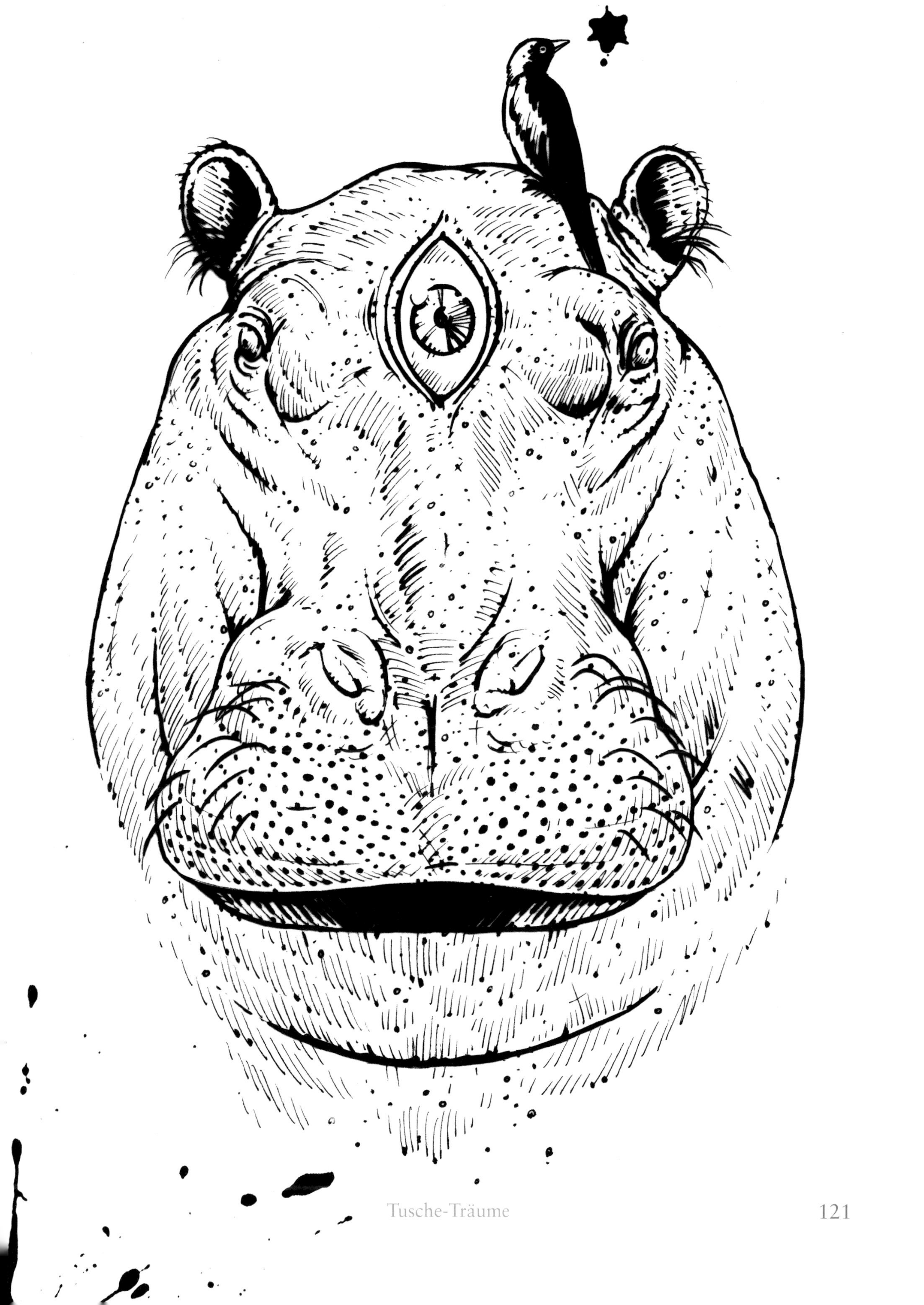

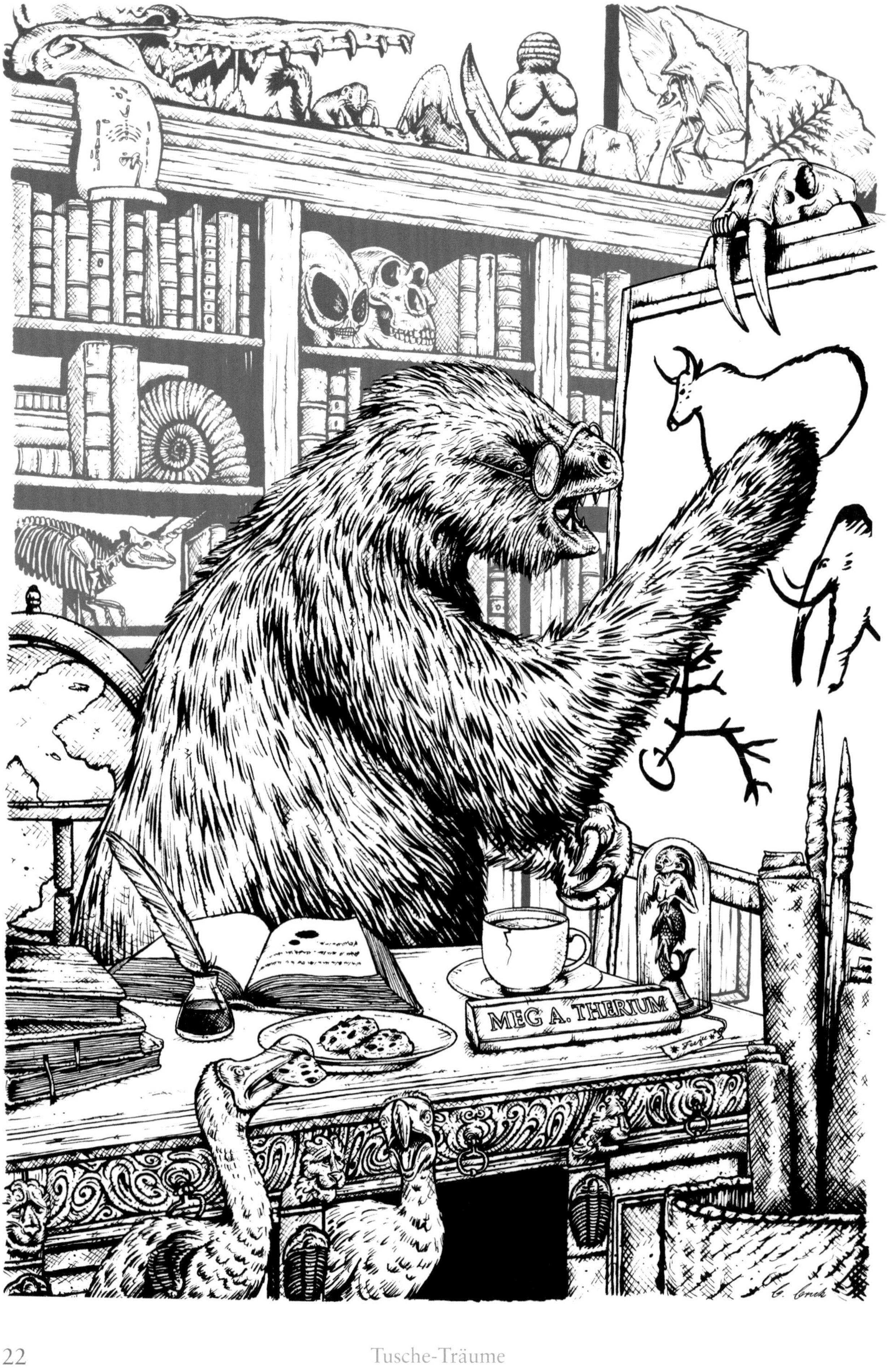
MEG A. THERIUM

## Recherchen anstellen

### Experte werden

Jede gute Zeichnung beginnt damit, dass du dich mit den Dingen auseinandersetzt, die du darstellen möchtest. Je mehr du über sie weißt, umso detaillierter und überzeugender wird dein Werk. Im Folgenden möchte ich dir nicht nur den Prozess einer Bildkonzeption näherbringen, sondern dir außerdem verraten, welche Überlegungen hinter den Werken stecken.

Für das Bild auf der gegenüberliegenden Seite bin ich beispielsweise tief in die prähistorische Tierwelt eingetaucht. So tief, dass die Recherche auch noch für weitere Bilder gereicht hat. Die Grundidee war, dass die modernen Wissenschaften scheinbar jedes bedeutende Mysterium und Rätsel erklären können. Fossile Knochen und andere archäologische Funde geben den Forschern Einblicke in Welten und Ökosysteme aus längst vergangenen Zeiten. Von einigen Spezies sind neben Versteinerungen sogar Mageninhalte, Fell- und Hautreste erhalten geblieben, sodass sich Erscheinung, Lebensgewohnheiten und Verhalten dem Anschein nach recht detailliert rekonstruieren lassen. Doch wie genau sich das Leben jener prähistorischen Geschöpfe gestaltete, wie sie sich bewegten, wie sie aussahen und wie sie fühlten, ist für uns Menschen auf ewig verloren.

Dieses Werk mit dem Titel »Insider« holt einige dieser ausgestorbenen Kreaturen wie selbstverständlich in die Gegenwart zurück, nicht als lebende Fossilien oder Museumsattraktionen, sondern als gleichwertige Teile der Gesellschaft. Im Fokus steht das Riesenfaultier Megatherium, das als Gelehrter dargestellt wird und besser als jeder andere über seine Zeit und deren Umstände zu berichten weiß. Das Studierzimmer ist mit allerlei Artefakten, Relikten und archäologischen Funden vollgestellt. Viele davon, zum Beispiel die Versteinerungen auf dem Schrank im Hintergrund, sind real. Es befinden sich jedoch auch fiktive Objekte in der Sammlung: das Skelett eines Ur-Einhorns und ein außerirdischer Totenschädel. Letztere sollen darauf anspielen, wie wenig wir tatsächlich bis zum heutigen Tage erforscht haben und welche Wunder und Geheimnisse unentdeckt sind. Ferner beinhaltet das Werk die Aufforderung, Selbstverständlichkeiten von Zeit zu Zeit zu hinterfragen, eigene Fehler und Unwissenheit einzugestehen, neue Wege in Betracht zu ziehen und an diesen Erkenntnissen zu wachsen.

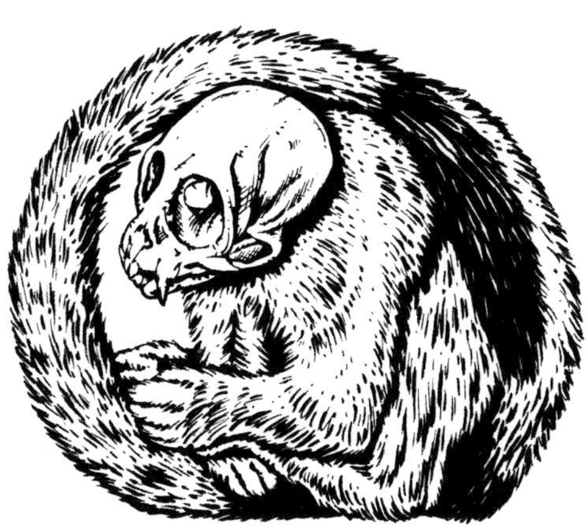

# Fokus setzen

## Details lieben lernen

Die visuelle Würze liegt bekanntlich im Detail. Details sind es, die einer Figur Lebendigkeit und Individualität verleihen, ihren Charakter beschreiben und viele spannende Interpretationen eröffnen: die Körperhaltung, eine besondere Nasenform, die Struktur der Kleidung usw.

Die beiden unten abgebildeten Figuren sind beispielsweise ganz eindeutig als Waldbewohner zu erkennen, wenngleich welche von der skurrilen Sorte. So orientiert sich die Körperform der Kauzhexe (links) an der einer Eule. Auch die stechenden Augen und die schnabelförmige Nase kombinierenmenschliche und tierische Züge miteinander.

Auf der rechten Bildseite sehen wir einen Baumgeist, ein wahrer Meister der Tarnung, der sich mit seinen stämmigen Beinen bestens in die Umgebung einfügt. Vor allem für solche Suchbilder kann sich die Ausarbeitung von Details lohnen.

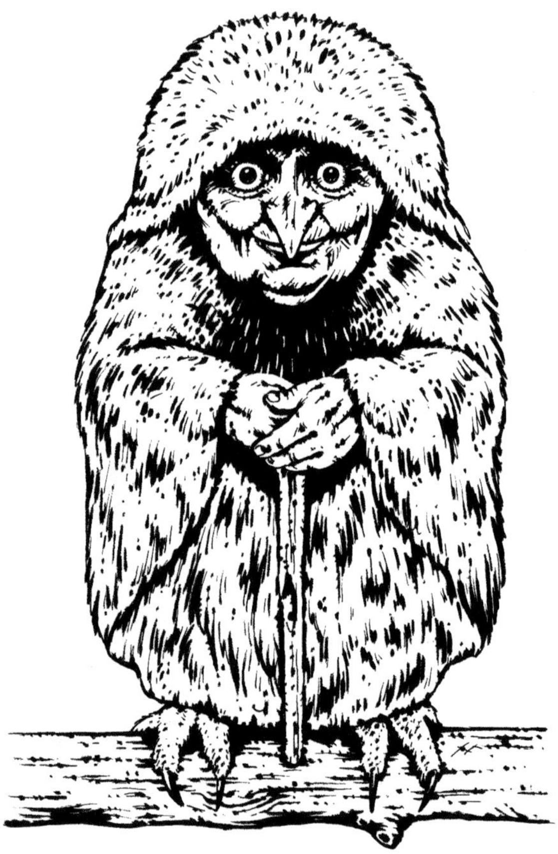

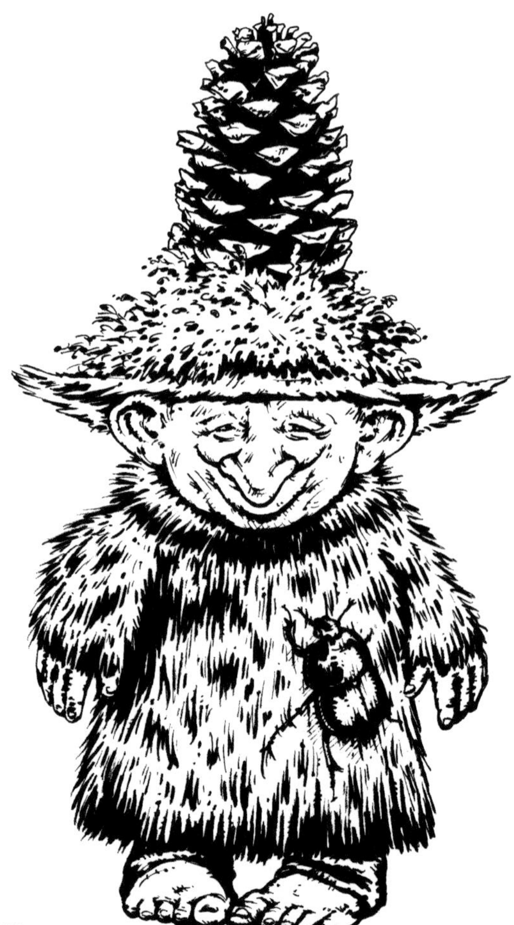

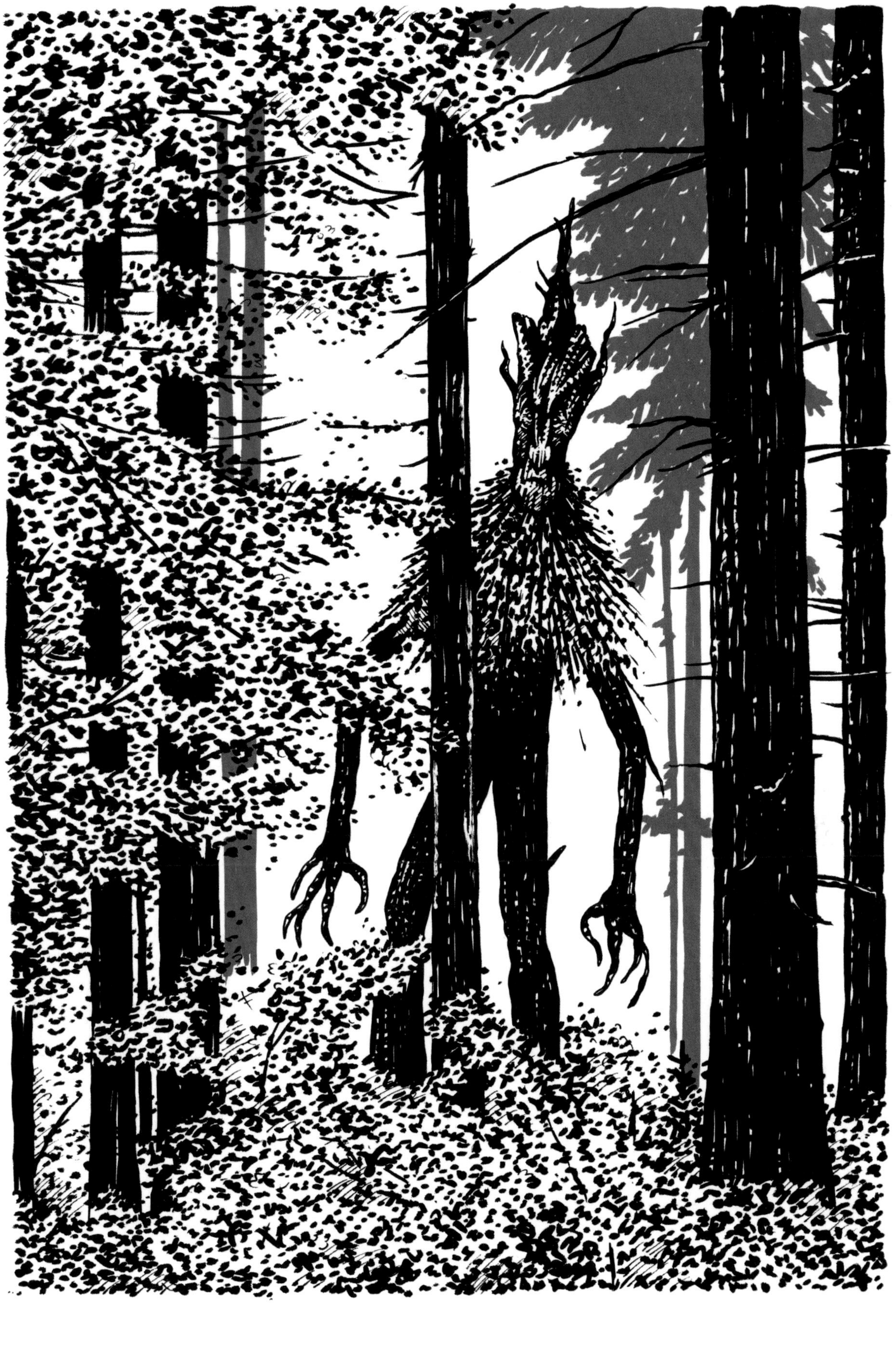

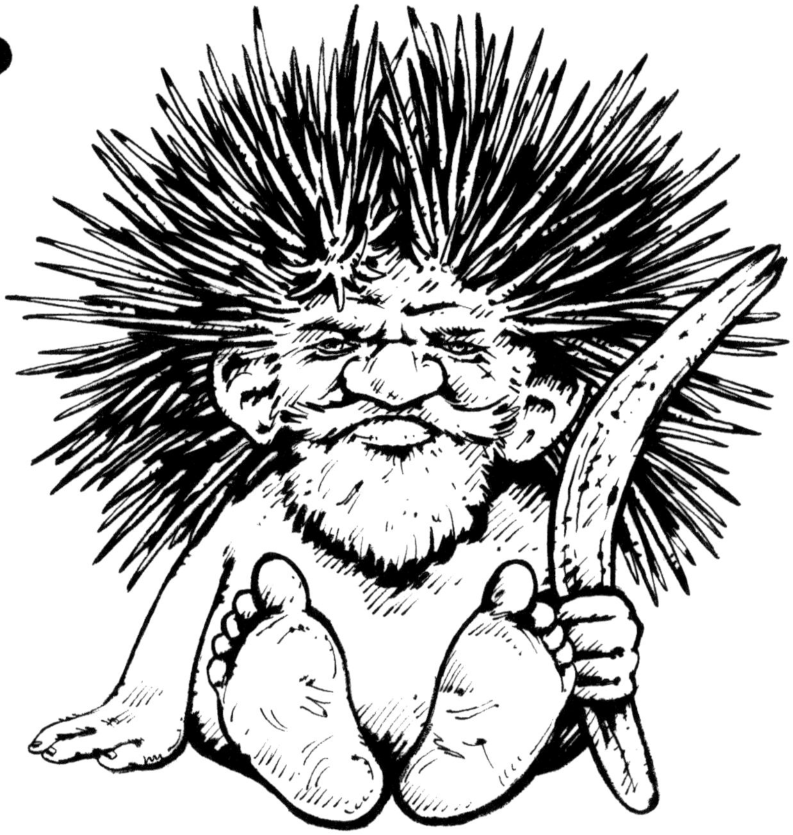

Oft kommen Ideen für Designs oder Figuren buchstäblich aus dem Nichts. Dieses kleine Kerlchen mit der stacheligen Frisur entstand z.B., nachdem ich mich während der Recherche für den Ink-Atlas mit den australischen Ureinwohnern, den Aborigines, und der einheimischen Tierwelt beschäftigt hatte. Dabei stieß ich unter anderem auch auf den Ameisenigel, ein eierlegendes Säugetier, das ausschließlich in Australien lebt. Weil ich immer wieder an dieses putzige Tierchen denken musste, entschied ich, es in irgendeiner möglichst innovativen Form für dieses Buch zu interpretieren. Ergebnis ist das australische Igel-Männchen, ein Outback-Äquivalent zu unseren Zwergen, Wichteln oder Heinzelmännchen. Um die ganze Sache noch etwas abzurunden, hält das Wesen einen Boomerang in der Hand.

Wie du siehst, sind Inspiration und Kreativität eine Kette von Abläufen und Überlegungen, von der du nie weißt, was am Ende dabei herauskommt. Genau das macht das Zeichnen für mich so aufregend und reizvoll: Es wird einfach niemals langweilig.

Der Umgang mit Details ist natürlich nicht nur für die Kreation fiktiver Wesen und Figuren wichtig, sondern für alle zeichnerischen Motive. Falls du u.a. ein realistisches Tier oder eine Pflanze zeichnen willst, solltest du im Vorfeld ausreichend Bildmaterial zusammentragen und auch einiges zum Verhalten und den Lebensräumen recherchieren. Das Ganze hat nicht nur den Zweck, deine Zeichenergebnisse naturalistischer und glaubwürdiger zu gestalten. Vielmehr wirst du mit der Zeit eine stetig wachsende »Kopfbibliothek« anlegen, aus der du auch für zukünftige Werke immer wieder Inspiration schöpfen kannst.

Im Zuge meiner zeichnerischen Praxis und durch intensive Recherchen habe ich nicht nur eine Menge über Tiere, Kulturen und Ästhetiken gelernt, sondern bin darüber hinaus auch im Umgang mit Anatomie, Formgebung und im Aufbau komplexer Bildinhalte viel sicherer geworden. So weiß ich schon jetzt, was ich beim Zeichnen eines Feuersalamanders beachten muss, sodass das nächste Exemplar sicher wieder ein kleines bisschen besser werden wird.

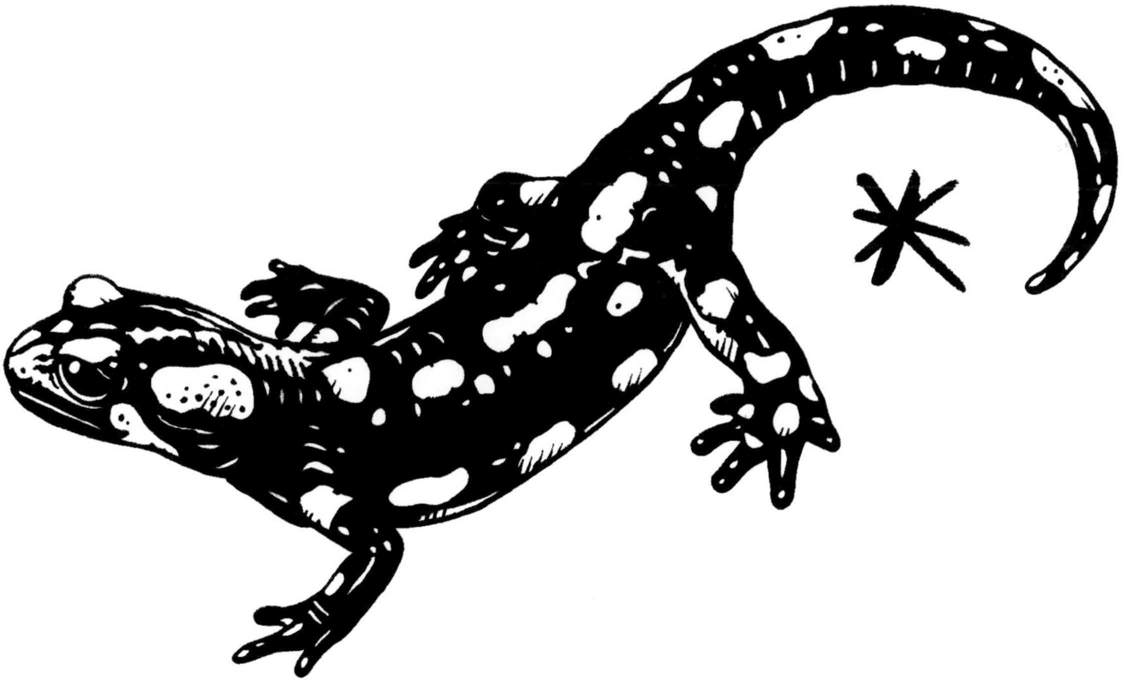

# Grenzen sprengen

## Über sich hinauswachsen

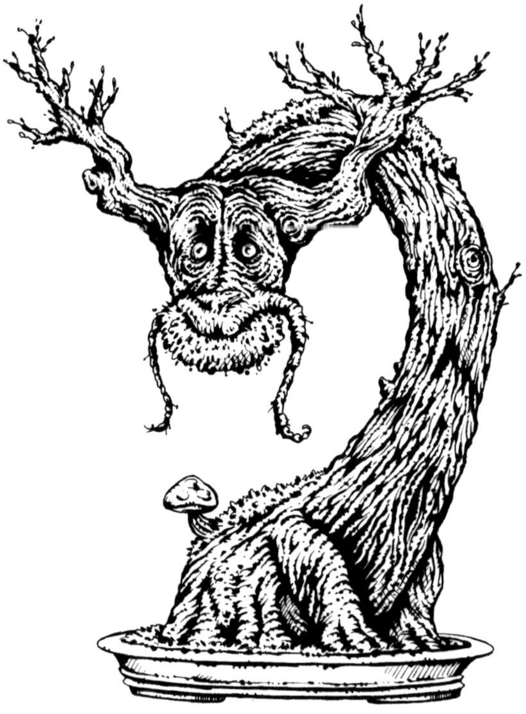

Die Inspiration für Werk auf der rechten Bildseite war tatsächlich ein seltsamer Traum, in dem ich mich langsam in ein drachenähnliches Geschöpf verwandelte. Zeitgleich zu dieser körperlichen Metamorphose veränderte sich auch der umliegende Raum, in dem ich mich befand: Gräser, Blumen, Büsche und sogar ganze Bäume wuchsen wie im Zeitraffer aus dem Boden. Die Wände bewegten sich auseinander und die Decke öffnete sich zu einem klaren Abendhimmel, an dem bereits die ersten Sterne auftauchten. Dieser Traum gehört zu den intensivsten und friedlichsten, die ich jemals hatte. Er transportierte das Gefühl von Erlösung und innerer Ruhe.

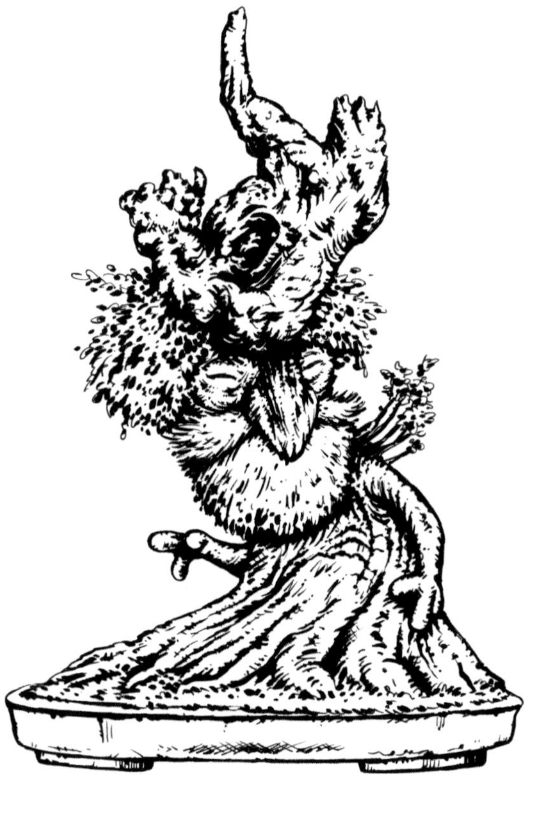

Eben jene Gefühle und Erfahrungen wollte ich im Werk »Lebensraum« bildlich umsetzen. Es zeigt einen wohnlichen Innenraum, der sich bereits zu großen Teilen in einen Wald verwandelt hat. Auf dem Sofa im Zentrum des Bildes ruht ein Drachenwesen. Bezeichnend ist, dass eine eher wilde und gefährliche Kreatur, die auch als Sinnbild ungebändigter Emotionen interpretiert werden kann, in einer sanften und entspannten Position dargestellt wird. Die Motive der Wandbilder werden ebenfalls lebendig und sprengen ihre Rahmen. Kleine geisterhafte Kreaturen schweben wie Gedanken vorüber.

Der Prozess der Verwandlung von Raum und seinem eigenen Selbst steht metaphorisch vor allem für die Befreiung des Geistes und das Abstreifen alter Konventionen, Regeln und Ballast. Auch der Titel des Bildes, Lebensraum, bezieht sich nicht nur auf eine gegenständliche Umgebung, sondern vielmehr auf jenen Ort in unserem Bewusstsein, in den wir abtauchen können, wo wir Ruhe finden und der uns Kraft verleiht.

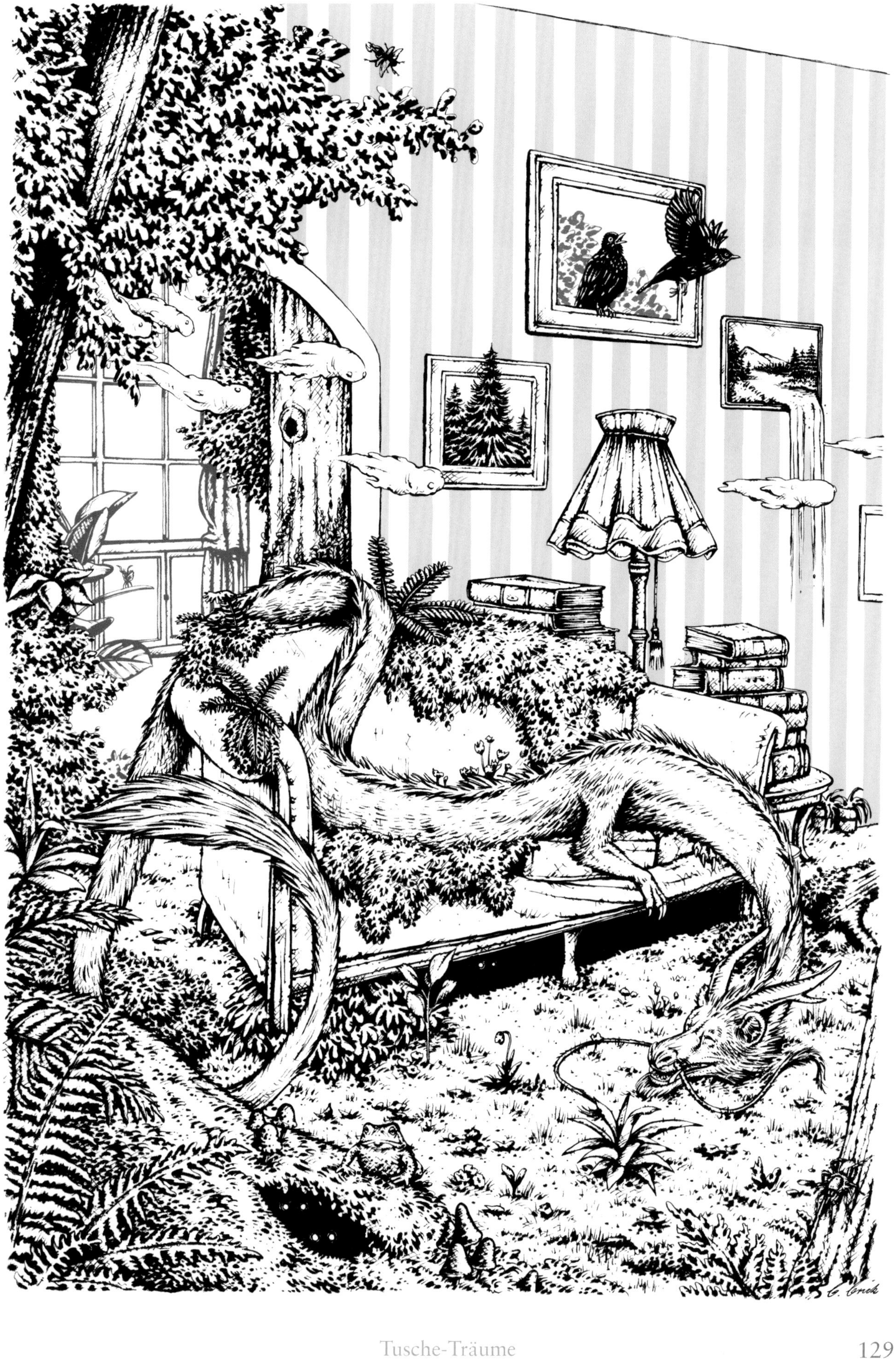

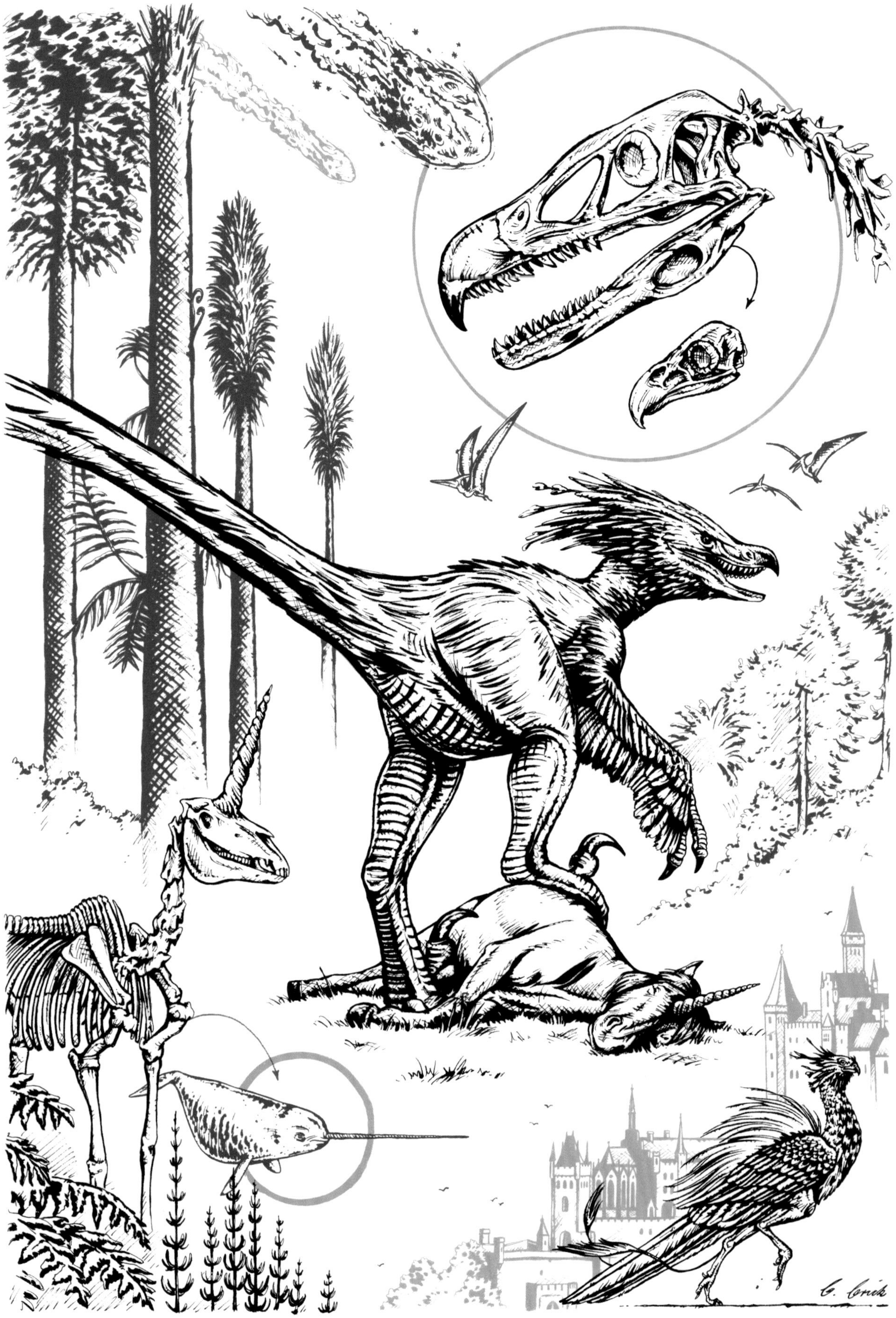

# Sich weiterentwickeln

## Stetig besser werden

So wie sich das Leben auf der Erde über lange Zeit entwickelt und perfektioniert hat, so verhält es sich auch mit den zeichnerischen Fähigkeiten. Nur dass sie keine Jahrmillionen reifen, sondern auf eine einzige Lebenszeit komprimiert sind. Dieser Umstand sollte dir Anlass genug sein, deine kostbare Zeit mit Bedacht zu nutzen. Neben allen ehrgeizigen Zielen und fleißigem Lernen solltest du das Wichtigste bei der Entfaltung deiner Kreativität niemals vergessen: den Spaß. Nur durch Spaß wirst du auf eine gesunde Weise am Ball bleiben, Grenzen überwinden und besser werden.

Bei der Konzeption für eine Beispielzeichnung zum Thema Entwicklung, im biologischen Sinne auch Evolution genannt, habe ich mir die Frage gestellt, ob eventuell auch Fabelwesen wie Drachen und Greife eine Stammesgeschichte haben und wie mögliche Vorfahren ausgesehen haben könnten. Letztlich fiel die Wahl auf den Phönix, Sinnbild der Wiederauferstehung. Mir gefiel die Vorstellung, dass die eleganten Vögel mit den magischen Eigenschaften nicht immer so sanftmütig und glückbringend waren, und ich landete dabei schnell bei den Ahnen unserer realen Vögel, den Dinosauriern. Auf diese Weise entstand ein grimmig dreinblickendes, gefiedertes Wesen mit Sichelkrallen an den Zehen, vor dem man sich in der Urzeit unbedingt in Acht nehmen musste. Selbst für die anmutigen Einhörner konnte ein solcher Prä-Phönix gefährlich werden.

Letztlich bleibt die Auferstehung des Feuervogels aus einem Haufen Asche eine Metapher, die auch in Bezug auf die Entwicklung künstlerischer Fähigkeiten zutrifft. Meiner Erfahrung nach sind weniger gelungene Werke und sogar kreative Krisen, in denen man einfach nur frustriert von der eigenen Arbeit ist, notwendig, um die nächste Sprosse auf der Leiter der persönlichen Entwicklung zu erklimmen. Für mich ist das Zeichnen nicht nur eine kreative Beschäftigung und mittlerweile auch Beruf. Ich betrachte es vielmehr als einen Lehrmeister, der mir in allen Lebensbereichen hilft und mich dadurch nicht nur zu einem fähigeren Künstler, sondern auch zu einem geduldigeren und besseren Menschen macht.

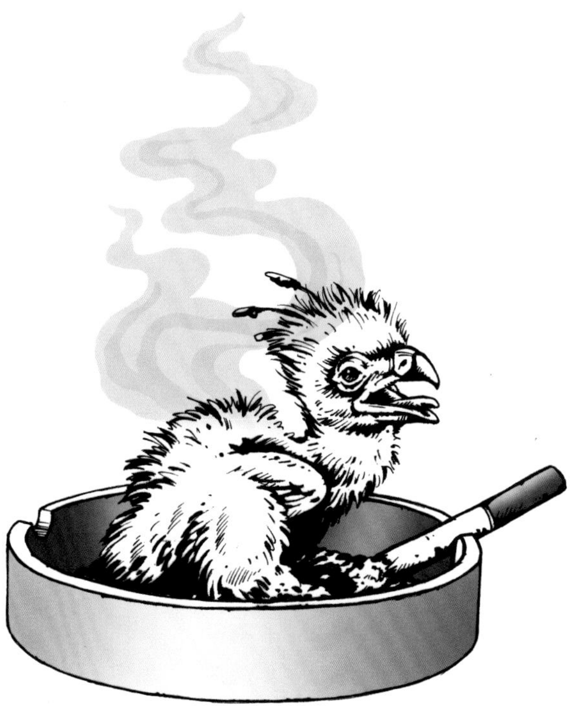

## Exkurs: Interaktion
### Bildliche Dialoge

Besonders spannend wird es, wenn deine Bilder neben interessanten Figuren und Kompositionen auch noch Interaktion enthalten. Eine Möglichkeit ist der Dialog zwischen zwei oder mehreren Figuren. Dabei kannst du deine Protagonisten auf vielfältige Weise in Szene setzen – sei es durch eine bestimmte Körperhaltung, Mimik und Gestik, sei es durch eine passende Umgebung, in der sich die Szene abspielt, oder auch, indem du das Gesagte in Textform hinzufügst, so wie es u.a. bei Comics und Mangas der Fall ist.

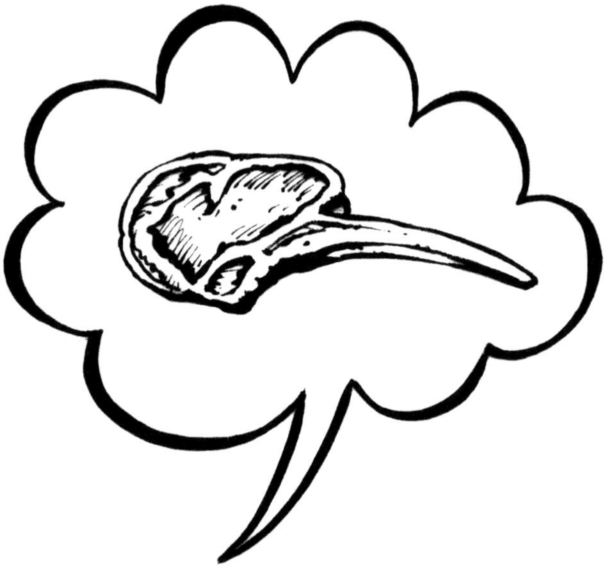

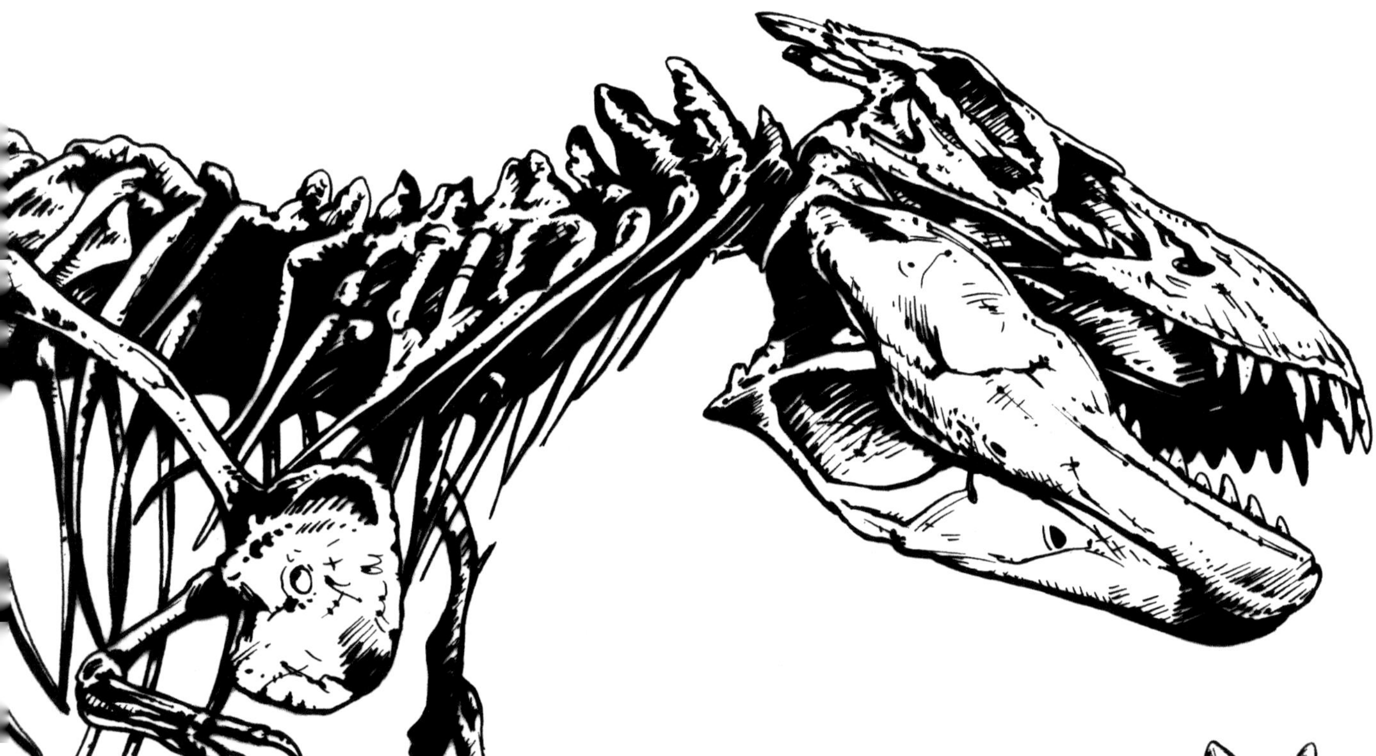

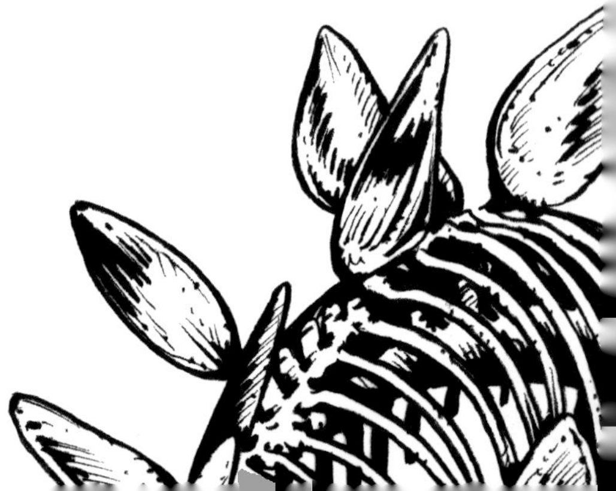

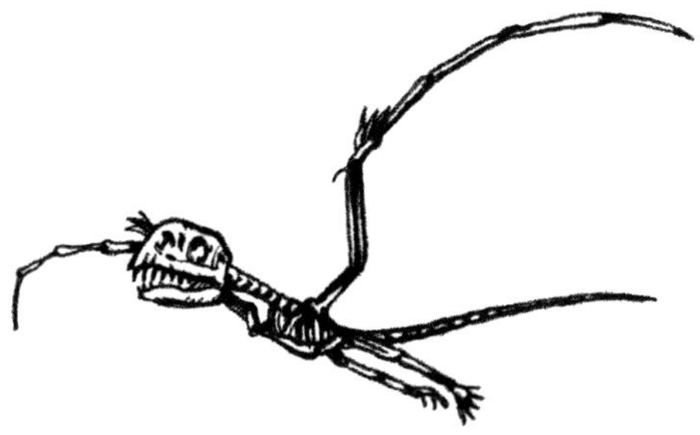

Bei den abgebildeten Beispielen habe ich mich dafür entschieden, die Sprech- und Gedankenblasen nicht mit geschriebenen Worten, sondern mit bildlichen Inhalten zu füllen.

Die dargestellte Situation beschränkt sich im Wesentlichen auf zwei Dinosaurier-Fossilien, die ihre Nahrungsgewohnheiten kundtun, auch wenn ich einräumen muss, dass kein lebender Triceratops jemals eine Ananas gefressen haben dürfte, weil die Früchte erst sehr lange Zeit nach den Riesenechsen entstanden sind.

Diese Art der Darstellung ist in ihrer Aussage nicht ganz so präzise wie ein beschreibender Text, doch genau darin liegt ihre große Stärke. So wird den Betrachtern ein Interpretationsspielraum eröffnet, ihre eigene Fantasie ist gefragt. Wollen die Dinosaurier lediglich klarmachen, dass einer ein Fleisch- und der andere ein Pflanzenfresser ist oder geht es möglicherweise um die Planung des gemeinsamen Grillabends und welche Snacks dafür noch zu besorgen sind?

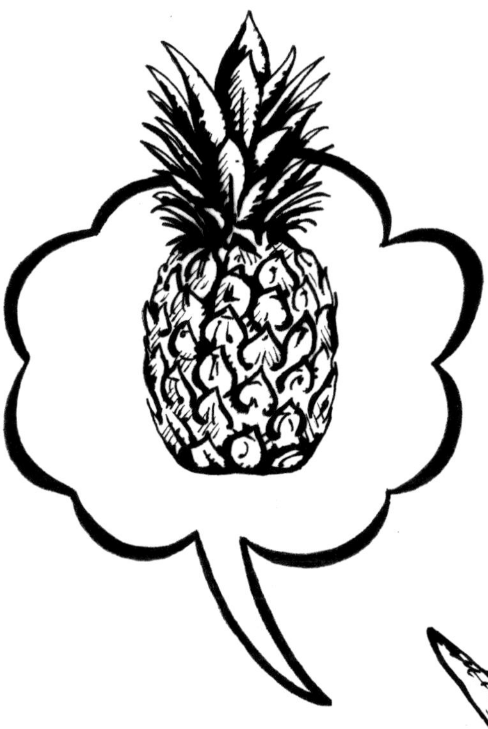

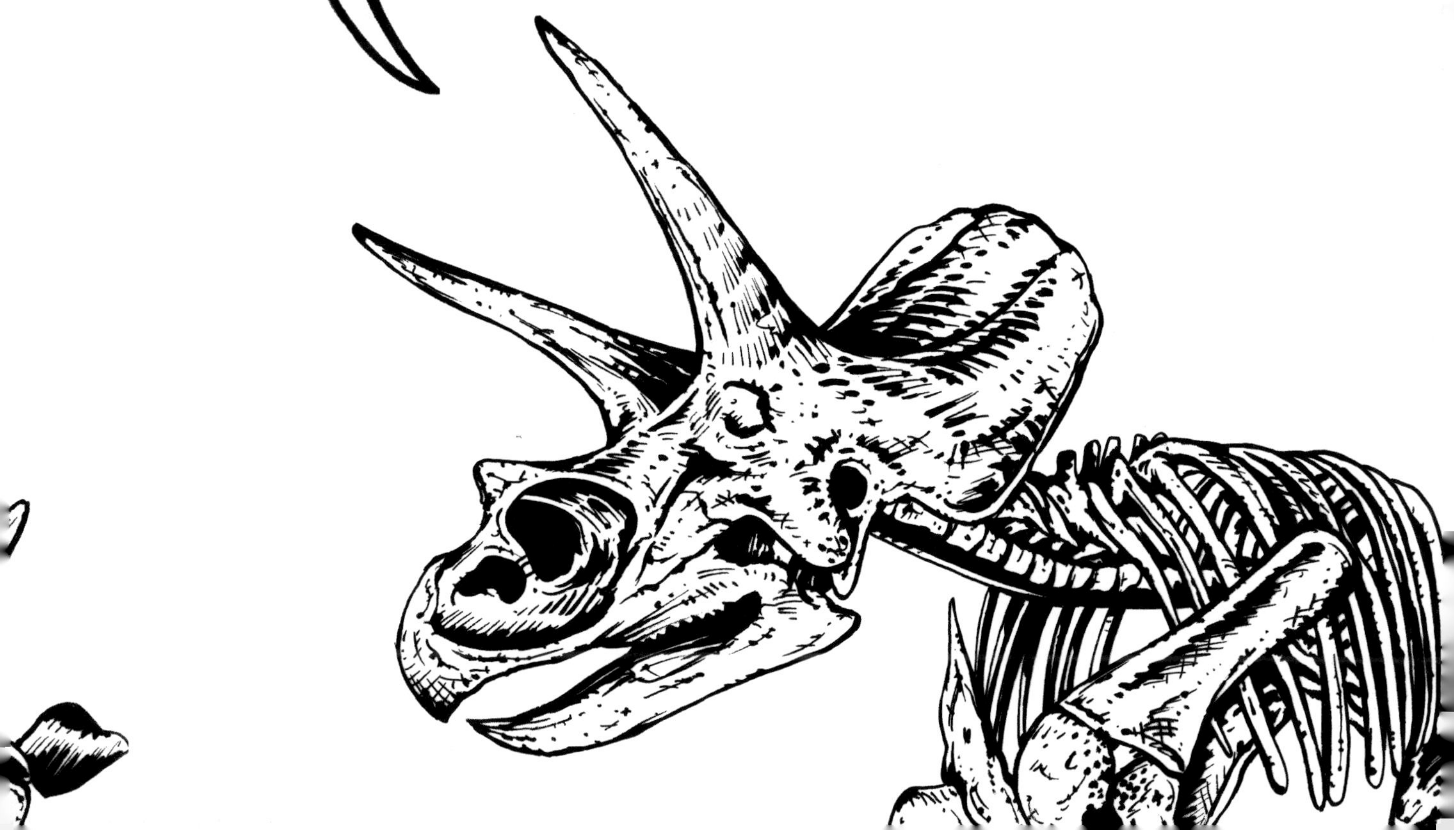

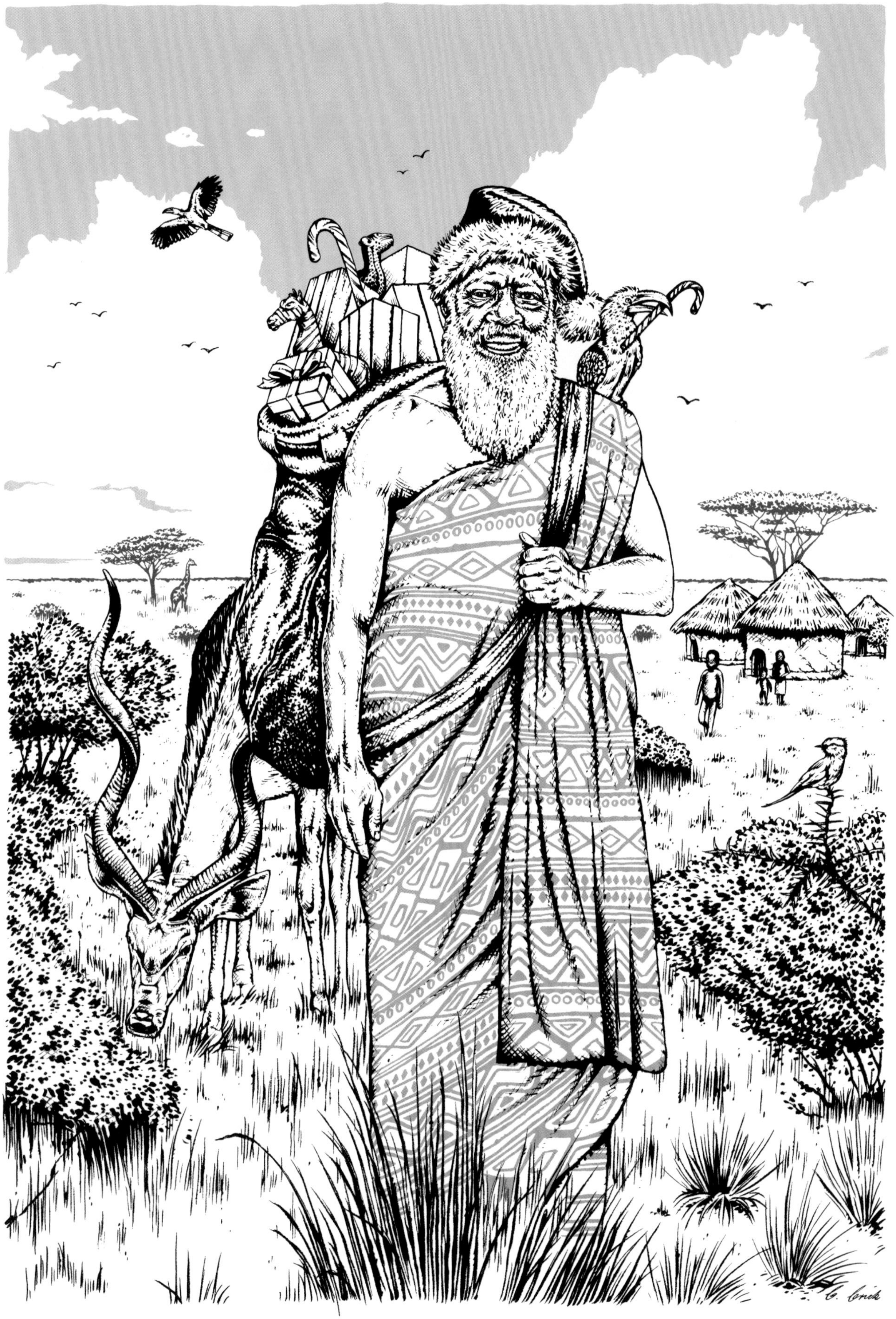

# Umdenken lernen

## Neue Wege entdecken

Als ich einen Beitrag las, der davon handelte, dass es heutzutage so gut wie keine bedeutenden afrikanischen Kultgegenstände mehr in ihrem Ursprungsland gibt, sondern dass sich die meisten von ihnen im Besitz europäischer Museen und privater Sammler befinden, machte mich das sehr wütend und traurig zugleich. Viele dieser Artefakte wie Masken, Figuren und sogar ganze Throne sind mehr als einfache Objekte, sondern Teile von Ritualen, Tänzen und Zeremonien und ein wichtiger Bestandteil der Identität der Menschen. Diese wurde ihnen durch das Fortschaffen der Artefakte genommen, und das überall in der Welt. Nach wie vor bedrohen Hass, Unverständnis und Kriege unsere Existenz und verschleiern eine einfache, fundamentale Wahrheit: Uns Menschen verbindet mehr, als uns trennt.

Mit dem Werk »Diversität« greife ich diesen Sachverhalt auf. Zu sehen ist eine scheinbar weihnachtliche Szene, wie die westliche Welt sie alljährlich zum Jahresende zelebriert. Ein bärtiger Mann mit Zipfelmütze und einem großen Sack voller Geschenke macht sich auf, um Freude und Glück in die Welt zu tragen. Anstelle einer weißen Winterlandschaft spielt die Szene jedoch in der afrikanischen Savanne, der Weihnachtsmann ist dunkelhäutig und wird nicht von einem Rentier, sondern von einer Antilope begleitet. Im Hintergrund stehen einige strohgedeckte Lehmhütten, vor denen Kinder warten. Der direkte Blick der Hauptfigur stellt eine sofortige Verbindung zu den Betrachtern her.

Das Bild soll uns daran erinnern, dass wir nicht allein auf der Welt sind, sondern sie uns mit vielen anderen Menschen und Kulturen teilen. Wir sollten dankbar für diese Vielfalt sein, denn dadurch können wir stetig etwas Neues entdecken und dazulernen. Das gilt vor allem für die Kunst. Ziel dieser Zeichnung war, etwas Gewohntes so zu verändern, dass neue Assoziationsketten entstehen. Auf den beiden Folgeseiten habe ich die weihnachtliche Thematik noch in ein paar weitere Richtungen gelenkt. Wann mögen wohl die ersten Weihnachtsmänner gelebt haben, und wie sahen sie aus? Was für Helfer hat eigentlich ein australischer Weihnachtsmann? Rentiere gibt es da ja nicht ...

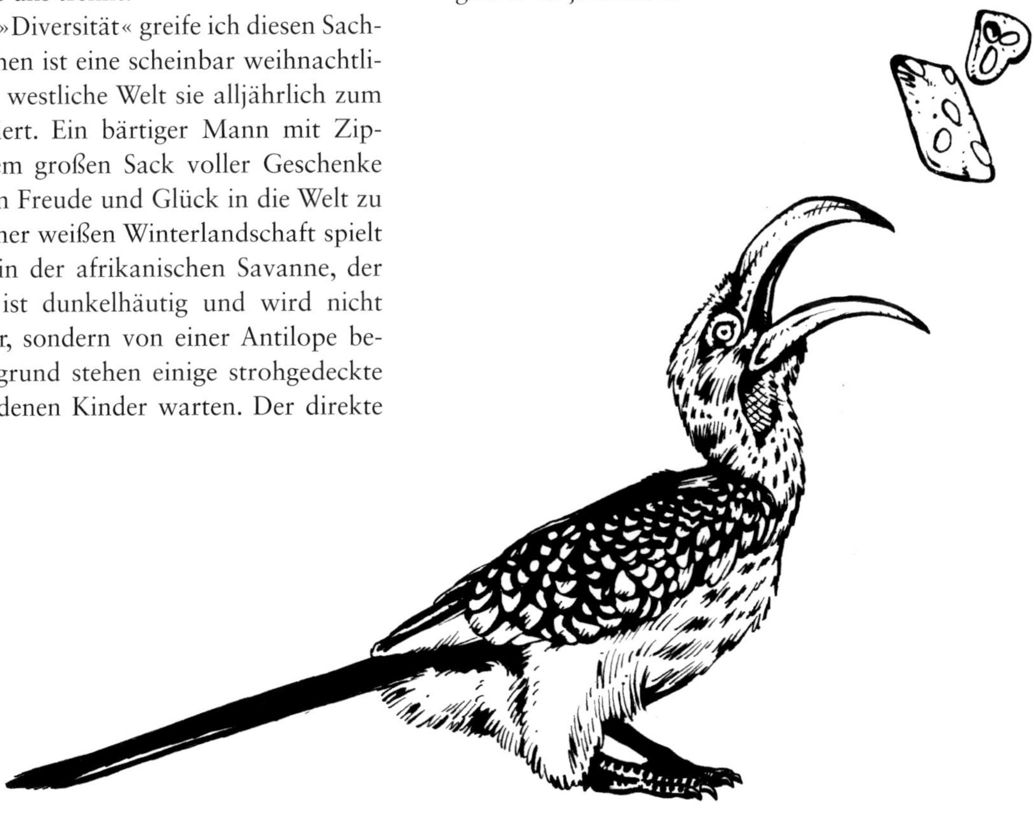

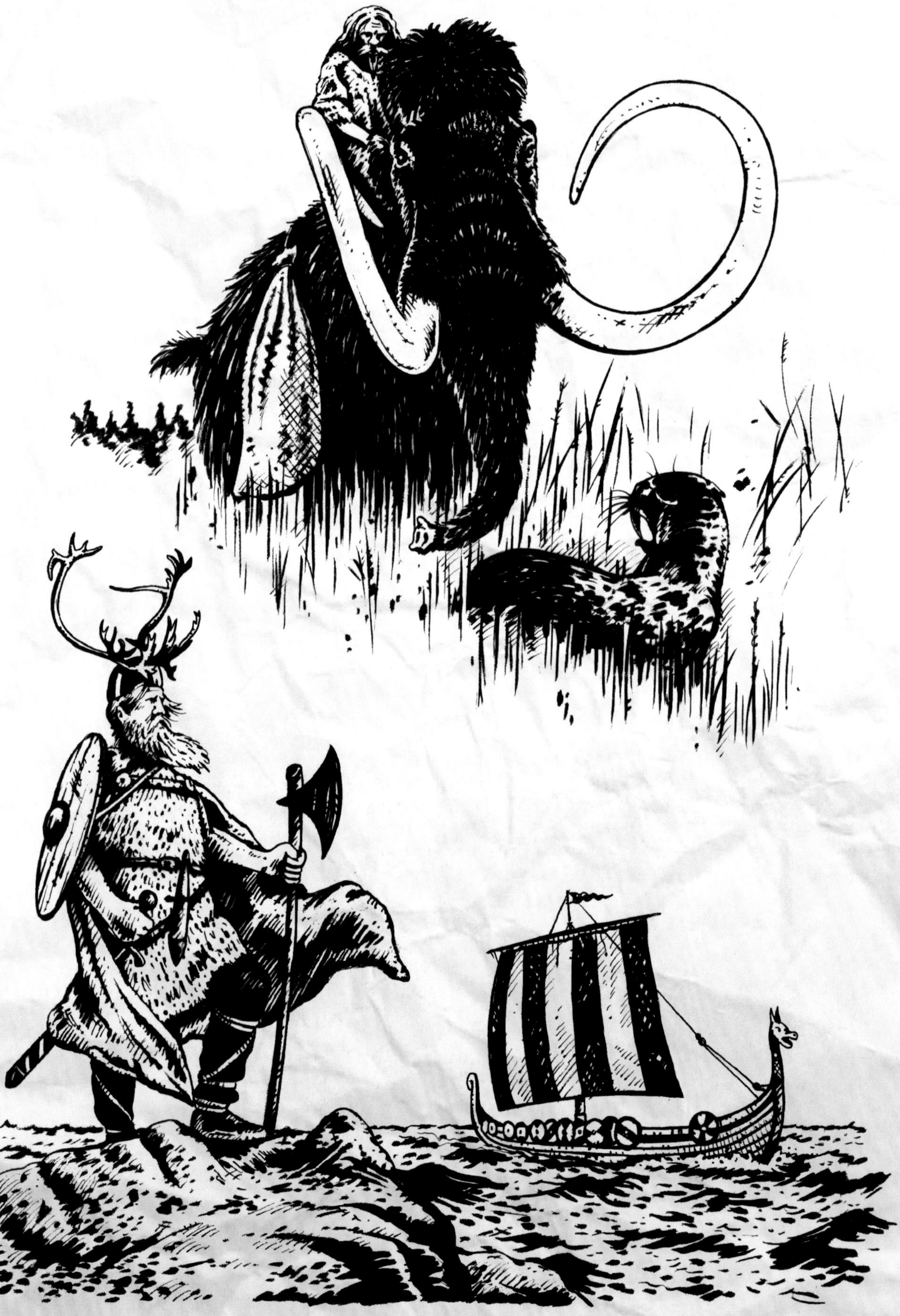

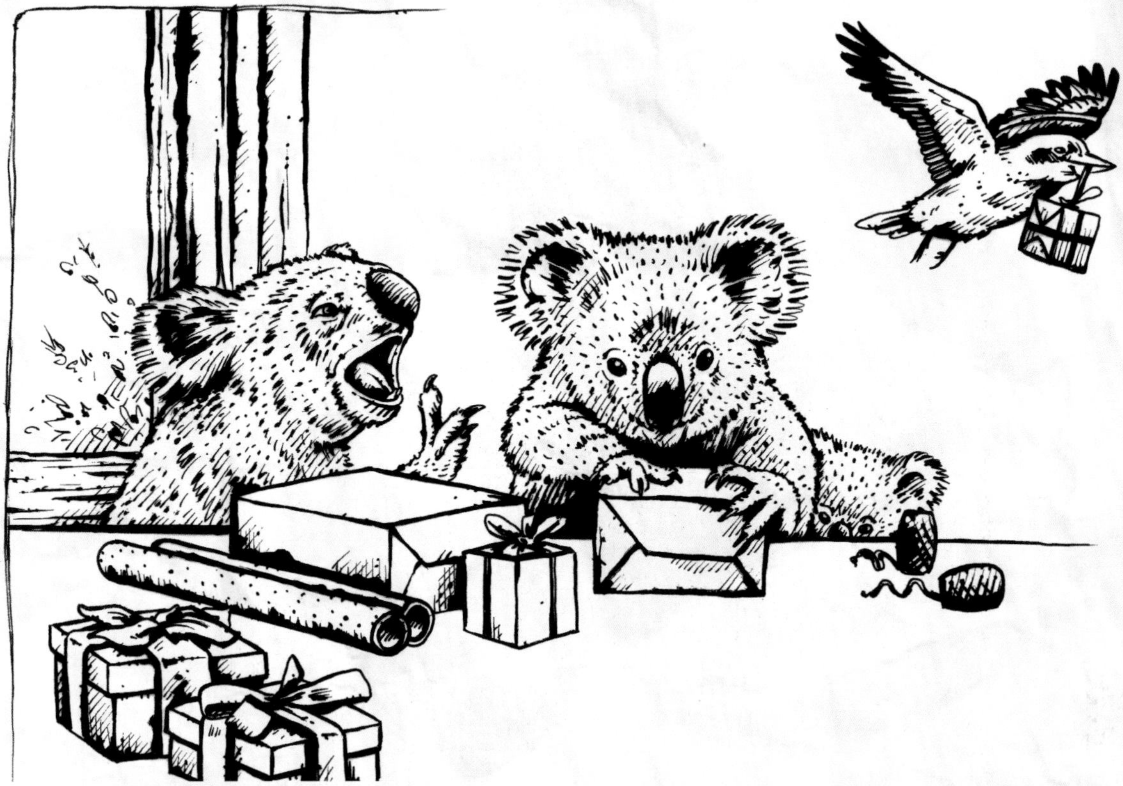

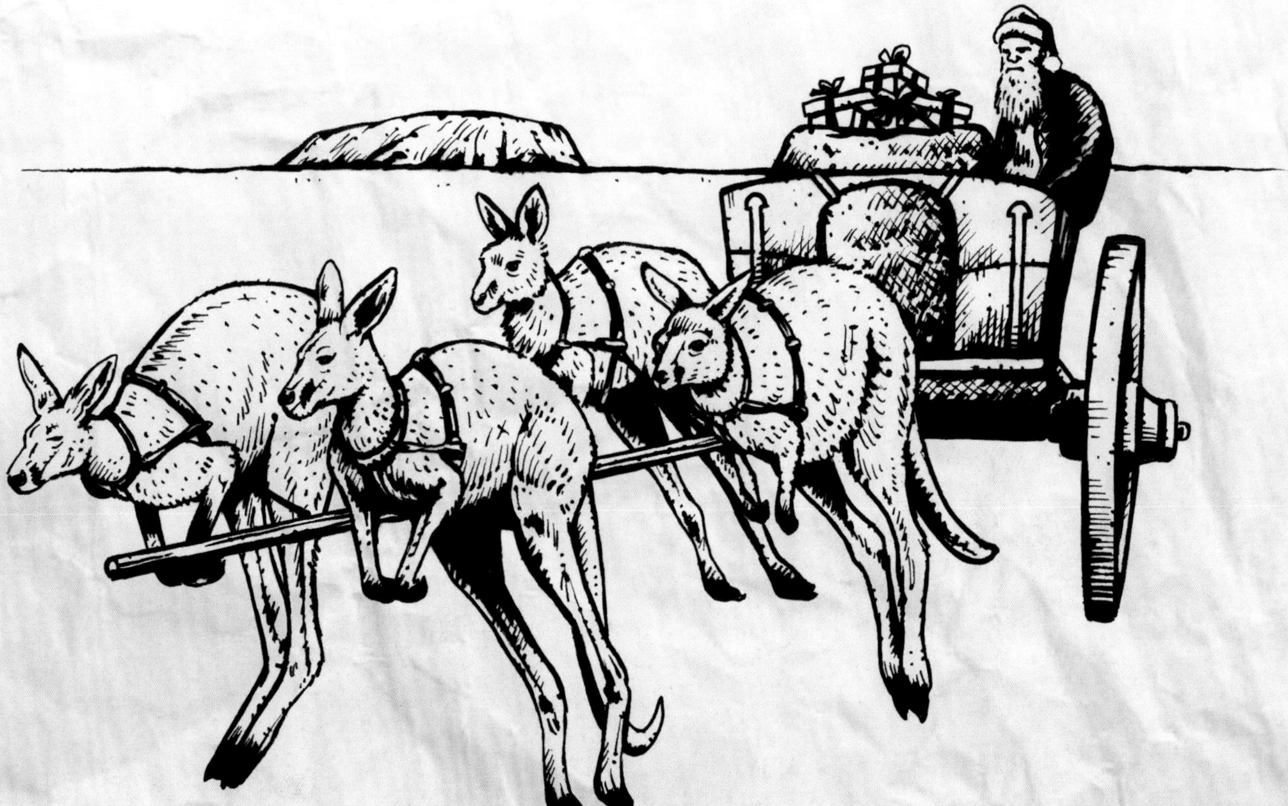

# Gott spielen
## Eigene Welten erschaffen

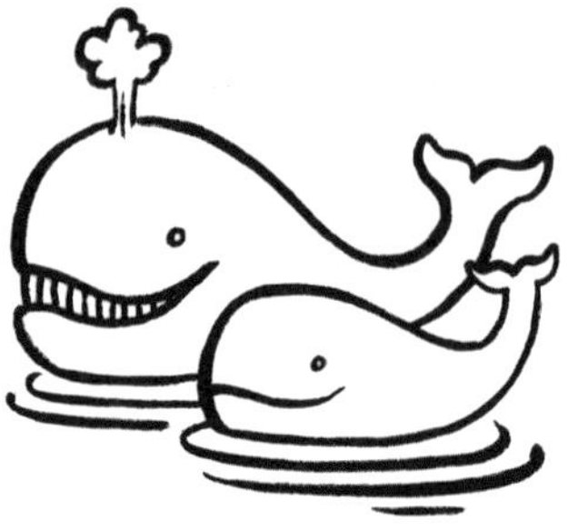

Die Kreation einzelner Figuren wirft bei mir jedes Mal aufs Neue die folgende Frage auf: Woher kommen sie? Als Künstler besitzen wir nicht nur die Macht, Kreaturen und Lebensformen zu kreieren, wie sie uns gefallen, sondern mit ihnen auch gleich ganze Landschaften, Welten oder Planeten. Dabei liegt es an dir, zu entscheiden, welchen Gesetzen diese Welt folgt oder ob es überhaupt welche gibt.

Die Protagonisten des vorliegenden Bildbeispiels machen kein Geheimnis daraus, dass sie gezeichnet sind und in einer schwarz-weißen Umgebung aus Linien und Pinselstrichen leben. Ihre Formen und Konturen sind sehr einfach gehalten, was sie allerdings nicht davon abhält, auf dem Papier herumzuwuseln und teilweise sogar darüber hinaus zu gehen, zu springen oder zu fliegen. Wie immerkannst du außer der Tusche auch noch andere Materialien benutzen. Ich z. B. wollte die Bäume und Tiere, den Hintergrund und die Zeichenhand, die den Stift hält, optisch voneinander abgrenzen. Zu diesem Zweck unterscheiden sie sich nicht nur in Stil und Struktur, sondern sind zusätzlich unterschiedlich eingefärbt.

Eigene Welten zu erschaffen, ist ein faszinierender Prozess, für den du dir unbedingt genügend Zeit nehmen solltest. Eine Idee zieht bekanntlich gleich die nächste nach sich, wodurch dein Werk ständig wächst, sich ausbreitet und weiterentwickelt. Vielleicht liegt jenseits des Waldes ja ein stürmischer Ozean, eine weite Steppe, eisige Tundra, ein Vulkan oder das schroffe Gestein eines Gebirges. Es liegt in deiner Hand. Du bist der Schöpfer.

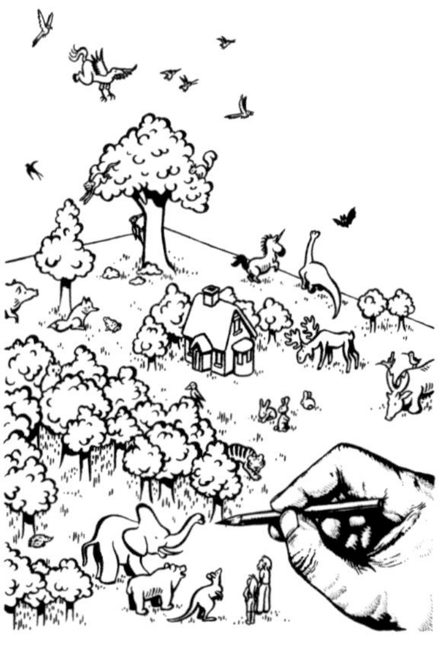

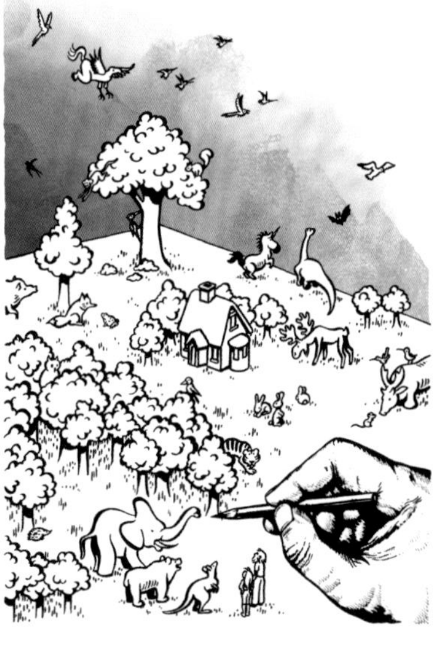

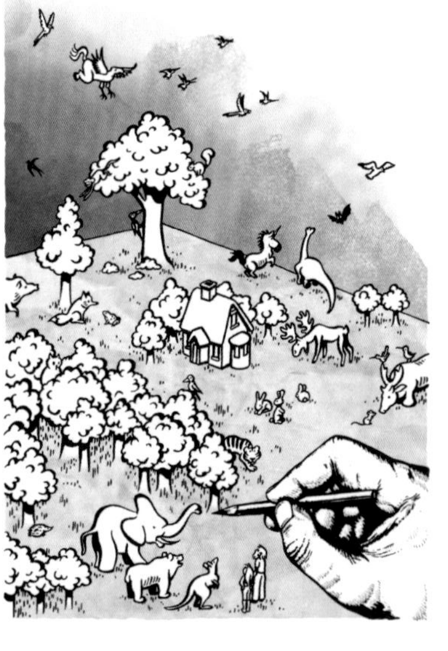

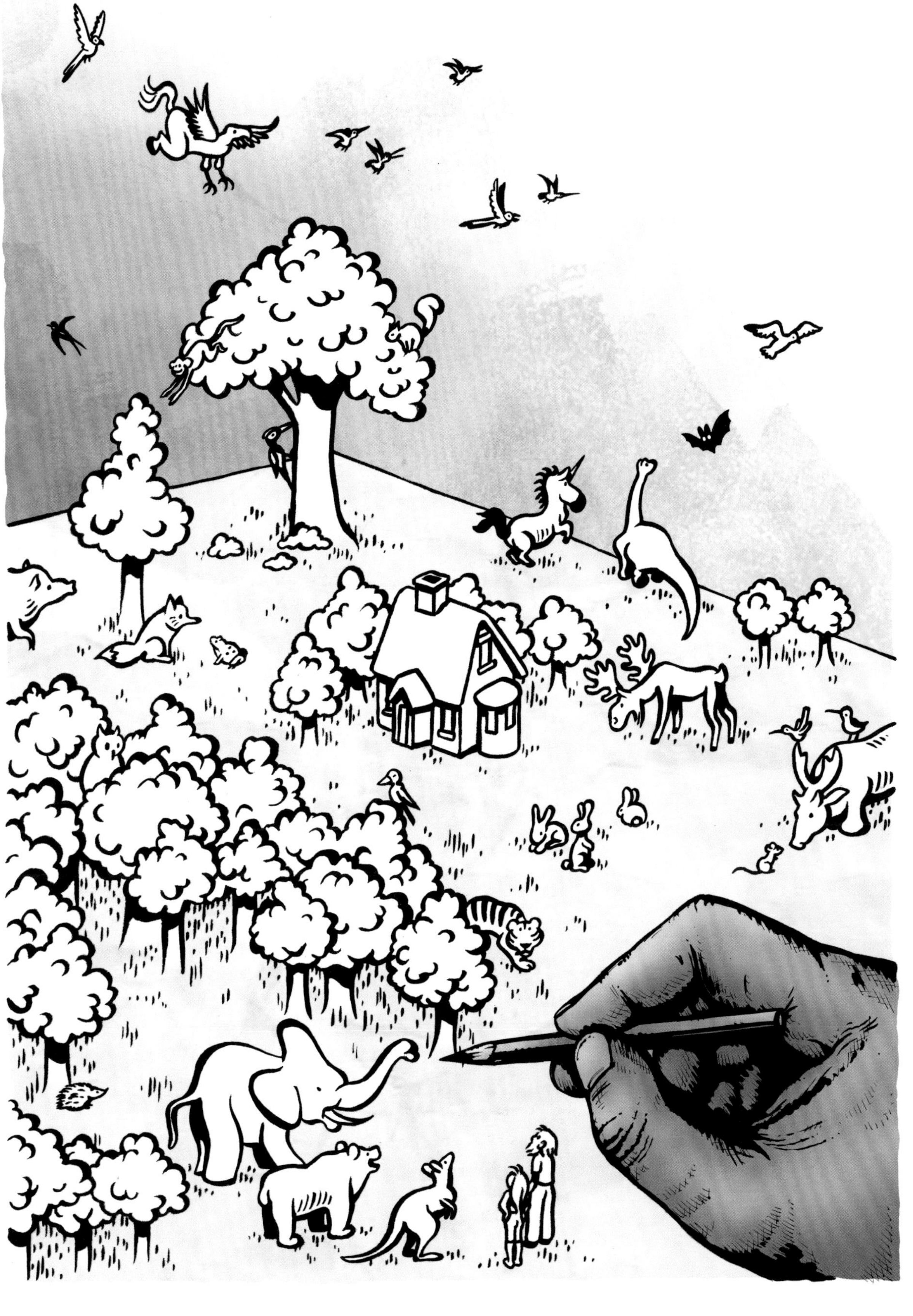

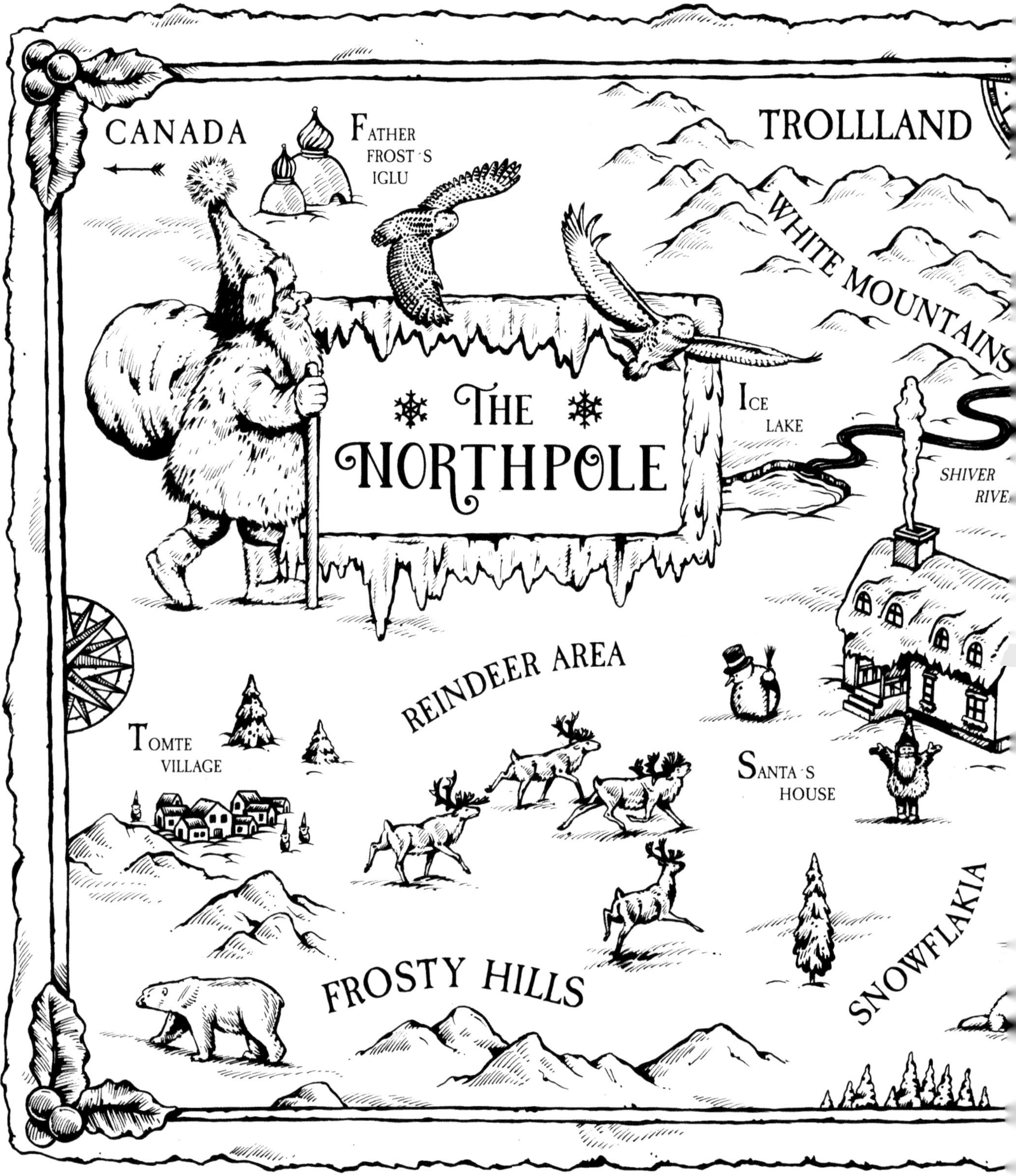
CANADA
FATHER FROST´S IGLU
TROLLLAND
WHITE MOUNTAINS
THE NORTHPOLE
ICE LAKE
SHIVER RIVE
REINDEER AREA
TOMTE VILLAGE
SANTA´S HOUSE
FROSTY HILLS
SNOWFLAKIA

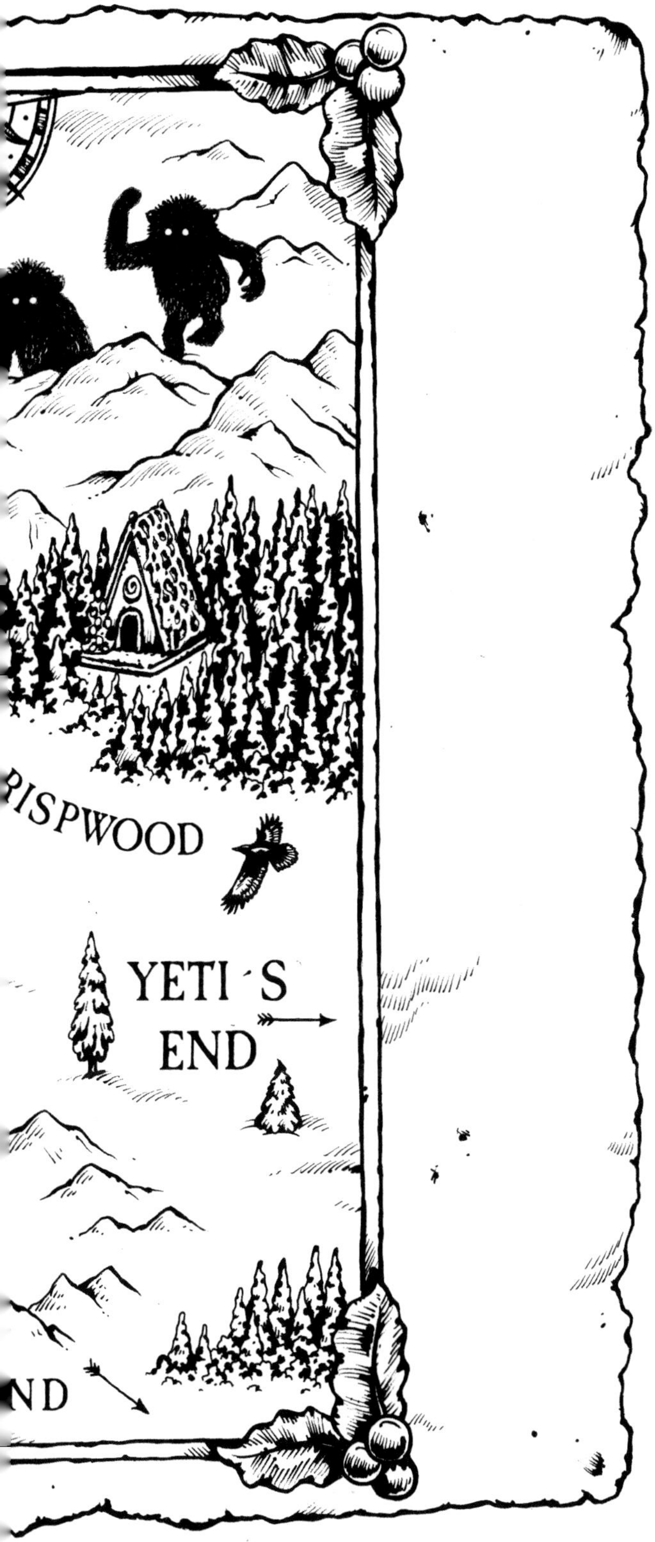


# Karten

## Portale zu fremden Welten

Eine traditionelle und bewährte Art, Welten bildlich umzusetzen, ist die Anfertigung einer Karte. Karten geben nicht nur Aufschluss über die geografischen Begebenheiten und Namen der jeweiligen Landschaften und Orte, sondern möglicherweise auch darüber, wer in den jeweiligen Gebieten anzutreffen ist.

Hier siehst du eine Landkarte des Nordpols, genauer der Region, in der der Weihnachtsmann wohnt. Doch nicht nur er. Wir erfahren auch, wo das Wichtel-Dorf und der Knusperwald liegen und dass sich jenseits der Weißen Berge das berüchtigte Trollland erstreckt.

Karten können die Basis für aufregende Geschichten sein. Vor allem dann, wenn sie uns zu Schätzen oder fremden Orten führen, die noch nie ein Mensch betreten hat.

# Exkurs: Historischer Look

## Mit Stil altern

Karten mit ganz besonderem Charme stammen häufig aus einer anderen Zeit oder haben bereits eine lange Reise hinter sich. Ganz klar, dass sie dann nicht mehr wie frisch gedruckt aussehen und die ein oder anderen Gebrauchsspuren aufweisen. Wie du deinen Karten eine historische Erscheinung verleihen kannst, werde ich dir anhand einer möglichen Variante zeigen. Für mehr Flexibilität und Experimentierfreude habe ich ein digitales Vorgehen gewählt.

Schon beim Zeichnen des Motivs sollte das ehrwürdige Alter der Karte betont werden. Die fransigen Außenränder sind ein erstes Stilmittel. Auch das Medium Tinte kam dem Ganzen sehr zugute, weil die klaren schwarzen Linien von sich aus eine passende Ästhetik mitbringen und an den Look einer Piratenkarte erinnern. Um diese Parallele noch weiter herauszuarbeiten, habe ich ein paar Kompasse und Schmuckelemente ergänzt sowie den Rahmen des Motivs mit Stechpalmenblättern in den Ecken. Auch die Wahl eines entsprechenden Schrifttyps für die Ortsbezeichnungen spielte eine wichtige Rolle. Im Folgenden werden die einzelnen Arbeitsschritte gezeigt.

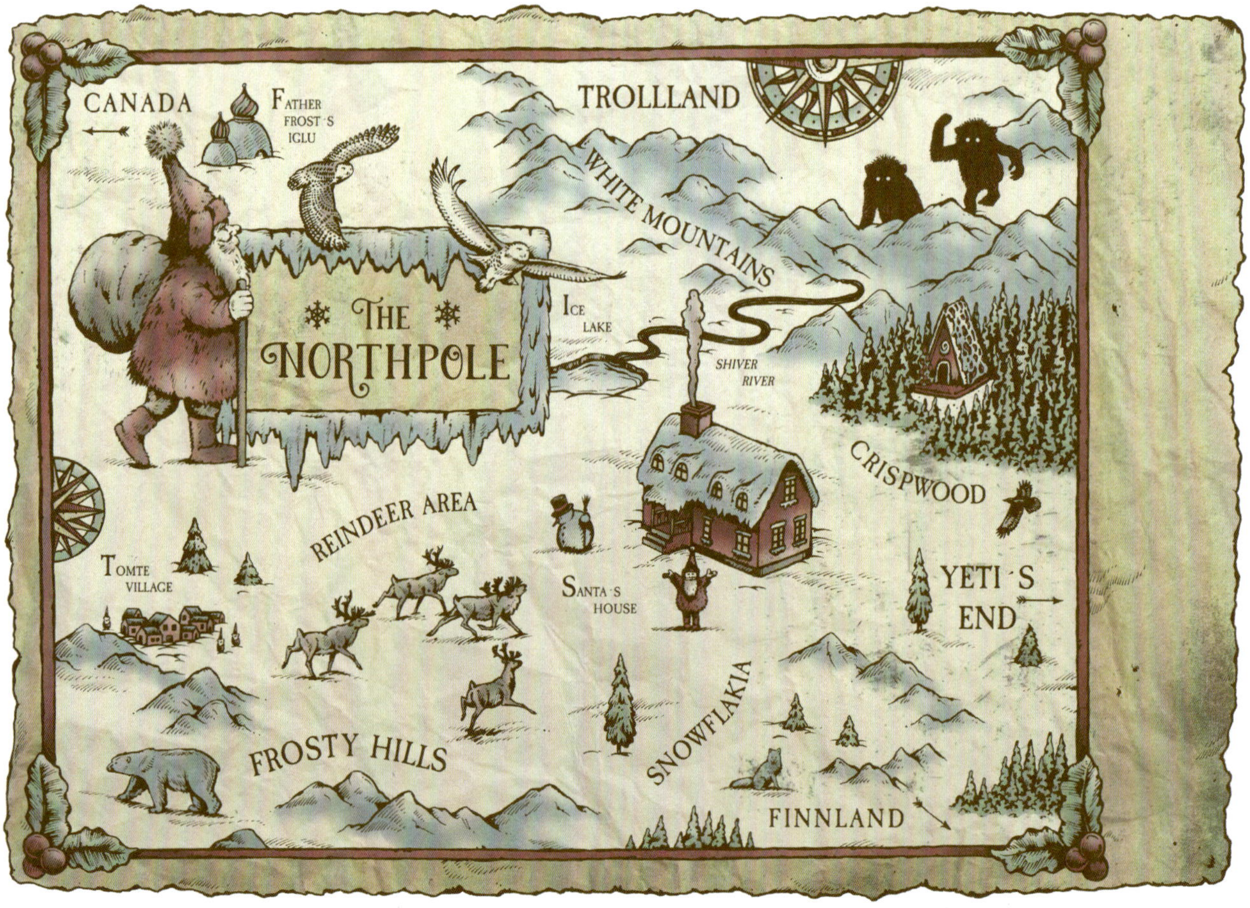

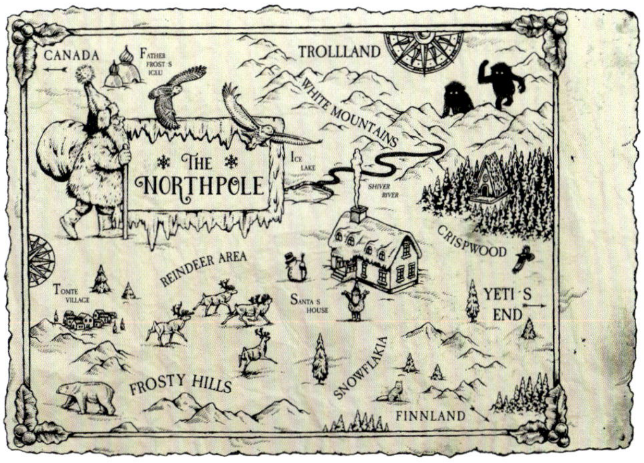


Schritt 1:
Das Motiv mit einer passenden Struktur hinterlegen

In diesem Fall habe ich ein Stück zerknittertes Papier verwendet, gescannt und künstlich vergilbt. Als Highlights kannst du auch noch Flecken, Teetassenränder oder sonstige Gebrauchsspuren hinzufügen.

Schritt 2:
Ausgewählte Bildbereiche betonen

Um die eigentliche Karte vom Rand des Papiers abzuheben, habe ich diesen wie auch den Bereich rund um den Haupttitel durch eine zusätzliche, multiplizierende Ebene leicht abgedunkelt.

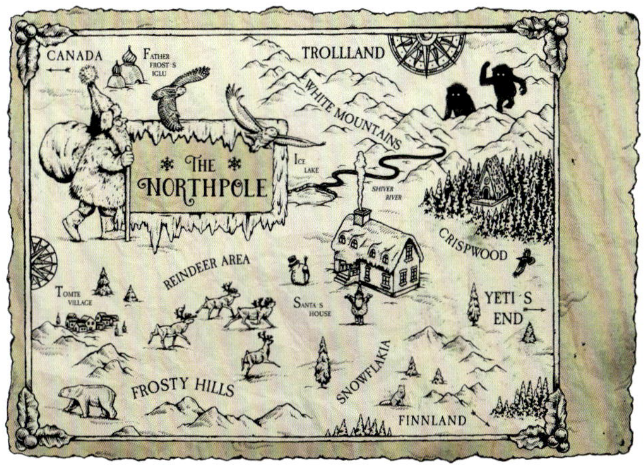


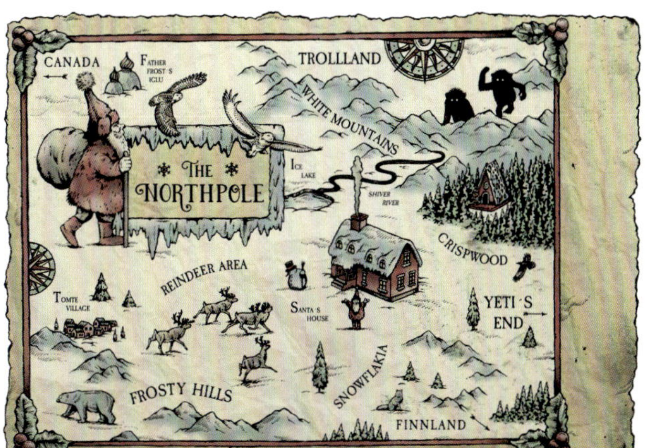


Schritt 3:
Kolorieren

Ganz nach Wunsch lassen sich nun ausgewählte Bildelemente einfärben. Für den angestrebten historischen Look habe ich mich für eine leicht getrübte Farbauswahl von Rot, Grün, Blau und Grau entschieden. Die niedrige Farbintensität erzeugt den Eindruck, als wären die Farben mit der Zeit verblasst. Im letzten finalen Schritt habe ich schließlich noch die schwarzen Linien der Tuschezeichnung durch einen braunroten Farbton ersetzt.

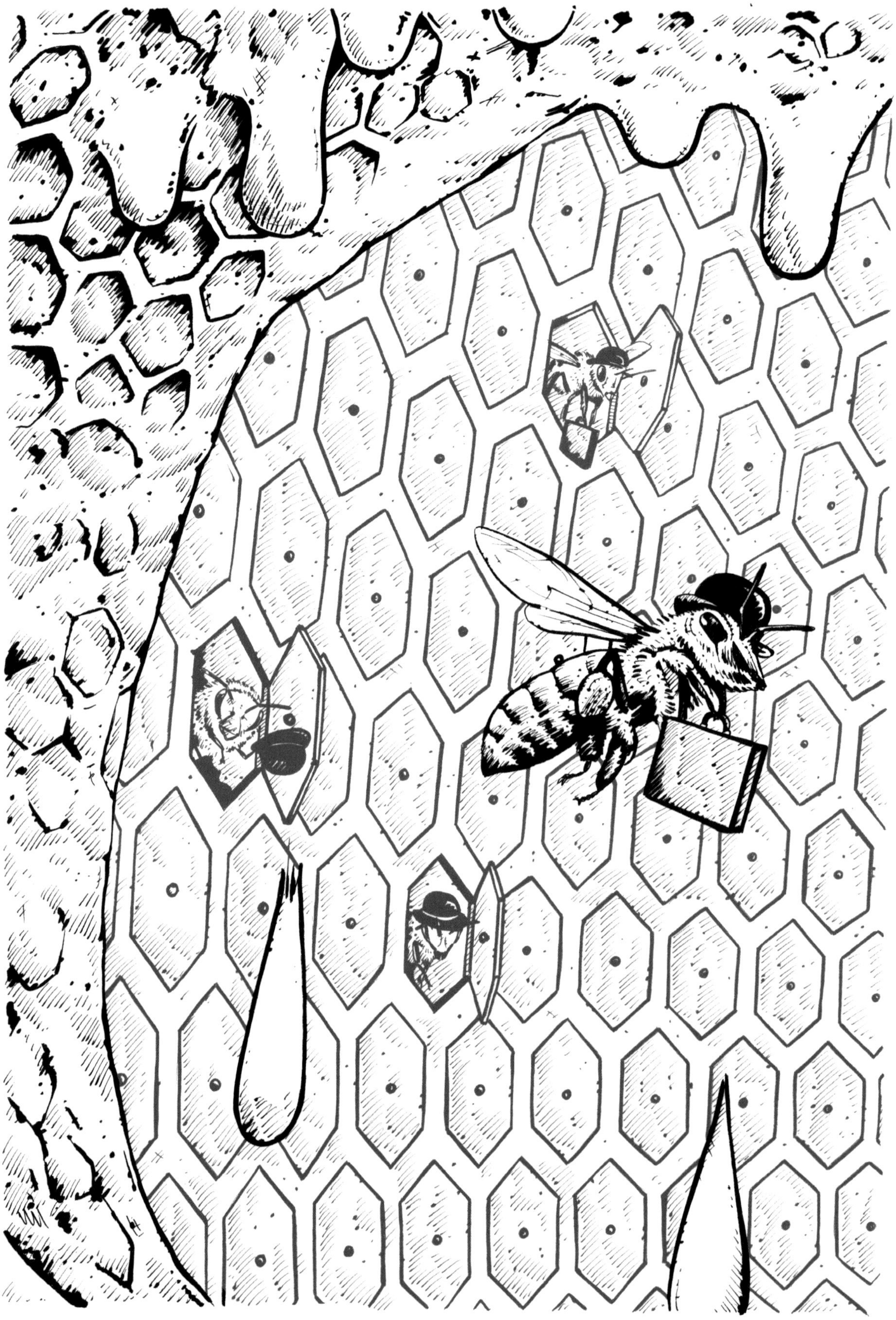

## Geh deinen Weg

### Halte dir alle Türen offen

Auch wenn sich dieses Buch nun langsam dem Ende zuneigt, ist deine eigene kreative Reise noch lange nicht vorbei. Im Gegenteil. Ich hoffe, sie fängt jetzt erst richtig an! Das Zeichnen ist eine großartige Sache, und mit dem Medium Tusche hast du einen tollen Werkstoff gewählt, um deine Visionen, Gedanken und Ideen umzusetzen. Bleibe experimentierfreudig, offen für Neues, und suche den Kontakt zu Gleichgesinnten – sei es auf persönlicher Ebene oder über die sozialen Netzwerke. Auf diese Weise wirst du viel mehr lernen und schneller Lösungen finden als in Eigenregie. Flexibilität und Spontanität sind gerade beim künstlerischen Arbeiten wichtig. Die Fähigkeit, sich mehrere Optionen offenzuhalten und auf unterschiedlichen Wegen das eigene Ziel zu erreichen, schafft eine Freiheit, wie du sie kaum in anderen Lebensbereichen finden wirst. Schau über deinen Tellerrand und riskiere von Zeit zu Zeit auch einmal, zu scheitern. In der Kunst bedeutet das, neue Materialien und Techniken auszuprobieren, vielleicht eine Kombination unterschiedlicher Medien. Hab keine Angst davor, Fehler zu machen. Ein kleiner Tipp: Leg dir einen Ordner oder eine Mappe an, in der du deine Werke sammelst. Nicht nur die guten, sondern auch Skizzen und die Zeichnungen, von denen du selbst weniger überzeugt bist. Mit den Wochen, Monaten und Jahren wird daraus eine kreative Zeitkapsel, die dich zurück in die Vergangenheit reisen und deine persönliche Entwicklung erkennen lässt.

Ich wünsche dir auf deinem Weg alles erdenklich Gute und dass aus dem Zeichnen mit Tinte und Tusche eine Leidenschaft wird, die dein Leben auf eine ganz besondere Weise bereichert.

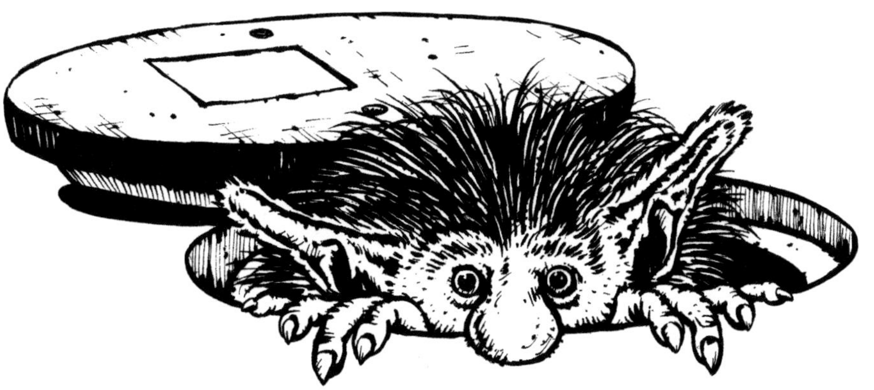

# 4

# Skizzenbuch

## Die kleine Motivationsspritze

Um dich für deine Arbeit mit zusätzlicher Inspiration zu versorgen und deinen kreativen Denkapparat ordentlich anzukurbeln, hänge ich dir als Zugabe noch Auszüge aus meinem persönlichen Skizzenbuch an. Vielleicht erkennst du die eine oder andere Grundidee wieder, aus der finale Illustrationen für dieses Buch hervorgegangen sind. Natürlich haben es nicht alle Figuren in eine überarbeitete Fassung geschafft, der Grund, weshalb das Skizzieren so wichtig ist. Es ist eine äußerst praktische und sichere Methode, um einer Idee die erste konkrete Form zu geben und im nächsten Schritt herauszufinden, ob sie funktioniert, würdig ist, weiterentwickelt zu werden. Ich habe die Erfahrung gemacht, dass dies bei rund 90 Prozent der Konzepte gar nicht der Fall ist. Der kreative Ausschuss ist also gewaltig.

Es geht darum, aus der erzeugten Vielfalt jene Ideen herauszupicken, die besonders und interessant sind. Was ich dir damit sagen will: Schöpfe aus dem Vollen. Versteif dich nicht zu sehr auf einen einzigen Gedanken, sondern bleib flexibel. Reagiere auf deine Tagesform, hör auf dein Bauchgefühl und fühl dich nicht schlecht, wenn du eine Idee im Sande verlaufen lässt – selbst dann nicht, wenn sie dich bereits einige Mühen und Energie gekostet hat.

Das Skizzenbuch ist nicht nur ein Fundus unterschiedlicher Zeichnungen, es ist auch eine Art Tagebuch, in dem du deine künstlerischen Werke konservierst und mit ihnen auch die jeweiligen Situationen und Lebensumstände, in denen sie entstanden sind. So kann ich mich noch heute beim Durchblättern daran erinnern, zu welcher Zeit oder an welchem Ort die jeweiligen Figuren entstanden sind. Oft genug ist es schon vorgekommen, dass aus einer alten, fast vergessenen Idee ein neuer Ansatz hervorgegangen ist, der schlussendlich zu einem überzeugenden Konzept gereift ist. Nutze also die Freiheiten und Möglichkeiten, die dir das Zeichnen in einem Skizzenbuch bietet. Du wirst es nicht bereuen.

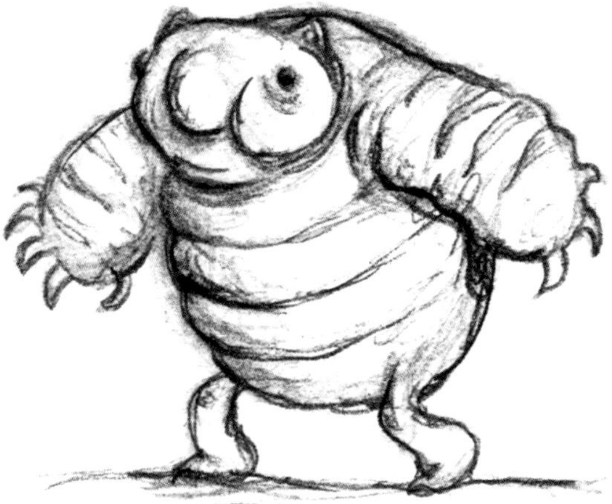

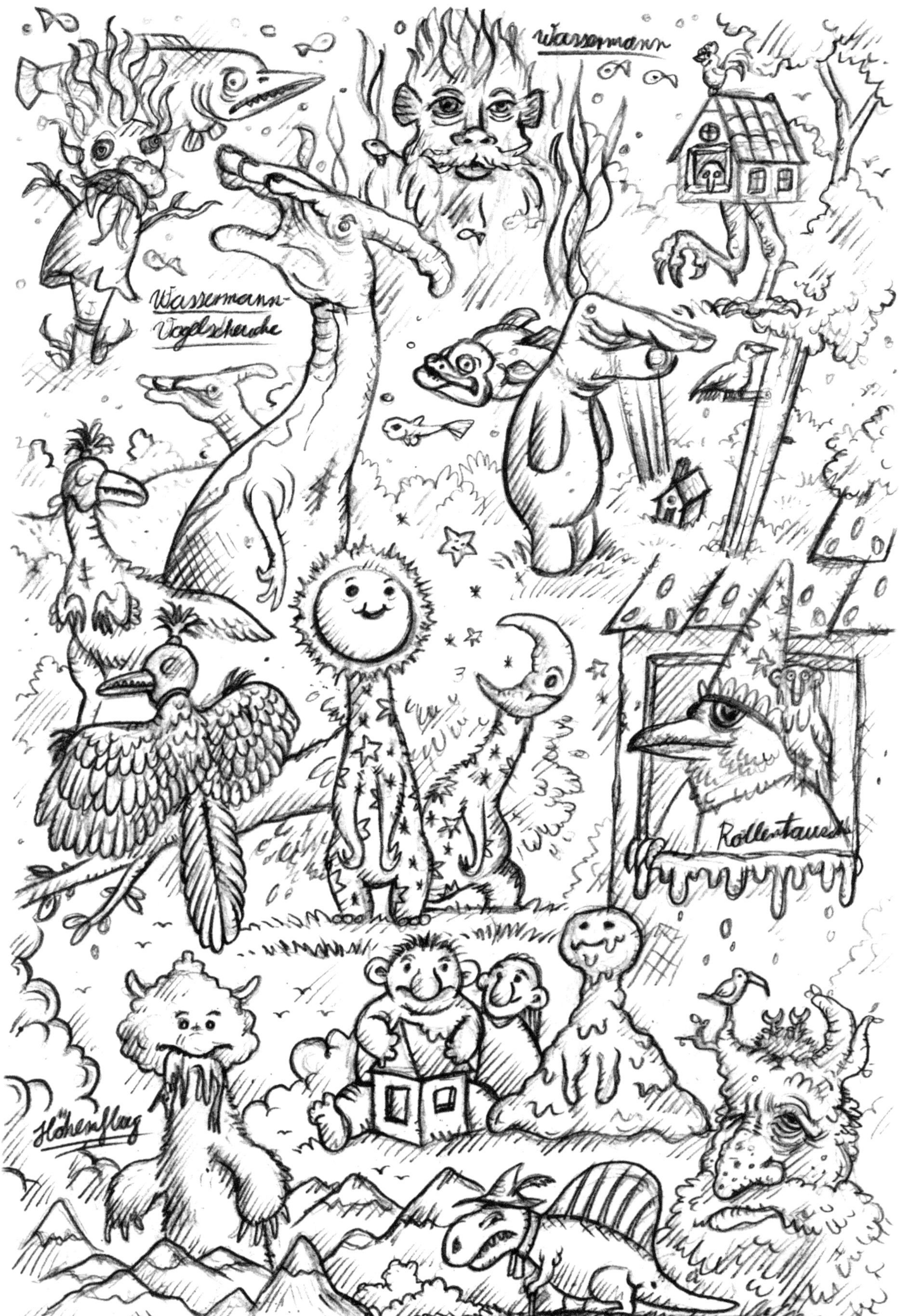
Wassermann
Wassermann-Vogelscheuche
Rollentausch
Höhenflug

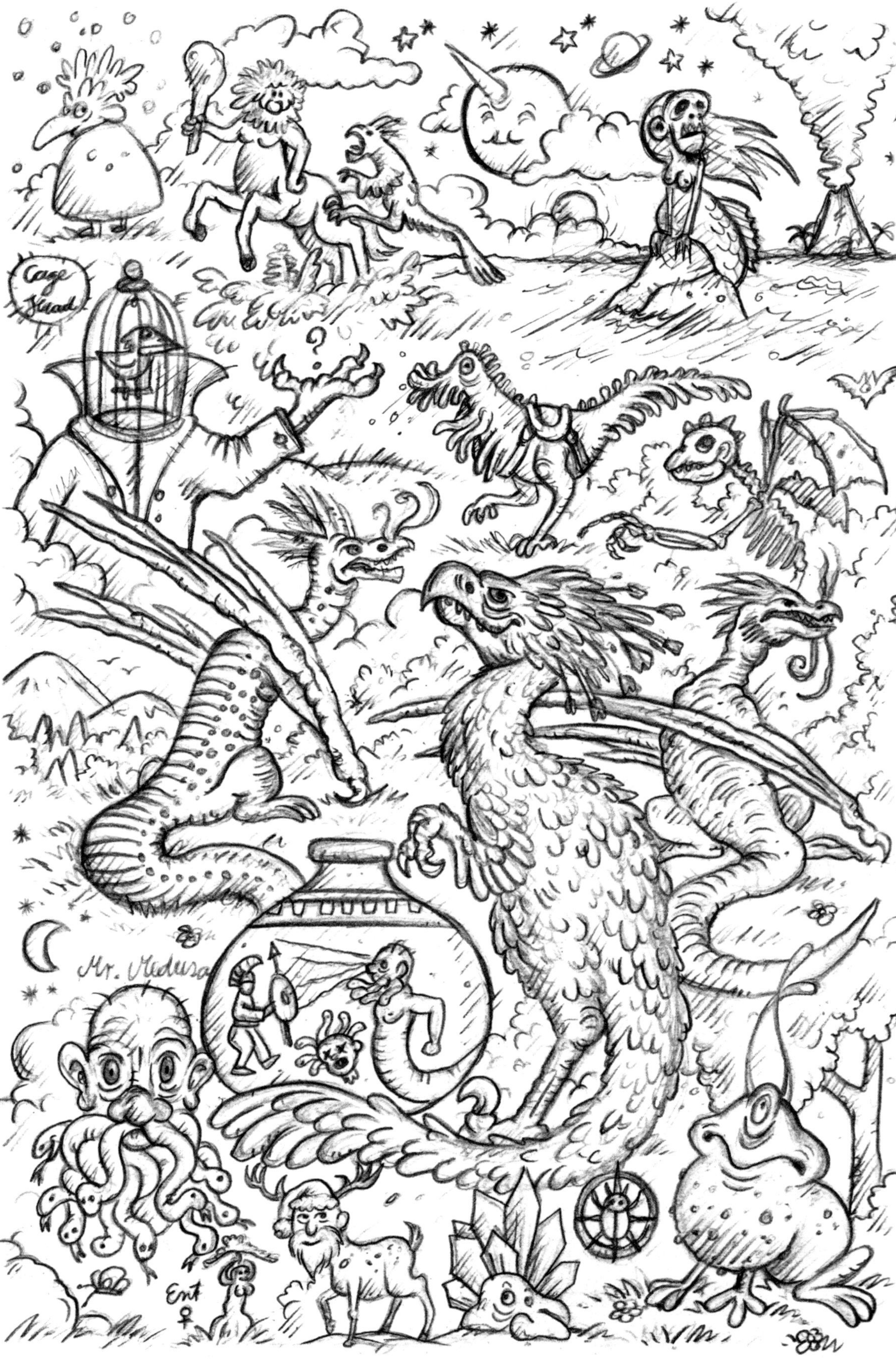
Cage Head
Mr. Medusa
Ent
♀

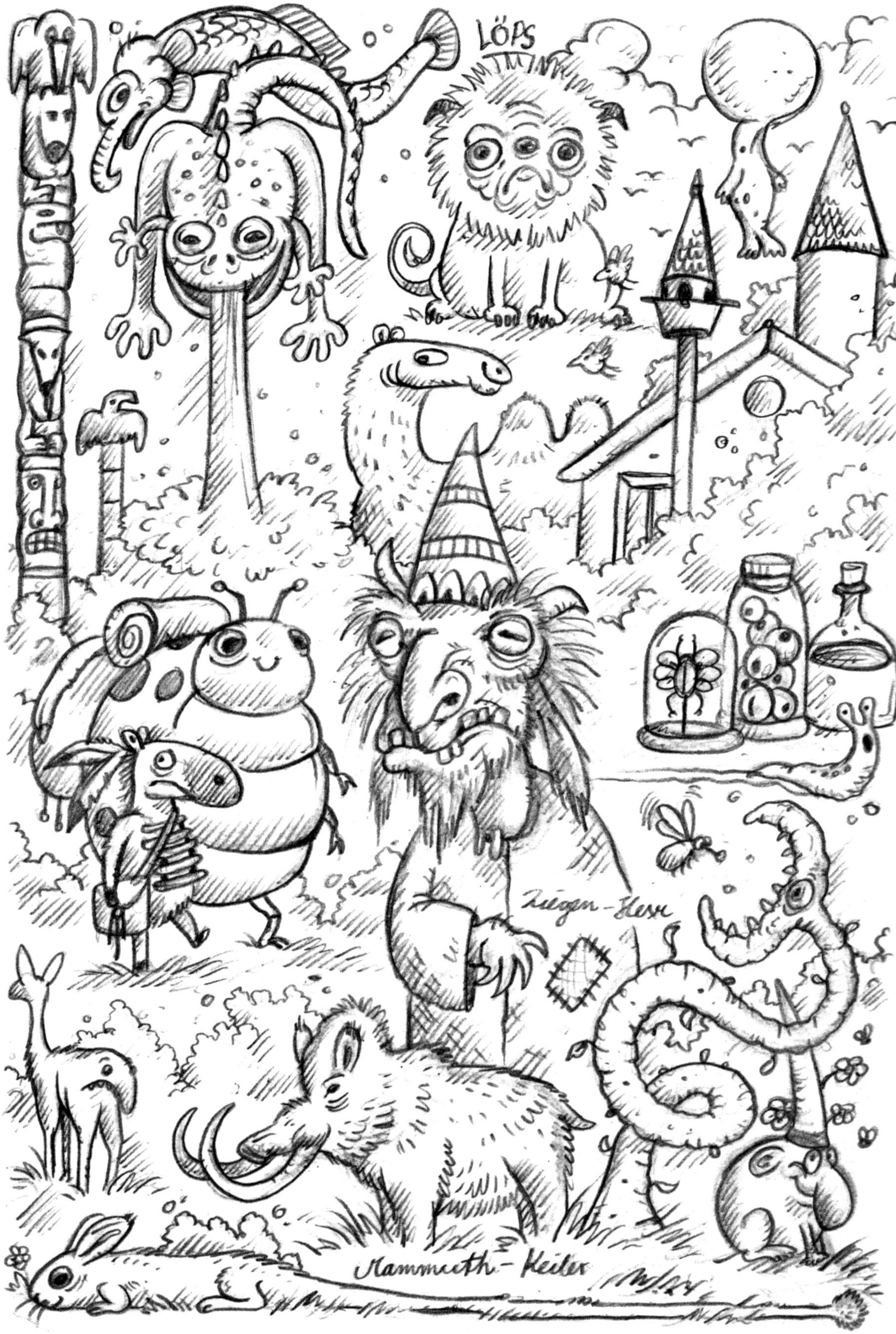
LÖPS
Ziegen-Hexe
Mammuth-Keiler

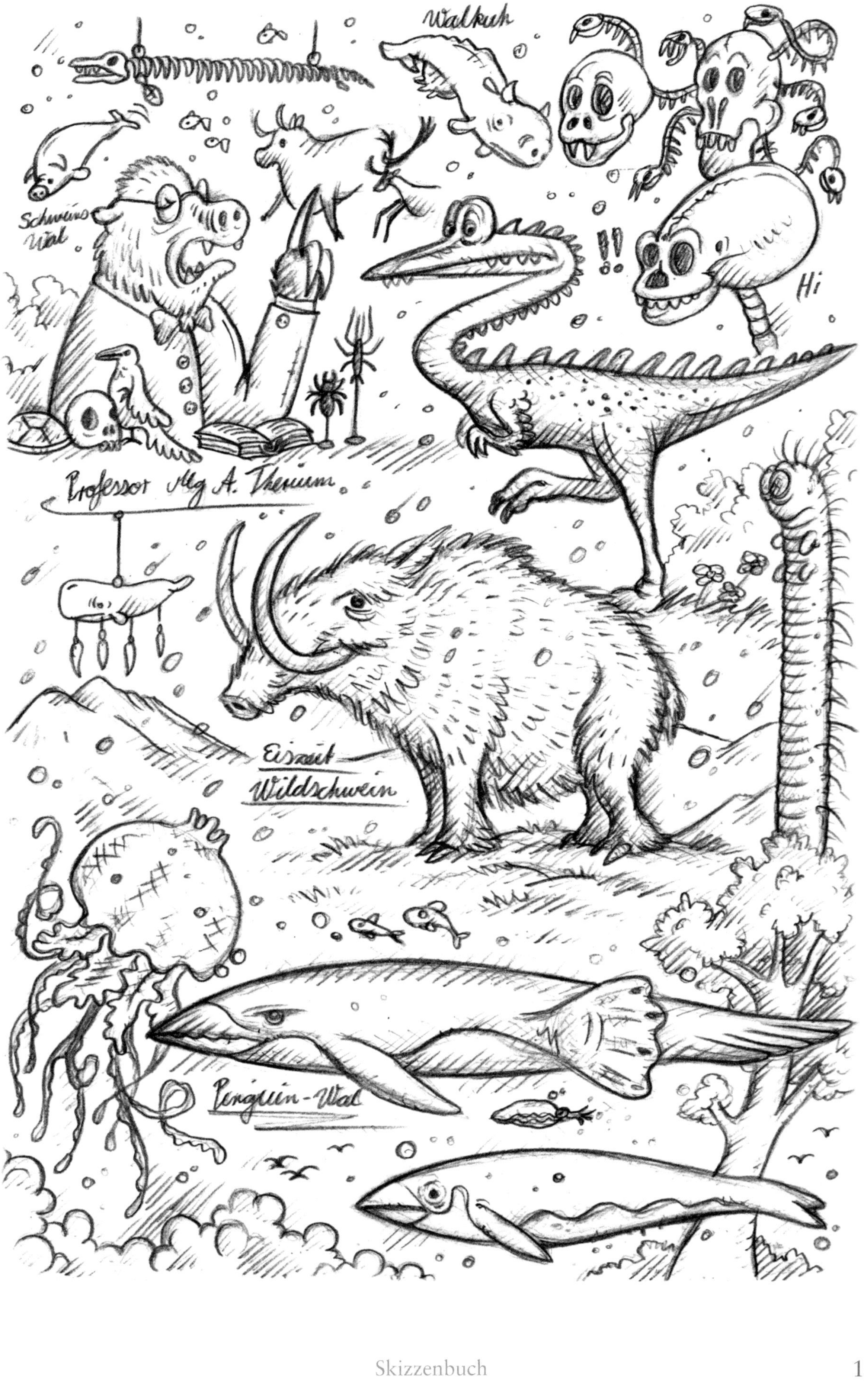
Walkuh
Schweins Wal
!!
Hi
Professor Mg A. Therium
Eiszeit Wildschwein
Penguin-Wal

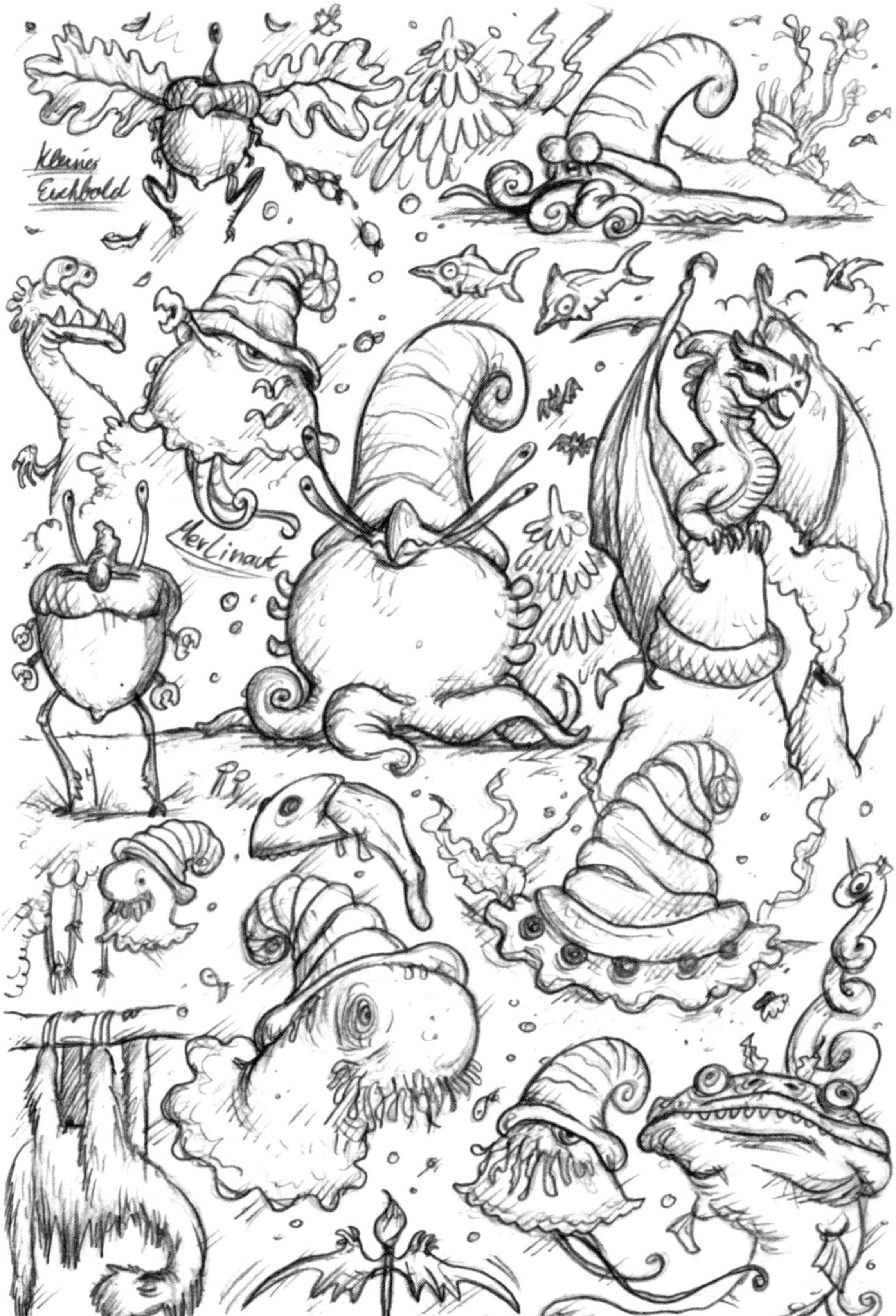
Kleiner Eichbold
Merlinaut

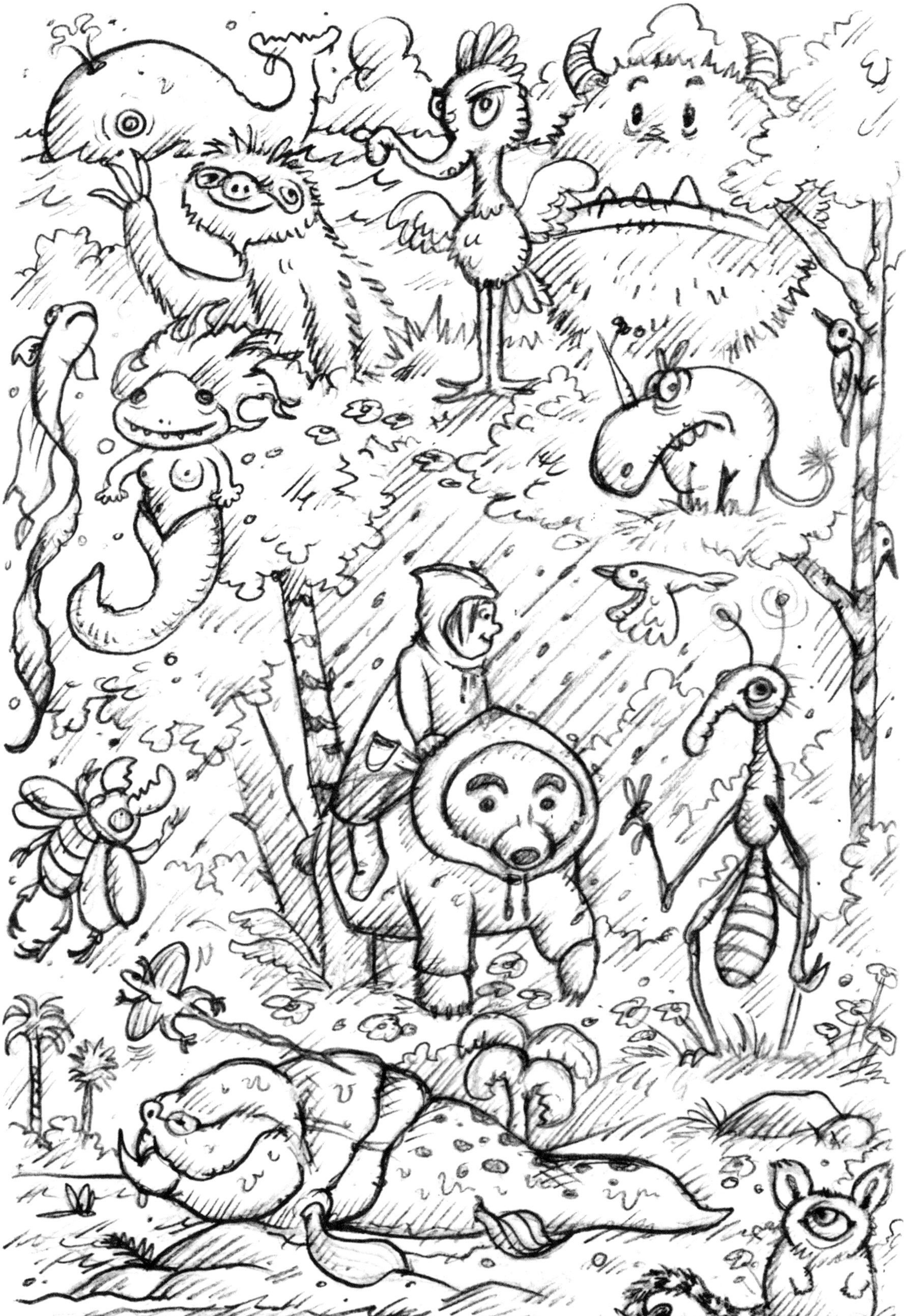

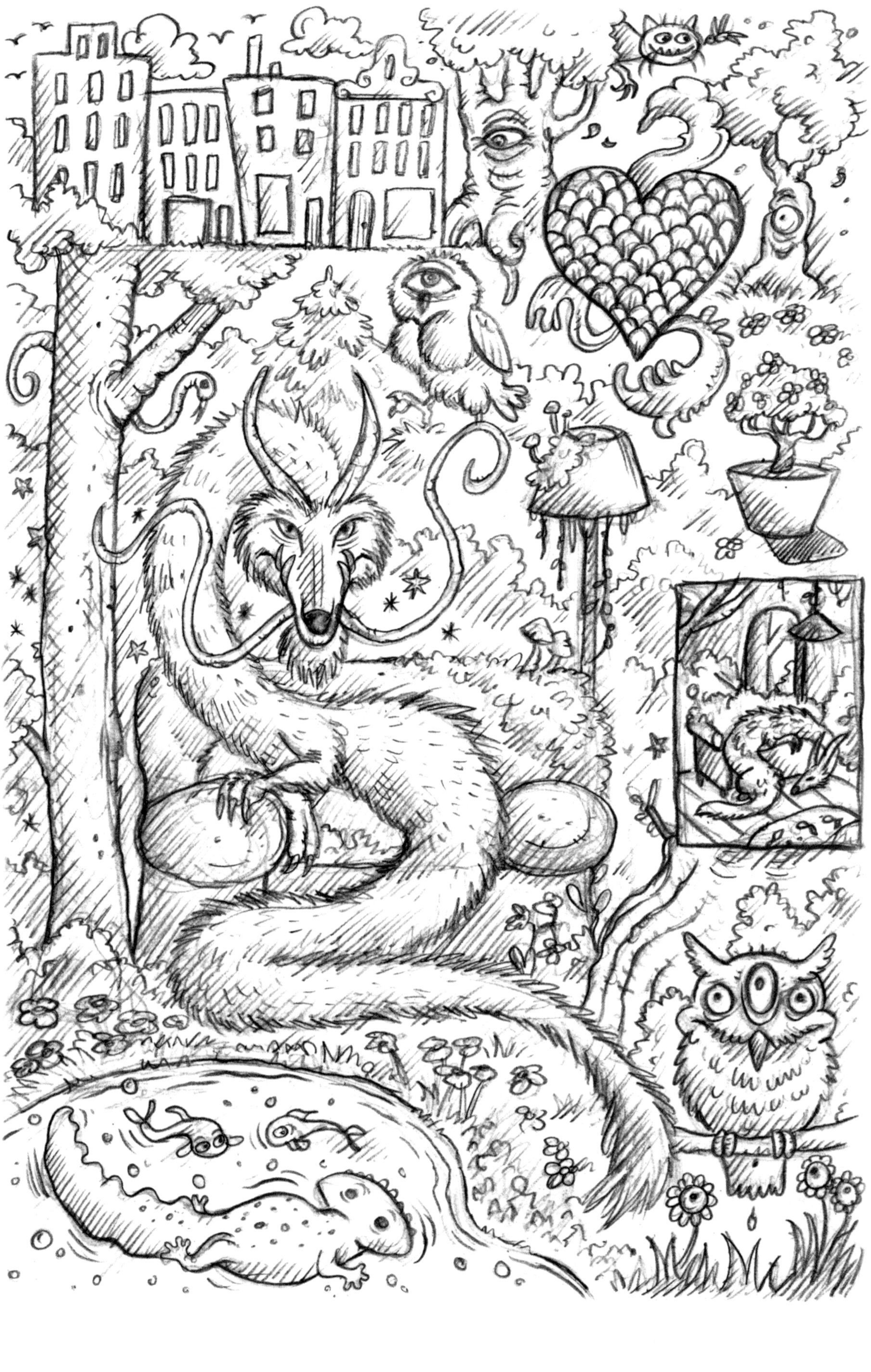

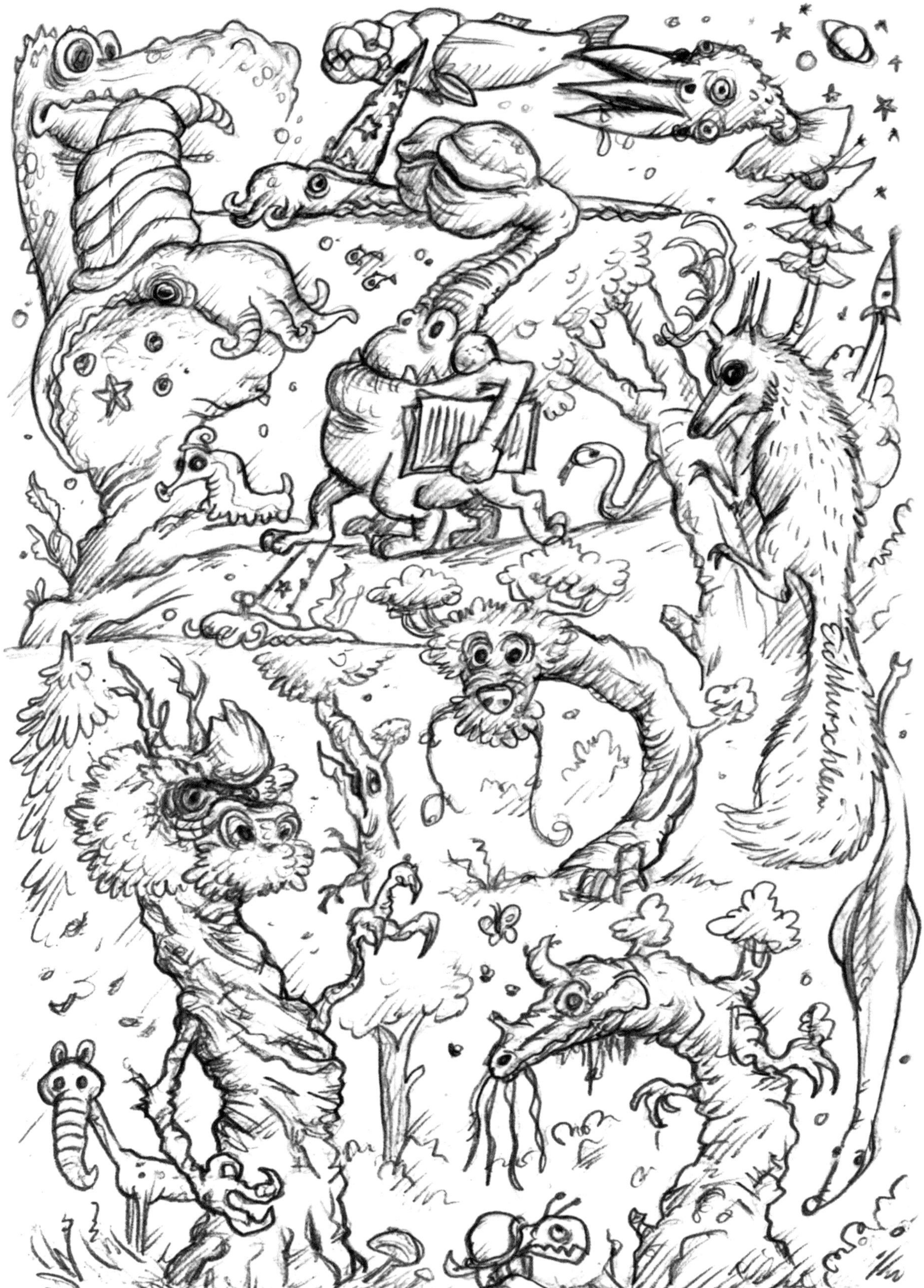

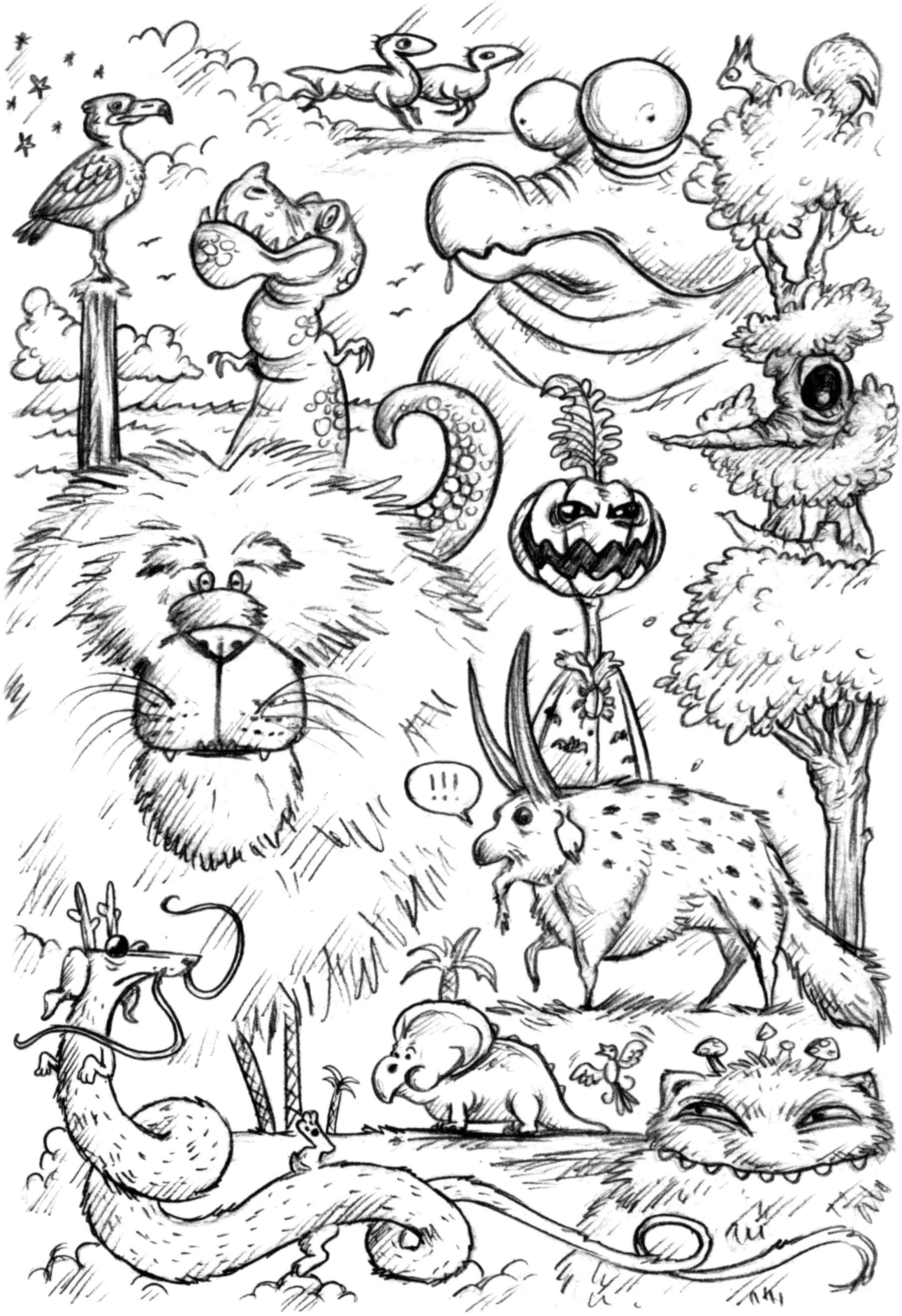

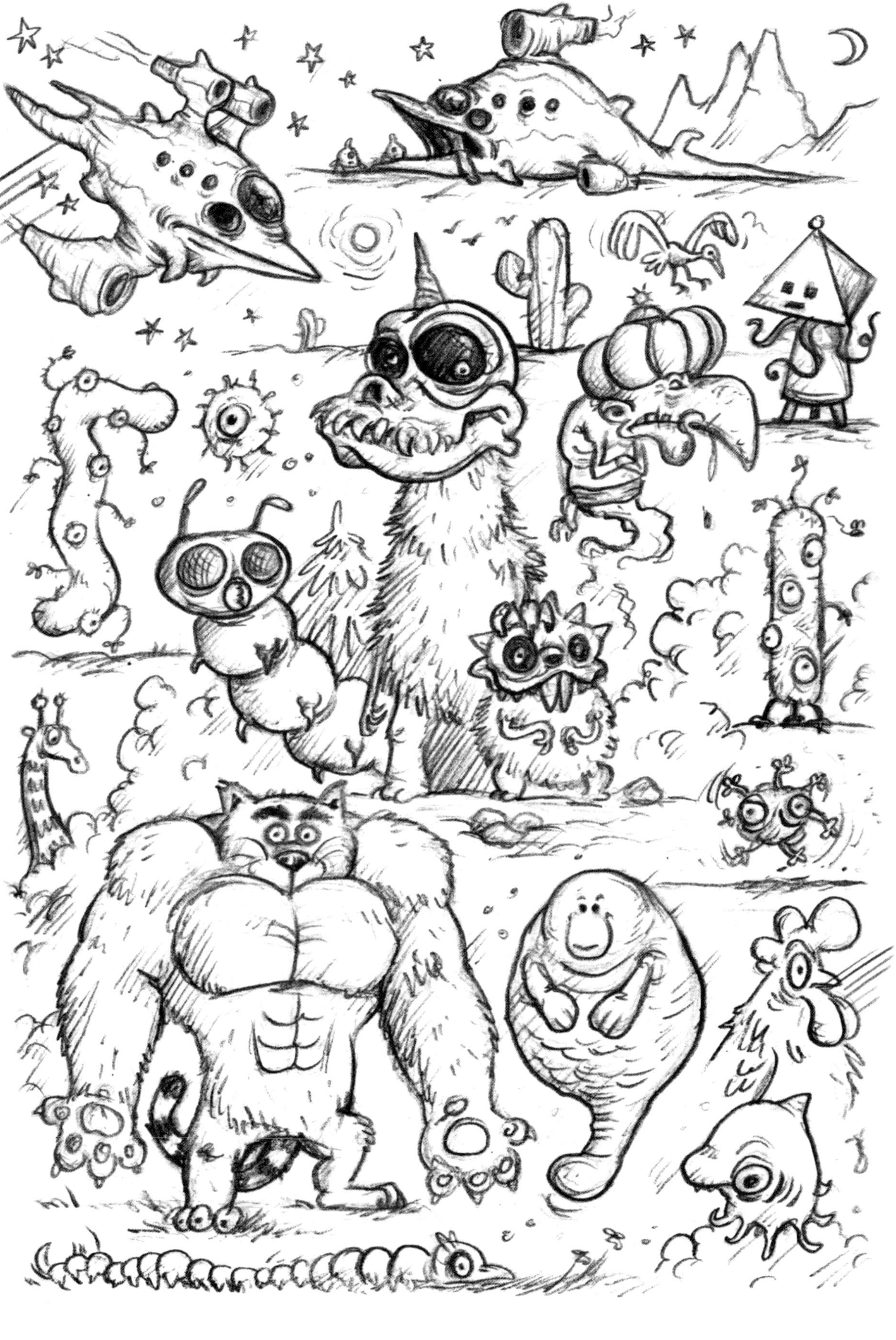

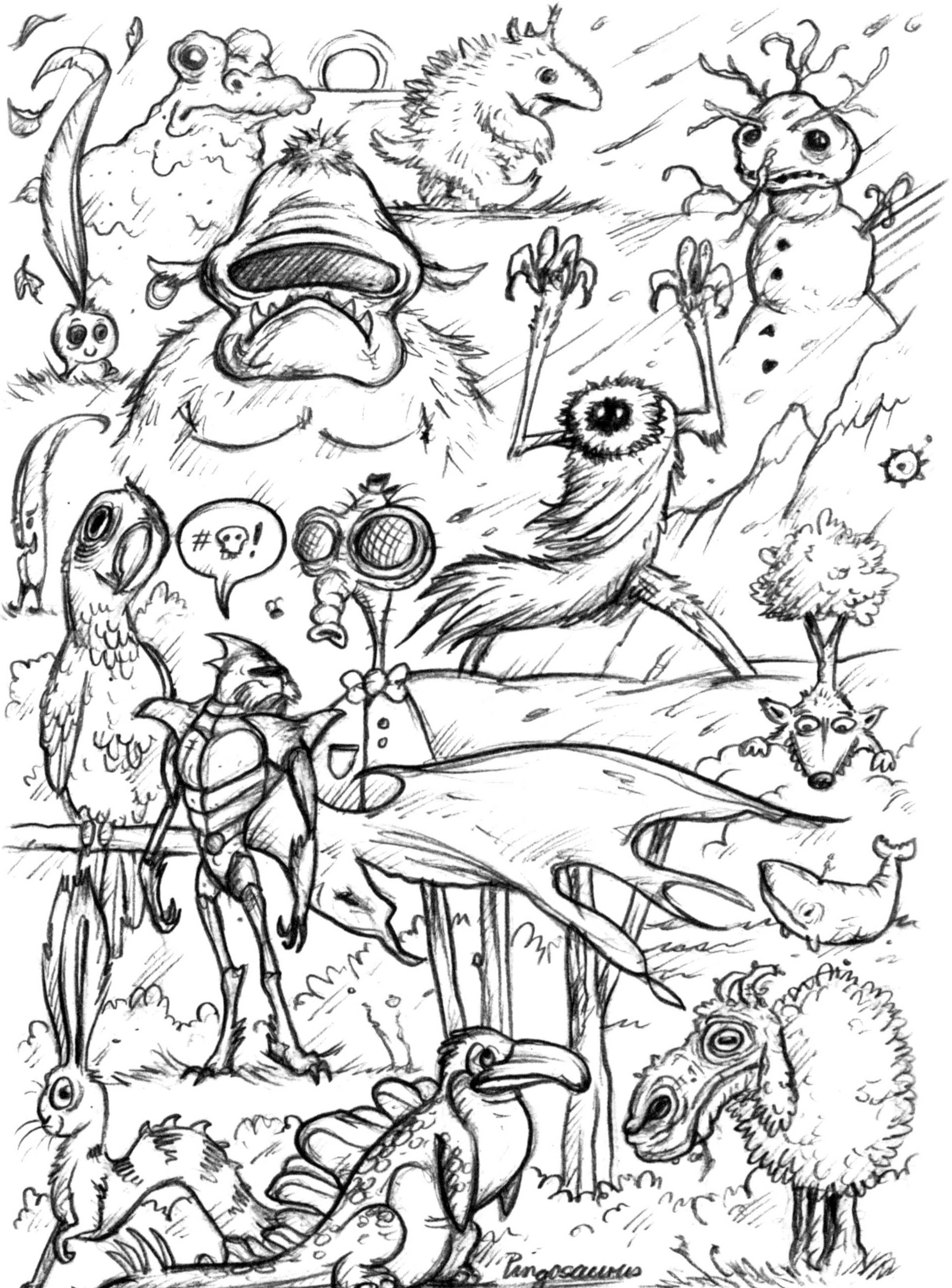
Pingosaurus

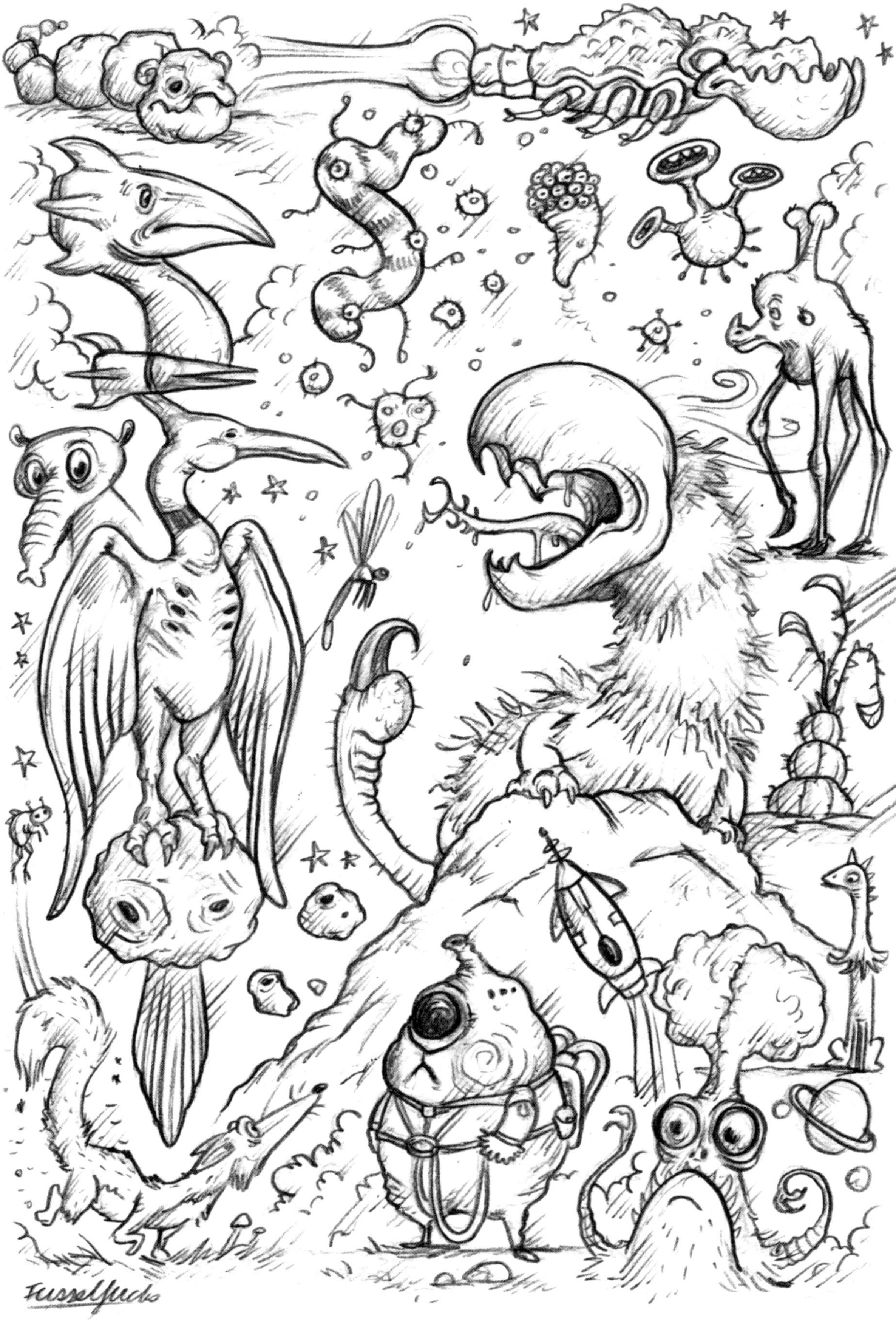